SV

Brigitta Eisenreich
Celans Kreidestern

Ein Bericht

Mit Briefen
und anderen unveröffentlichten Dokumenten
Unter Mitwirkung von Bertrand Badiou

Suhrkamp

Erste Auflage 2010

Satz: Hümmer GmbH, Waldbüttelbrunn
Druck: Druckhaus Nomos, Sinzheim
Printed in Germany
ISBN 978-3-518-42147-5

1 2 3 4 5 6 – 15 14 13 12 11 10

Inhalt

Celans Kreidestern
Ein Bericht

Vorbemerkung

Es war nicht meine Absicht, meine Erinnerungen zu schreiben und mit verschiedenen Zeugnissen, die mir von meiner Begegnung mit Paul Celan verblieben sind, zu veröffentlichen. Ich hätte es nicht getan, wenn mir nicht bekanntgeworden wäre, daß einige meiner Briefe und ein Bündel unveröffentlichter Gedichte im Nachlaß Paul Celans, im Deutschen Literaturarchiv Marbach, aufbewahrt und daher im Prinzip zugänglich sind, ohne daß der vielleicht darauf stoßende Forscher wissen könnte, wie sie dorthin gelangt sind: Ich war bisher der Überzeugung, daß Paul Celan sie zerstört hat. Im Verlauf der vielen Jahre, die seit dem Tod des Dichters vergangen sind, habe ich wohl das steigende Interesse für sein Werk wahrgenommen wie auch die unzähligen Interpretationen, die in letzter Zeit den Büchermarkt überschwemmen, um den neuerdings – besonders aus französischer Sicht – »größten Dichter deutscher Sprache« unserer Zeit ins Licht zu stellen. Ich habe sie nicht gelesen. Mit wenigen Ausnahmen.[1] In manchen Vorträgen – etwa von Jürgen Habermas, George Steiner oder Jean Bollack – fiel sein Name immer öfter. Wobei ich den Eindruck gewann, daß die Kommentatoren von jemand mir ganz Unbekanntem sprachen; was sie sagten und meine Erinnerungen stimmten nicht überein. Von Zeit zu Zeit kamen mir eine Zeitschrift, ein Zeitungsartikel unter die Augen, aber erst kürzlich die hervorragenden und äußerst genauen Editionsarbeiten[2] in Deutschland und in Frankreich, insbesonders dank des Nachlaßbetreuers und vielfachen Herausgebers Bertrand Badiou, der als erster Mitarbeiter der Paul-Celan-Forschungsstelle an der École normale supérieure (ENS) auch als Übersetzer hervorgetreten ist.[3] Nach langem Zögern meinerseits war es dann Bertrand Badiou, der mich dazu brachte, das Schweigen der Intimität zu brechen. Es ist durchaus möglich, daß meine Erinnerungen nicht immer festgegründet sind, mein Gedächtnis schwankend: wie immer, wenn ein Gedenken weit zurückgreifen muß – mehr als ein halbes Jahrhundert in diesem Fall. Obwohl es vermutlich nur noch wenige in jener Zeit beheimatete Gegenstimmen gibt, die mein Zeugnis da und dort berichtigen könnten, will ich mein möglichstes versuchen. Manche Bilder und Aussagen sind mir gegenwärtig, so als wäre es gestern gewesen; vieles taucht auf aus der Verschwommenheit, wenn Fragen an mich gerichtet werden; lange und ständig wiederholte Gespräche mit Bertrand Badiou, von seiner genauen Kenntnis von Werk und Mensch gespeist, waren mir von großer Hilfe, um einiges schon Vergessengeglaubte ins Gedächtnis zu rufen. Celans Sohn Eric bin ich ganz besonders zu Dank verpflichtet für seine überaus freundliche Zustimmung, die geheime Seite des Lebens seines Vaters ins öffentliche Licht zu stellen. Er war es schließlich, der mein Manuskript der Schriftstellerin und Leiterin des Suhrkamp Verlags, Ulla Unseld-Berkéwicz, anläßlich eines Treffens mit ihr im Hotel Lutetia in Paris überreichte.

Auf das Risiko hin, den Bericht weniger flüssig zu gestalten, habe ich viele erst jetzt bekannte Einzelheiten und Fakten meinen Daten gegenübergestellt, nicht ohne die unterschiedlichen Zeitebenen jeweils so genau als möglich anzugeben. Ich möchte unterstreichen, daß diese Gegenüberstellung, wenn ich so sagen darf, eine »Entdeckungsfahrt« in unbetretenes Land für mich bedeutete, die nicht nur dazu diente, Längstvergangenes und Nieerzähltes wieder hervorzuholen, sondern mir selbst dazu verhalf, mir völlig unbekannt gebliebene Aspekte von Celans Leben und Werk neu einzuordnen.

Wenn auch meine Erlebnisse mit der Existenz eines nicht leicht zu verstehenden Dichters zu tun haben – in keinem Fall kann es sich hier um Gedichtinterpretationen handeln, um »Entzifferungsversuche«, die jedem Leser in der persönlichen Konfrontation mit dieser Dichtung überlassen bleiben. »Aber das Gedicht spricht ja!«[4] – nur in diesem Sinn, von seiner Wirklichkeit her, soll hier davon die Rede sein. Gleichwohl wird es nicht zu umgehen sein, daß so manches auch in den Gedichten mich persönlich Berührende in den Bericht einfließt, jedoch möchte ich es soweit als möglich in Grenzen halten und es nur insoweit berücksichtigen, als es den zu beschreibenden Zeitraum (1952-1962) zu erhellen beiträgt.

Dem allen mögen einige biographische Angaben vorangestellt sein, die anzeigen sollen, wo ich herkam und welche Erlebniswelt – von Krieg und Nachkriegszeit geprägt – ich mitbrachte, als ich mich im November 1951 in Paris niederließ. Von so manchen Episoden und frühen Eindrücken mag ich Celan erzählt haben, ohne daß ich zu sagen wüßte, welche es gewesen sind.

Autobiographische Einleitung – Von Linz nach Paris

Kindheit und Jugend (1928-1951)

Ich wurde am 11. August 1928 in Linz als drittes Kind meiner Eltern, Josef und Elisabeth Eisenreich, geboren. Mein Vater – ursprünglich Präzeptor für Latein, Griechisch und Mathematik in einem adeligen Haushalt im oberösterreichischen Innviertel, wo auch meine Mutter Deutsch, Englisch und Französisch unterrichtete – war später Bankbeamter in der Linzer Hypothekenanstalt. Er verstarb schon im Jahr 1931 im Alter von nur 38 Jahren. Meine Kindheit und frühen Jugendjahre habe ich nicht unweit von Linz, in Enns, verbracht – der historisch nicht unbedeutenden Stadt, angeblich die älteste Österreichs, nahe der Ennsmündung in die Donau auf einem Hügel gelegen, von wo aus der Blick zum ersten Mal die weiten Ebenen des Ostens, fast schon Pannoniens, erahnt. Wir wohnten in einer der kleinen Villen mit Garten im alten Vorort Lorch, dem römischen Lauriacum, auf dessen versunkenen Resten unser Haus stand. Meine Eltern, die längere Perioden ihres Lebens bei österreichischen Großadelsfamilien in jetzt zu Italien oder Böhmen gehörenden Gegenden verbracht hatten, stammten noch aus der alten Welt der Habsburgermonarchie, insbesonders meine 1885, noch in der Blütezeit des 19. Jahrhunderts, in Südtirol geborene, in Meran ausgebildete Mutter war ihr in unverbrüchlicher Treue verbunden. Trotz aller materiellen Schwierigkeiten ihrer Witwenschaft hat sie es nie bereut, dem guten Kaiser Franz Joseph gegen Ende des Ersten Weltkriegs ihr kleines Vermögen überschrieben zu haben – eine verlorene Staatsanleihe, für die sie einen metallenen, bleifarbenen Ring erhielt, in den »Gold gab ich für Eisen« eingraviert war. Staunend habe ich ihn als Kind betrachtet.

Zunächst wurde ich einer Kinderfrau anvertraut, mit der ich die meiste Zeit in Küche und Garten verbrachte, bis sie unseren verarmten Haushalt verlassen mußte. Ich war kein gefügiges Kind, gelegentlich lief ich davon, und die Geschichte mit Gott, trotz aller Frömmigkeit meiner Mutter, schien mir schon sehr bald verdächtig. Nur an die Engel glaubte ich fest – es waren ja die Toten, mein Vater und ein Brüderchen »im Himmel«, die durch die Lüfte flogen und dort sonst nichts zu tun hatten, als auf mich wohlwollend herabzublicken. In Enns habe ich auch die Volksschule und dann die Hauptschule, bis zu meinem 14. Lebensjahr, frequentiert. Ich galt als begabt, aber nicht gerade fleißig – »wenn sie nur wollte«, hieß es. Dann wurde ich »Fahrschülerin«, um die damals so genannte Mädchenoberschule im zwanzig Kilometer entfernten Linz zu besuchen (1942-1944), wobei ich das letzte Jahr zumeist im Luftschutzkeller verbringen mußte. Dann, bis zum Herbst 1945, wurden die Schulen gesperrt, nachdem die Jugendlichen noch gezwungen worden waren, am letzten Aufgebot des »totalen Kriegs« teilzunehmen. Die 17- bis 18jährigen, also die Mädchen der Altersklasse vor mir, mußten sich als »Flak-Helferinnen« ausbilden lassen. Verwandte von mir – alte Reservisten und blutjunge Rekruten – wie auch so manche Spielgefährten aus früher Zeit sind nicht aus dem Krieg zurückgekommen, einer verlor in Berlin, als unfreiwilliger »Volksstürmer«, ein Auge; Klassenkameradinnen kamen schwarzgekleidet, dem Vater oder dem Bruder nachtrauernd, in den Unterricht. Die noch jüngeren Mädchen, also auch ich, wurden zu allerlei Zivildiensten eingesetzt – Schutt der zerbombten Häuser wegräumen, im Kindergarten aushelfen, nächtliche Hilfsdienste bei den durch die Stadt ziehenden Flüchtlingsströmen aus dem Osten leisten; ich mußte bei der Post als Telegrammausträgerin mit meinem Fahrrad über Land fahren – bis in die entlegensten Bauernhöfe. Häufig handelte es sich um Todesanzeigen gefallener Söhne. Ganz zum Schluß sollte ich helfen, am Ufer der Enns Schützengräben als Wall gegen die herannahende Rote Armee auszuheben. Gemeinsam mit anderen, noch viel jüngeren Kindern aus dem Städtchen wurde ich von Gendarmen geholt; wir sollten Schaufeln mitbringen, die meisten aber hatten nur kleine Kohlenschaufeln, ein junger übereifriger Leutnant überwachte uns. Der Boden erwies sich als vollständig von den Wurzeln der Weiden durchwachsen und also undurchdringlich. Ich war zunächst guten Willens, weil ich mir dachte, daß vielleicht irgendein Soldat in dem Loch seine Haut retten könnte. Dann aber sagte ich dem Leutnant, wie unsinnig das Unternehmen wäre, worauf er drohend mit seiner Pistole herumfuchtelte und wir einander böse in die Augen blickten. Die Kinder nützten die Gelegenheit, sich aus dem Staub zu machen, und auch ich und der Leutnant zogen ab. Auch die Stadtbevölkerung weigerte sich, Bollwerke aufzustellen, wie die bei Kriegsende dort stationierte und immer noch anwesende SS-Einheit es forderte. Enns war eine alte Garnisonstadt mit einer Heeresschule und einer Dragonerkaserne, die aus k. u. k. Zeiten stammten und dann, nach einem Zwischenspiel im Rahmen der Ersten Republik Österreich, in die Hände der deutschen Wehrmacht übergegangen waren. In der sogenannten »Dollfuss-Zeit«, die die Zeit meiner Kindheit war, gab es dort eine Ansammlung von weiß uniformierten »Einjährig-Freiwilligen« hoch zu Roß, meist Söhnen des alten Adels, die ich als Kind noch selbst durch die Straßen hatte reiten sehen und bei denen ich, da einer von ihnen bei uns Quartier genommen hatte, aufgeregt und herzklopfend sogar einmal aufsitzen durfte. Im Verlauf des Krieges bildete sich in den Kasernen eine Widerstandsgruppe heraus, von deren Existenz ich bei Kriegsende Kenntnis hatte, deren tatsächlich unternommene Aktionen jedoch lange geheim blieben, wie es die Natur der Sache forderte. In der dort befindlichen Reitschule aber, in einer Zeit, da es noch keine Medien gab, wurde die Bevölkerung zusammengetrommelt, um Hitlers und Goebbels' Reden anzuhören – auch ich mußte dem einmal beiwohnen, jedoch erinnere ich mich nicht, daß die Reden, die aus den Lautsprechern dröhnten, eine besondere Begeisterung ausgelöst hätten; die Leute rund um mich verhielten sich schweigend.

Das Schlüsselerlebnis meiner Kindheit war der Einmarsch der deutschen Truppen im Jahr 1938 gewesen, der sogenannte »Anschluß«, als ich noch nicht ganz 10 Jahre alt war. Neugierig stand ich am Straßenrand der Wiener Landstraße, die dann Wiener Reichsstraße hieß, und sah die fremdartigen Gesichter unter den Helmen und die staubbedeckten Stiefel, sah die blumenwerfende Menge, die aber so gar nicht der üblichen Bevölkerung, sondern eher dem Pöbel glich, sah daheim die Verzweiflung meiner Mutter und ihrer Freunde, aber auch den stillen Jubel einer von mir sehr verehrten Lehrerin, die bei uns wohnte. Zum ersten Mal verstand ich, was, im Gegensatz zum österreichischen Selbstbehauptungsgefühl der ersten Republik und des Ständestaats, der Begriff »großdeutsch« bedeutete, daß es eine andere Welt gab als die mir bekannte und daß diese Welt, ganz allgemein, nicht so einfach war, wie ich sie bisher erlebt hatte. Die sogenannte »großdeutsche Lösung« – das heißt der Zusammenschluß der deutschsprachigen Minorität des 1918 aufgelösten Großreichs Österreich-Ungarn mit der Weimarer Republik – wurde allseits, auch von den Sozialisten, was heute vielfach in Vergessenheit geraten ist, aktiv unterstützt und unterscheidet sich dadurch vom gesetzeswidrigen »Heim-ins-Reich«-Streben der bis 1938 in Österreich »illegalen« Nationalsozialisten. Unvergeßlich sind mir die zuvor überall plakatierten pathetischen Aufrufe des Bundeskanzlers Schuschnigg – in einer Kastanienallee auf dem Schulweg sehe ich mich noch davor stehen und begreifen lernen; auch an die aufgeregten Gespräche der potentiellen Nein-Sager – darunter meine Mutter – anläßlich der von den neuen Machthabern organisierten Volksabstimmung kann ich mich gut erinnern. In Enns, mit seinen ungefähr fünftausend Einwohnern, gab es schließlich deren zehn oder zwölf, und jedermann wußte, daß es die alten Monarchisten waren, Barone,

Grafen, ausgediente Generäle und Offiziere der ehemals kaiserlichen Armee, von denen etliche in Enns ansässig waren. Der Rest der Bevölkerung, auch durch kirchliche Aufrufe des Wiener Erzbischofs Innitzer dazu aufgemuntert, stimmte dem Anschluß zu. Oder hatte Angst vor den vorhersehbaren Folgen jedweder ablehnenden Haltung – allgemein wurde angenommen, daß die Wahl »Für« oder »Wider« nicht geheim war. Wie mit einem Schlag begriff ich damals, daß hinter dem Gartenzaun die große, vielleicht böse Welt begann.
In der übrigens ausgezeichneten, noch von der bekannten Glöckel-Reform[5] her bestimmten Volksschule wurde meine Lehrerin von heute auf morgen abgesetzt; eine von den neuen Machthabern in den Kreisen der »Illegalen« willkürlich erwählte Privatperson sollte an ihre Stelle treten. Da sich erwies, wie unfähig diese war, eine Klasse zu führen, kam bald darauf die angestammte, sehr katholische Lehrkraft wieder zurück. Im »Österreichischen Liederquell«, Grundlage der Gesangsstunden, mußte die Bundeshymne durch das »Deutschlandlied« überklebt werden, die Kreuze in den Klassen wurden abgeschafft, der Religionsunterricht wurde durch »Leibesübungen« ersetzt, neue Lieder mußten gesungen werden, darunter jenes von den »morschen Knochen« mit dem berüchtigten Refrain: »Wir werden weiter marschieren, / Wenn alles in Scherben fällt, / Und heute gehört uns Deutschland / Und morgen die ganze Welt.« (So wurde gesungen. Der Originaltext des Kampfliedes der SA von Hans Baumann, der noch vom »Hören« bzw. Gehörtwerden der Bewegung spricht, findet sich in diesem Lied schon kurz vor Kriegsbeginn in Eroberungsgelüste umgemünzt.) Die Kinder wagten es gelegentlich, den Religionslehrer, solange es ihn noch gab, zu verspotten, der neue Direktor der Hauptschule war offensichtlich, mit seinen zahlreichen »Schmissen« im Gesicht, in seiner Jugend bei den schlagenden und »deutschnational«, wenn nicht gar »alldeutsch« gesinnten Burschenschaften gewesen, aber im großen und ganzen blieb der Unterricht neutral. In der Ober-

schule gab es eine Geschichtsprofessorin, die mit glänzenden Augen von Georg von Schönerer[6] schwärmte, Stresemann[7] als erbärmlichen Unhold darstellte und den Aufstieg des Nationalsozialismus zum Studienobjekt machte; der es auch gelungen war, mir im Verein mit den ihr gleichgesinnten Turn- und Zeichenlehrerinnen genügend schlechte Noten auszustellen, um mich aus der Schule kurzfristig auszuschließen. Es erwies sich, daß die übrigen Lehrer, meist unparteiische Damen oder aus der Pensionierung zurückgeholte ältere Herren, mit ihr keineswegs solidarisch waren. Jedoch hat sie sich, was mich anbelangt, nicht wirklich geirrt – ich gehörte schon längst zu den Widerspenstigen, die sich in katholischen Gruppierungen wiederfanden, die sich bemühten, so gut sie konnten und unter dem Deckmantel liturgischer Erneuerungsziele, subversives Gedankengut zu verbreiten. In Enns geschah das im Verein mit einem im Widerstand aktiven Priester; in Linz, bei Treffen in der Krypta des Doms, unter Anleitung eines geistlichen Herrn, der uns nicht nur die verbotenen Lehren Freuds und Einsteins erklärte und sogar von Darwin zu berichten wußte, sondern auch in Lichtbildervorträgen die Höhepunkte deutscher Kunst vor Augen führte, das andere Deutschland sozusagen – unvergeßlich sind mir die Gestalten des Isenheimer Altars von Grünewald, der in die Nacht weisende hochgereckte Finger Johannes des Täufers, die schmerzgekrümmten Frauen zu Füßen des Kreuzes. Celan wird das Museum Unterlinden in Kolmar, das den Flügelaltar ausstellt, kurz vor seinem Tod, am 25. März 1970, besuchen und, beim Anblick des als »König der Juden« Gemarterten und Gekreuzigten, ausrufen: »Es ist genug!«[8] Die Inschrift auf dieser Darstellung – »INRI«, das heißt Iesus Nazarenus Rex Judæorum – ist verhältnismäßig groß und fällt deshalb besonders ins Auge.

In Enns war der junge Kaplan der Gestapo verdächtig erschienen, aber da er von einem Mädchen unserer Gruppe rechtzeitig von ihrem Eintreffen verständigt wurde, konnte er noch alles kompromittierende Material vernichten. Auch ich wurde

verhört, man suchte mich einzuschüchtern und wollte wissen, was wir denn an der Kirche Besonderes fänden, warum wir stehend die Gebete und Lesungen vortrügen und nicht sitzend wie jedermann und so weiter. Daraufhin hat die Gestapo mich, mit Staunen meine »liturgischen Erklärungen« zur Kenntnis nehmend, zu meinem Glück eher als leicht verrückt denn als wirklich gefährlich für das System eingestuft. Wegen der politischen Einstellung meiner Mutter dürfte meine Familie schon längst auf der »schwarzen Liste« gestanden haben; die Verdächtigung durch die Gestapo, daß ich der monarchistischen Untergrundbewegung »Das blaue Band« angehöre, traf keineswegs zu; von ihren Beamten erfuhr ich erst, daß es diese überhaupt gab. Daß ich gelegentlich mit dem Fahrrad nach Linz fuhr, um verschlüsselte Nachrichten an auch mir unbekannt bleibende Personen zu übermitteln, verriet ich wohlweislich nicht.
Die im Rahmen der katholischen Kirche sich zusammenfindenden Gruppierungen boten in der Hitler-Zeit in meinem Umkreis die einzige Möglichkeit, gegen den Strom zu schwimmen; sie bedeuteten mir letzten Endes wenig im ideellen Bereich, und so war es mir ein leichtes, mich im besiegten, aber noch nicht unabhängigen Nachkriegsösterreich davon zu trennen. Hingegen näherte ich mich dann einer bald verschwundenen, sehr links ausgerichteten Bewegung, der für den christlichen Solidarismus eintretenden »Demokratischen Union«. Den führenden politischen Gremien der Jahre nach 1945 konnte ich nichts abgewinnen, eine leuchtende hoffnungversprechende Zukunft schien sich nicht abzuzeichnen, vergleichbar etwa den utopischen Vorstellungen, die mich anzogen: Gleich nach Kriegsschluß war in Enns ein Mann aufgetaucht, der für die Idee des »Weltbürgertums« warb. Eine »Weltbürgerin« wollte ich sofort sein, und so bekam ich eine Mitgliedskarte mit der Nummer 1. Andere »Weltbürger« habe ich allerdings dann nicht mehr getroffen, das Ganze hat sich augenscheinlich im Sand verlaufen.

Das zweite einschneidende Erlebnis meiner jungen Jahre war der Beginn des Zweiten Weltkriegs, mit Hitlers Einmarsch in Polen. Ich war auf Ferien in Italien, in Südtirol, bei meinen Verwandten mütterlicherseits, und sollte bis Mitte September dort bleiben. Italien verfügte sofort die Ausweisung aller Ausländer, so daß ich mich von heute auf morgen, allein mit meinen elf Jahren, in einem schon verdunkelten, nur von einer blauen Glühbirne trüb erhellten und überfüllten Nachtzug befand, eingekeilt zwischen Menschen, die nur schaudernd vom vorigen Weltkrieg und dessen Schrecken zu berichten wußten. Niemand bewies auch nur einen Hauch von Kriegsbegeisterung – Angst und Sorge war auf allen Gesichtern zu lesen. Wie ganz allgemein zu beobachten war – die große Begeisterung von 1938 war sehr bald in manchen Kreisen einer gewissen Ernüchterung gewichen, besonders infolge einschneidender »Eindeutschungen« im Verwaltungswesen, die von den zugewanderten sogenanten »Reichsdeutschen« getragen wurden, als »Piefkes« schon wegen des Sprachunterschieds nicht allzu beliebt. Jedoch glaubte man weiterhin, ebenso vage wie unerschütterlich, an Hitler, an die Unbefleckte Empfängnis und an den Osterhasen.
In den folgenden Jahren gelang es mir, den eigentlich pflichtmäßigen Schulungen und Sportveranstaltugen der Hitlerjugend zu entgehen. Wie die meisten »Bonzen« (die im Hinterland verbliebenen Parteifunktionäre) war die Anführerin meiner BDM-Gruppe nicht ortsansässig und zudem ziemlich dumm. Einmal wurde ich unter Strafandrohung zu den Heimabenden hinbeordert; nachdem ich mein in der Schule erworbenes Wissen über das altgermanische Julfest, das Weihnachten ersetzen sollte, zum besten gegeben hatte, wobei ich sie an Kenntnissen einigermaßen übertraf und sie den Eindruck gewann, daß ich sie lächerlich gemacht hatte, ließ man mich fortan in Ruhe. Von diesem Mädchen wurde mir noch bekannt, daß es im Rahmen der Hitlerjugend freiwillig die Panzerfaust »Werwolf« zu bedienen erlernte und dann in den letzten Kämpfen umgekommen ist.

In Enns gehörte die städtische Bevölkerung mehrheitlich der traditionell »roten«, vor dem Krieg von der Arbeitslosigkeit schwer getroffenen Arbeiterschaft an, die aber bald, im Verlauf des Krieges, nur mehr durch ihre Frauen und Kinder vertreten war; einige Bürger und Kaufleute waren am meisten mit dem Regime verbunden; im Umkreis gab es Großbauern und Kleinhäusler, traditionell »schwarz«; fast alle wurden in den Sog der Propaganda und auch der fortan blühenden Kriegswirtschaft gezogen. In Linz waren meine Schulkolleginnen meist bürgerlicher und kleinbürgerlicher Herkunft; eine einzige unter ihnen glaubte felsenfest an die neue Lehre und wurde wegen ihres pantheistischen Gottglaubens gehänselt – ob denn der Tisch vor ihr auch von göttlicher Substanz durchdrungen sei, ob sie gar auf ihr säße? Im Gegensatz zu den obligatorischen Lesebüchern, die voller Nazi- und »Blubo«-Literatur[9] waren, retteten sich die Lehrer in klassische Werte – man las Lessing, Kleist, Goethe und Conrad Ferdinand Meyer, man hörte von der Ilias und griechischer Geschichte ebenso wie von der nordischen Sagenwelt, man vermied es aber, alles Verbotene auch nur zu erwähnen. Das Gebäude meiner Schule war dasselbe, das einst Hitler besucht hatte, weshalb in den Gängen einige ihm zugeschriebene Aquarelle recht konventionellen Stils hingen, die niemand beachtete. Nur in der Zeichenstunde sollte man seinen »Ahnenpaß« normengerecht darstellen; da die Herkunft meines Großvaters, Josef Eisenreich, im dunkeln liegt und mein eher bildhafter Name für so manchen einen jüdischen Klang hatte, galt ich auch hier als verdächtig.

Im allgemeinen aber wurden »Rassenreinheit« und »Germanentum« nicht thematisiert. Derlei ideologische Theoreme kamen aus den Rundfunkansprachen, aus der Wochenschau im Kino, aus den Zeitungen, aus den Plakaten und Transparenten auf den Straßen auf uns zu und beherrschten den öffentlichen Sprachgebrauch. Von der Existenz jüdischer Bevölkerungsteile wußte ich in meinen jungen Jahren wenig, doch die Gehässigkeit eines Slogans – »Jetzt herrscht der Russe Molotov und nicht der Jude Litvinov« – fiel mir allsogleich auf,[10] genauso wie die Fadenscheinigkeit der Begründung für die Enteignung des Großkaufhauses Kraus und Schober in Linz. Obwohl von der »Ausrottung der Juden« schon bei Hitler nachzulesen ist und die radikale Ausgrenzung der Juden im Parteiprogramm[11] festgeschrieben war, wurde darüber eigentlich nicht debattiert, und wenn, dann hinter geschlossenen Türen. In Enns gab es, soviel ich weiß, vor der Naziherrschaft einen Juden und zwei »Halbjüdinnen«. Der Jude, ein Beamter in Untermiete, wurde von seinem Zimmerherrn als solcher denunziert und verschwand. Kommentarlos. Die eine »Halbjüdin« war ein junges Mädchen, deren im Ausland lebende Eltern sie in einem Heim langfristig untergebracht hatten; sie wurde dazu mißbraucht, Dienstbotenarbeit zu leisten, noch dazu unter dem Vorwand, daß sie dadurch vor der Verhaftung geschützt sei. Die andere war eine ältere Dame, eine Baronin Baselli, die bei ihrem Onkel, einem Offizier aus der Zeit der Monarchie, wohnte. Als sie sich melden sollte, versteckte sie dieser in einem großen barocken Schrank, in dem sie die Tage zwei Jahre lang hinbrachte und den sie nur nachts, mit größter Vorsicht, verließ. Schließlich wurde sie wahnsinnig, stürzte sich aus dem Fenster, blieb aber unglückseligerweise in einem Fensterkorb hängen, wurde deportiert und ist ums Leben gekommen. Sie war katholisch getauft und als äußerst fromm bekannt. So reihte sich ein Ereignis ans andere, das in der Bevölkerung Unwillen und Abscheu hervorrief, weit über die anfänglichen »Flüsterwitze« hinaus, die das Regime mehr oder minder lächerlich gemacht hatten. Wer aber hat wirklich von den Greueln gewußt, die sich in nächster Nähe abspielten? Von der aus Linz vertriebenen, deportierten und zum beträchtlichen Teil umgekommenen Judengemeinde?[12] Von Mauthausen und dessen Nebenlagern; von Hartheim, wo die ersten Versuche zur Vernichtung erblich Belasteter und Geisteskranker durch Gas durchgeführt wurden, ehe sie in den Vernichtungslagern des Ostens perfektioniert wurden? Alle schwiegen darüber – die einen, weil sie die Vollstrecker dieser Taten waren und nur im Abseits der Lager agierten, die anderen, Mitläufer oder vielleicht sogar gegnerisch gesinnt, weil sie durch offenen Widerstand selbst Verfolgungen ausgesetzt oder, wie sie meinten, sogar zu Tode gekommen wären. »Sei still, sonst kommst du ins KZ« war eine geläufige Redewendung, lang bevor Genaueres bekannt wurde. Erst gegen Ende des Krieges kamen mir Gerüchte zu Ohren, denen zufolge die »Einheitsseife« – ein graues, wenig wirksames Etwas – aus Menschenknochen hergestellt sei und daß die plötzlich auftauchenden neuartigen, total verschlossenen, eigentlich zum Transport von Erzen dienenden Eisenbahnwaggons zur Vernichtung von Menschenleben dienten – es war eine Verwechslung mit der geheimgehaltenen Wirklichkeit der tödlichen Gasverwendung in Lastkraftwagen.

Es gab heimliche Zeichen des inneren Widerstands. Zum Beispiel eine Gaststätte in Linz in der Herrengasse, Zum schwarzen Bären, wie ich mich zu erinnern glaube, die ostentativ das Zeremoniell besserer Zeiten einhielt. Wer dort hinging, wußte, ohne zu kommunizieren, daß er, auf das höflichste bedient, die wenigen von der Lebensmittelversorgung autorisierten Bissen auf erlesenem Porzellan und mit Silberbesteck unter Gleichgesinnten zu sich nahm – ein allerdings nur stiller Protest. Oder der Film »Münchhausen« des Jahres 1943, von dem wir annahmen, daß er subversive Elemente enthielte – vermutlich wegen des Siegs der Phantasie über den Ungeist oder weil Erich Kästner, dessen Bücher 1938 verbrannt worden waren, das Drehbuch geschrieben hatte. Die Zahl 129, als konstante Jahresdifferenz zwischen Hitlers und Napoleons Aufstieg und Untergang, wurde zur Geheimziffer: die Jahre 1804/1933 sahen beide als Alleinherrscher, 1812/1941 verwiesen auf die desaströsen Feldzüge in Rußland, 1813/1942 auf die jeweils verlorenen Schlachten von Leipzig und Stalingrad – die völlige Niederlage wurde folgerichtig für 1944 vorhergesagt, 129 Jahre

nach Waterloo. Derlei Zahlenkombinationen, wären sie Celan zu Ohren gekommen, hätten sicherlich sein immer waches Interesse für zahlenmäßige Abfolgen und Zusammenhänge erweckt. Unter den Nichtkonformisten gab es auch Gymnasiasten mit langen Haaren und in nachlässiger Kleidung, sogenannte »Schlurfe«, die eben anders aussehen wollten als die »Hitler-Pimpfe«[13] – auch mein Bruder war, ehe er Soldat werden mußte, einer von ihnen. In einem Zeitraum, da im Rahmen des »totalen Kriegs« sogar der gewöhnlichste Tanzkurs untersagt war, freute man sich, wenn man Leute fand, die noch wußten, wie man den als »entartet« deklassierten und verbotenen Charleston tanzt. Meine Mutter gehörte weiterhin der kleinen Gruppe schweigender Gegner an, wenn sie auch im allerengsten Familien- und Freundeskreis nicht versäumte, ihrer Meinung Ausdruck zu verleihen: »So, jetzt ist es um ihn geschehen!« prophezeite sie triumphierend, als Hitler in Sowjetrußland einmarschierte.
Es hat auch kämpfende Gegner gegeben. Als in den letzten Apriltagen 1945 die geschlagene und zerlumpte Armee in Massen auf der Flucht vor den Russen über die Enns in den Westen drängte, wurde dort, an der Ennsbrücke, ein Galgen mit einem daran aufgeknüpften Soldaten aufgestellt, mit der Inschrift: »Wer diese Grenze überschreitet, ist ein Deserteur und kommt vor ein Kriegsgericht.« Viele kamen und wurden ergriffen und erschossen, in einem an die Stadt grenzenden Wäldchen. Der Priester, den ich kannte, durfte ihnen, wenn sie es wollten, beistehen. Er war also Zeuge der täglichen Erschießungen, deren Salven man oben in der Stadt hören konnte. Es kam vor, sagte er mir, daß manche der standrechtlich Verurteilten mit dem Ruf »Es lebe Österreich« starben. Wien war seit dem 13. April durch die Rote Armee befreit, nicht ohne den Einsatz der Widerstandsgruppe 05, bei welcher die Ziffer 5 für den Buchstaben E steht, so daß Oe = Österreich zu verstehen war – ein Erkennungszeichen, das auf den Mauern des Stephansdomes in Wien eingraviert ist.

Es mag sich bei diesen letzten Opfern des »totalen Krieges«, zumindest teilweise, um versprengte Anhänger dieser Kampfgruppe gehandelt haben. Genauere Daten darüber entstammen einem von der Gendarmerie verfaßten »Lagebericht für die Jahre 1933 bis 1945 in Enns«, von verschiedenen Dokumentationen – allerdings nicht immer übereinstimmend – zitiert.[14] Die Inschrift auf dem diesen Toten gewidmeten Denkmal lautet: »Sie starben im festen Glauben an den Sieg des Rechtes. Den letzten Opfern im Kampf um Österreichs Freiheit in den ersten Monaten des Jahres 1945.«

Als dann am 5. Mai 1945 der endgültige Sieg der Alliierten auf dem Hauptplatz der Stadt Enns, der sieben Jahre lang Adolf-Hitler-Platz geheißen hatte, unter großem Massenandrang und viel Jubel gefeiert wurde, wurde ich auserwählt, eine vom Schlossermeister des Ortes verfaßte, gereimte Lobeshymne auf das wiedererstandene Österreich zu deklamieren. Der Mann war als Handwerker gelegentlich zu uns ins Haus, zu meiner frommen und ach so monarchistischen Mutter gekommen, hatte aber nie ein Wort über seine (wahrscheinlich sozialistische) Gegnerschaft verlauten lassen. Es gab zunächst Volksgerichte und sogar Hinrichtungen, einige Parteifunktionäre wurden verhaftet und kamen in ein Straflager, vom Gauleiter des Landes »Oberdonau« (so hieß »Oberösterreich« damals), der im Radio bis zum Schluß zum Kampf aufgerufen hatte, erfuhr man, daß er sich aus dem Staub gemacht habe: seinem Schicksal entging er indessen nicht – im »Mauthausen-Prozeß« wurde er 1947 zum Tod durch den Strang verurteilt. Knapp vor dem Ende aber war ich Zeuge geworden von einem der grauenhaften Todesmärsche, dessen Opfer am Rande der Stadt auf der sogenannten Wiener Reichsstraße dahinwankten und, im Falle äußerster Schwäche, getötet wurden. Einzelheiten darüber habe ich später Paul Celan mitgeteilt.

Ich war damals noch nicht 17 Jahre alt. Diese Ereignisse sind mir in viel deutlicherer Erinnerung geblieben als die Bombenangriffe auf Linz, die ich auch teilweise miterlebt habe. Linz verfügte über sehr gute »Luftschutzkeller«, tiefe Stollen in den anliegenden Sandhügeln – ehemalige Kellereien. Wenn man herauskam, war manchmal oben nicht mehr viel da, doch hatte man die Erschütterungen der Einschläge nicht verspürt. Schlimmer war es im Keller der Schule – einem ganz gewöhnlichen Keller mit vielen Rohren, wo wir Schüler saßen, plaudernd, lachend, Karten spielend, während die Lehrer aufgeregt durch die Reihen liefen, ohne unsere jugendliche, wenn auch gespielte Gleichmütigkeit verstehen zu können. Und noch schlimmer, sich in einem Zug zu befinden, der die riesige Industriezone der »Hermann-Göring-Werke« (heute »Vereinigte Österreichische Stahlwerke«) durchqueren mußte oder gar wenn Tiefflieger den Zug beschossen. Man kannte aber und vermied den Zeitpunkt (gegen Mittag) der Großangriffe, wenn die Geschwader der Bomber ganz hoch oben, wie silberne Riesenvögelzüge, den blau leuchtenden Himmel durchflogen und nicht nur von Tod und Zerstörung, sondern auch vom nahen Ende der Tyrannis kündeten. Ich war damals der Überzeugung, daß nach der Befreiung vom Totalitätsanspruch des Horrors und der Unfreiheit den Menschen die Augen aufgehen müßten und daß notwendigerweise eine schönere Zukunft bevorstünde, kurz, daß die Menschen sich grundlegend geändert haben würden.

Im Herbst 1945 wurde meine Schule als »Mädchenrealgymnasium« neu eröffnet, so daß ich zunächst das verlorene Jahr nachholen konnte. Ich wohnte in Linz, die materiellen Verhältnisse waren weiterhin katastrophal, ein Drittel meiner Mitschülerinnen waren Flüchtlinge aus Siebenbürgen, aus dem Banat, aus den Sudetenländern, die Lehrer kamen vom Krieg zurück und wollten (oder konnten) nicht nach Wien und in die sowjetisch besetzte Zone heimkehren. Nicht weit von meiner Schule befand sich das Realgymnasium, wo mein Bruder ebenfalls die Matura (Reifeprüfung) nachholen mußte. Nicht nur seine Lehrer, sondern auch alle seine Kollegen waren Kriegsteilnehmer, viele von ihnen eltern- und heimatlos. Sie lebten in einer Art Schülerheim, trieben Schwarzhandel mit der amerikanischen Besatzungstruppe, zerhackten die Türen, um Brennholz zu gewinnen, kochten auf dem eisernen Ofen aus amerikanischen Konserven und Trockeneiern fast ungenießbare Eierspeisen (Pfannkuchen), lehrten mich amerikanische Songs – »Sentimental journey«, »Don't fence me in« beispielsweise – und sagten auch, wenn ich sie gelegentlich mit nach Hause, mit nach Enns nahm, meine Schwester Klavier spielte und wir die Erbsensuppe teilten, schöne romantische Gedichte auf. Vom Krieg erzählten sie nichts.

Nach der Matura im Jahr 1947 arbeitete ich zwei Jahre als Erzieherin in einem Schülerheim und dann, bis 1951, als Sekretärin in einem Bau- und Architekturunternehmen, nicht ohne mich gleichzeitig auf die Lehrbefähigungsprüfung für Englisch vorzubereiten. In diesen Jahren kündigte sich schon die weitere politische Entwicklung an; man sah, wie sehr die konservativen Kräfte die Oberhand gewannen und wie wenig die Menschen aus dem Fiasko Hitlerdeutschlands gelernt hatten: Schon damals ging das Gerücht um von der »böswilligen Erfindung« der Vernichtungslager durch die Besatzungsmächte. Nach Verurteilungen durch Volksgerichte und anfänglichen Maßnahmen gegen alle notorisch Engagierten im NS-System galt die wiedererstandene Republik Österreich bald als erstes Opfer der kriegerischen Expansion; das langsame Aufblühen nationalen Selbstbewußtseins fand sich mit einer verdrängten Tatsache, fast möchte man sagen: Geschichtslüge verknüpft.[15]

Im Verlauf meiner Kindheit und Jugend – auch das spielte eine Rolle – habe ich nicht nur Krieg und Not, Unfreiheit und Unterdrückung, sondern auch den teils hell erstrahlenden, teils düsteren Zauber des katholischen Ritus und Brauchtums vor Augen gehabt, besonders in der Weihnachts- und der Osterzeit: Der Jahreslauf war bebildert von »Heiligen Drei Königen«, von den Segenssprüchen der Lichtmeß und des Blasius-Gedenktags, von Fronleichnamsumzügen, vom Aschermittwoch, den verdunkelten Kirchen in der Karwoche und ihren Tumba-Gebeten, der blutig-grausamen Darstellung der Passion in den Kreuzgängen mitsamt der äußerst dramatisch figurierten »Grablegung«, gefolgt von der feierlichen »Auferstehung« und deren Glockengeläut; er war geprägt von Beichttagen und Rosenkranzgemurmel, von Kinderängsten in Erwartung des »Krampus«, Nikolaus' teuflischem Begleiter; vom Totengedenken zu Allerseelen; dann wieder zeigte er sich spärlich erhellt vom Kerzenschein des Adventkranzes in den »Rorate-Messen«, in Erwartung der jährlichen Wiederkunft des »Christkinds« in den bunt aufgestellten Krippen; es roch nach Weihrauch, golden erglänzten die Monstranzen, die Gläubigen sangen »Erbarme dich unser« und beugten das Knie, zum »Gloria in excelsis« erbrausten die Orgeln – kurz, es war die schaurig-schöne Pracht der barocken Katholizität, die mich umgab, bis ich ihr eines Tages den Rücken kehrte: den Glanz sah ich nicht mehr, nur das Provinziell-Steckengebliebene, nur den Abglanz.

Spätere Jahre in Paris (nach 1962)

Die hier vorliegende Niederschrift meiner Erinnerungen betrifft das Jahrzehnt 1952-1962, das von meiner Ankunft in Paris und der ersten Begegnung mit Celan bis zu unserer Trennung reicht. Alle weiteren in Paris verbrachten Jahre stellen in einem gewissen Sinn eine vollständige Wende in meinem Leben dar. Da sie mich allein betreffen und mit Paul Celans Geschick nicht mehr in Beziehung stehen, will ich sie hier nur kurz zusammenfassen.

Seit 1963 mit einem Österreicher verheiratet, hatte ich zunächst die Absicht, in mein Ursprungsland zurückzukehren. Doch erwiesen sich meine Berufsaussichten an der École pratique des hautes études (EPHE), später École des hautes études en sciences sociales (EHESS), als nicht allzu schlecht, und so blieb ich. Meine Tochter, Amélie, kam im Dezember 1963, allerdings verfrüht, zur Welt. Die ersten Jahre waren erschwert durch die fast ständige Wohnungssuche. Nachdem ich viele Jahre lang mit der wissenschaftlichen Dokumentation und Information in der afrikanistischen Sektion innerhalb der »Aires culturelles« genannten Abteilung der EPHE betraut war, konnte ich, nach meiner Einbürgerung im Jahr 1976 zum »Maître-Assistant« und später »Maître de conférences« promoviert, eine akademische Laufbahn verfolgen: Die EHESS bot damals die Möglichkeit, anstelle festgelegter universitärer Programme eigene Forschungsergebnisse und Problemstellungen in Seminaren vorzutragen und mit fortgeschrittenen Studenten und teilweise Kollegen zu diskutieren. Bis zu meiner Pensionierung im Jahr 1993 habe ich in erster Linie über den kontroversen Anthropologie-, Ethnologie-, Völker-, Menschen- und Kulturkunde-Begriffskomplex und dessen Geschichte im deutschen Sprachraum, mit seinen Tag- und Nachtansichten, gearbeitet und, hauptsächlich in französischer Sprache, unter dem Autornamen Britta Rupp-Eisenreich publiziert, nicht ohne den historischen Wurzeln rassistischer Ideologien einiges Augenmerk zu widmen. Von 1986 bis 1996 war ich Redaktionsmitglied der Zeitschrift *Gradhiva*, der von Michel Leiris und Jean Jamin gegründeten *Revue d'histoire et d'archives de l'anthropologie.*[16] Die von der Unesco abhängende *International Bibliography of social and cultural Anthropology* habe ich viele Jahre hindurch bearbeitet und ediert. Nach meiner Pensionierung arbeitete ich aber noch an größeren Gemeinschaftswerken mit wie zum Beispiel dem dreibändigen *Dictionnaire du darwinisme et de l'évolution*[17], zu dem ich zahlreiche Eingänge und Artikel über die Sachlage und die implizierten Personen in deutschen Landen beisteuerte. Infolge mannigfaltiger Hindernisse, nicht zuletzt gesundheitlicher Art, blieb viel angesammeltes Material unbearbeitet, die geplante Gesamtdarstellung des historischen Werdegangs der Anthropologie bzw. Ethnographie in Deutschland und Österreich ein Torso.

Seit 1963 wohnte ich vorzüglich in parisnahen Vororten wie: Châtillon, Fontenay-sous-Bois, Thiais, Choisy-le-Roi, Saint-Germain-en-Laye, Romainville, Les Lilas, dazwischen gelegentlich in Paris selbst und in einem Landhaus der normannischen Küste im Cotentin. Es ist nicht zu verwundern, daß mir im Verlauf so vieler Übersiedlungen fast alle Korrespondenzen und viele persönliche Dokumente, auf die ich mich jetzt stützen könnte, abhanden gekommen sind.

Bis zum Tod meiner Mutter im Jahr 1974 bin ich regelmäßig nach Österreich gekommen; zwölf Jahre später ist mein Bruder, Herbert Eisenreich, Autor zahlreicher Erzählungen und Kurzgeschichten sowie zweier Romane, die für die jungen Schriftsteller der Nachkriegszeit als repräsentativ gelten können,[18] im Alter von 61 Jahren in Wien an einem Gehirntumor gestorben. Er ist in einem Ehrengrab auf dem Zentralfriedhof Wien begraben. Auch ihn habe ich bis dahin immer wieder – meist in den Sommerferien – besucht, sei's in Wien, sei's auf dem Lande, im oberösterreichischen Mühlviertel, wo er zeitweilig seinen Wohnsitz hatte. Vor seiner Rückkehr nach Wien hatte er in Hamburg und später in Stuttgart gelebt, wo Celan ihn einmal besuchte. Das wenige, das von seinen Beziehungen zu Paul Celan in seinem Nachlaß als auch in dem von Celan selbst noch vorhanden ist, habe ich mich angeschickt ausfindig zu machen, um es hier in Erinnerung zu rufen. Um Einzelheiten des beschriebenen Zeitraums genauer darzustellen, sind alle noch erhaltenen schriftlichen Zeugnisse im Anhang, als »Dokumente«, zusammengefaßt.[19]

Erinnertes: Paul Celan

»Im Nichts einer Nacht« – Erste Begegnung (1952)

Um Österreich zu entfliehen, einem Lande, das wenig geneigt war, seiner jüngsten Vergangenheit als »Ostmark« des Großdeutschen Reiches gerecht zu werden, wollte ich fort von dort, wollte mich anderswo etablieren, in einer der altbewährten Demokratien, am liebsten in einer der großen Hauptstädte wie etwa London. Mein Ziel war es auch, Universitätsstudien auf eigene Kosten anzustreben, ohne Unterstützung durch Familie oder Staat – ein Ding der Unmöglichkeit im damaligen Österreich, und schon gar in Linz, das noch keine Hochschule besaß. Schließlich fiel meine Wahl auf Paris, wo ich im Juli 1951 schon erste Eindrücke gesammelt hatte, um mich dann, ab November desselben Jahres, dort niederzulassen.
Ich war damals 23 Jahre alt, hatte ein wenig Geld in der Privatwirtschaft von Linz verdient – gerade genug, um anderswo neu anzufangen, ohne gleich in Not zu geraten. Den Kopf hatte ich voller Gedichte von Trakl, Rilke, Hofmannsthal, Hölderlin wie auch von anderen Poeten – Arno Holz oder Christian Morgenstern zum Beispiel –, die ich wegen ihrer Sprachspiele bewunderte. Auch Prosawerke hatten mich beeindruckt; seit meiner Kindheit war Lesen meine größte und ausschließliche Leidenschaft. Lange glaubte ich, daß in den Büchern der Schlüssel zur Welt verborgen liege; um ihn zu finden, würde es genügen, *alle* zu lesen. Mangels anderer Quellen hatte ich fast die ganze Bibliothek meines schon früh verstorbenen Vaters ausgelesen – sein Bücherschrank vertrat seine Stelle, war Referenz und Autorität. So wurde ich schon früh mit bedeutenden Autoren der Weltliteratur bekannt, als da sind: Pascal und Dante, La Rochefoucauld und Molière,

Dostoevskij, Lermontov und Turgenev; in großen Ausgaben Ibsen, Strindberg und Hamsun, Stifter, Grillparzer und Oscar Wilde. Es gab auch eine schöne Edition von Hölderlins *Hyperion* sowie kleine Bändchen, unter anderem von Lichtenberg, Jean Paul, Baudelaire, Feuchtersleben, Klabund, Lombroso und Albert Ehrenstein.[20] Peter Altenberg war vielfach vorhanden, daneben Else Lasker-Schüler, Hugo Ball, Otto Weininger und die ganze *Fackel* von Karl Kraus, und selbst die dadaistische Poesie, die in den literarischen Almanachen der verschiedensten Verlage der 1920er Jahre abgedruckt war; darunter gab es zum Beispiel eine ganze Serie des avantgardistischen Kurt-Wolff-Verlags. Wieland, Herder, Lessing, Schopenhauer, in Gesamtausgaben vorhanden, habe ich aber erst viel später gelesen und sogar teilweise zu Studienzwecken ausgewertet. Merkwürdigerweise fehlten in der Bibliothek meines Vaters Goethe und Schiller, Heine und Nietzsche: Ihre Werke befanden sich noch in Kisten verpackt und mußten, noch unbezahlt, bei seinem Tode an die Buchhändler zurückgegeben werden. Auch Kafka war seltsamerweise nicht vor handen; er wurde mir erst viel später, dank Paul Celan, zum Erlebnis. So manche Bücher gehörten der in der NS-Zeit verbotenen und verbrannten Literatur an. In der Nachkriegszeit lernte ich Thomas Mann, Hermann Hesse, Stefan Zweig, Bertolt Brecht, Joseph Roth, Arthur Schnitzler kennen sowie andere »verfemte« Autoren, die wieder verfügbar wurden.

Seit 1947 nutzte ich das Kulturzentrum, das die amerikanische Besatzungsmacht in Linz eingerichtet hatte – ich stieß dort auf ausgezeichnete Einführungen in die englische und amerikanische Literatur und wurde so schon damals mit den »Metaphysical Poets«, mit Shakespeare, aber auch mit W. B. Yeats, Emily Dickinson, Walt Whitman, John Steinbeck, Ernest Hemingway, William Faulkner, Thomas Wolfe und anderen bekannt. Errungenschaft auf einer mehr praktischen Ebene, sozusagen als Nebenprodukt, war die »Lehrbefähigungsprüfung« (oder »Staatsprüfung«) für Englisch, die ich durch eine entsprechende Ausbildung im Französischen ergänzen wollte. Nicht meine Mutter hat mir diese Kenntnisse vermittelt. Auch hier ging ich eigene Wege, etwa über in Linz aufgeführte Bühnenstücke französischer Autoren oder über Bücher – ich erinnere mich zum Beispiel an die Mühe, die es mich kostete, Texte von Albert Camus zu entziffern. In den unmittelbaren Nachkriegsjahren, als Linz, zweigeteilt zwischen amerikanischer und russischer Besatzungszone, an der Grenze zur sowjetischen Einflußzone lag, gab es dort ein verhältnismäßig reges Kulturleben: In den Galerien sah man wieder Schiele und Kokoschka wie auch vom Wiener Art-Club[21] organisierte Ausstellungen moderner Kunst; im Landestheater spielten bedeutende, später ans Burgtheater in Wien gerufene Kräfte, in den Konzerten hörte man wieder Mahler, Schönberg, Stravinskij und Hindemith – ich erinnere mich zum Beispiel an die schönen Vertonungen von einigen Trakl-Gedichten durch letzteren, in den musikalischen Matineen des Landestheaters vorgetragen.[22] Überquerte man die Donau auf der mächtigen, unzerstörten, immer noch so genannten »Nibelungenbrücke«, die im Rahmen der architektonischen Pläne Hitlers für Linz erbaut worden war, so gelangte man – nach eingehender Grenzkontrolle durch russische Wachtposten und, von seiten der Amerikaner, nach vorsorglicher Bestäubung mit DDT wegen der Läuse- und Wanzenplage – in den sowjetisch verwalteten Stadtteil Urfahr, wo man neben Schillers *Don Carlos* sehr gut inszenierte Stücke von Gogol und Gorki zu sehen bekam.

Als ich in Paris ankam, hatte ich zwar einige Grundkenntnisse der französischen Sprache – ich konnte lesen. Sprechen aber konnte ich kaum – ein Umstand, der mir die erste als Ausländerin in Paris verbrachte Zeit als sehr einsam erscheinen ließ. Auch ein wenig Russisch hatte ich erlernt, und zwar an der Volkshochschule Linz, wo ich zum ersten Mal den Namen Majakovskijs hörte.[23] Um mein materielles Auskommen zu haben, kam ich am Anfang meines Aufenthalts in Familien unter, die in den bürgerlichen Häusern der besseren Stadtteile unterm Dach über kleine Zimmer verfügten – ehemalige Dienstbotenwohnungen ohne Wasser und Heizung. Als Gegenleistung mußte ich mehrere Stunden täglich den Kindern widmen – das System der »jeunes filles au pair« war damals eine günstige Lösung für alle ausländischen Mädchen, die über kein Stipendium verfügten. Diese bescheidenen Unterkünfte hatten jedoch den großen Vorteil völliger Unabhängigkeit und Freiheit im Privatleben. Die erste dieser Familien war jene des »Secrétaire général de l'Association des écrivains catholiques de langue française« Georges Cerbelaud-Salignac. Durch ihn bekam ich Autoren wie Paul Claudel und André Maurois leibhaftig zu Gesicht, und sogar den Comte de Paris; zudem hatte ich nachts Zugang zu seiner Bibliothek und konnte mich mit der klassischen französischen Literatur anfreunden. Die Familie war allerdings nicht begütert und konnte mich nicht entsprechend entlohnen; so fand ich, durch Vermittlung der Alliance française, eine andere Stelle beim Kommerzdirektor eines Großunternehmens (Huiles Lesieur), dessen drei kleine Töchter mir bis 1953 für einige Stunden des Tages anvertraut waren. Die Dame des Hauses war die Schwester eines Mannes, der während der Besatzungszeit in Lyon wegen seiner Zugehörigkeit zur Résistance verhaftet und der Folter unterworfen worden war; sie sagte mir, daß sie wohl eine »Österreicherin«, aber nie eine »Deutsche« in ihr Haus aufgenommen hätte – so sehr war schon damals das Märchen von Österreichs Opferrolle und Unschuld während der Jahre des Grauens im Bewußtsein der Zeitgenossen verankert.

Mittlerweile, im Laufe des Juni 1952, kam mein Bruder, Herbert Eisenreich,[24] der kurz zuvor an der Versammlung der Gruppe 47 in Bad Niendorf, in der Nähe von Lübeck,[25] teilgenommen hatte, nach Paris zu Besuch. Er lud mich ein, ihn zu begleiten, indem er mir sagte: »Ich werde dich mit einem wirklich hervorragenden Dichter bekannt machen, mit jemand durchaus Besonderem.« Es war Paul Celan. Er sagte auch: »Du wirst sehen, schon seine Art zu sprechen, seine Haltung und Art zu gehen ist nicht so wie die jedermanns.« Und in der Tat, so sah ich ihn auch später: nicht besonders groß, den Kopf leicht nach vorne geneigt, der Blick seiner dunklen Augen zugleich werbend und aufmerksam, so zog er durch die Straßen und Gassen, neben der Zeit, ihr immer um einen halben Schritt voraus und mit tausend Schritten im Früher festgenagelt. Unruhig und gesammelt in einem. Seine Stimme war angenehm und wohlklingend, ganz ohne Emphase, die Intonation meinem Sprachgefühl wohl vertraut: mir war, als sei in seiner Gegenwart die Fremde weniger fremd. Damals verbrachten wir den Abend und einen guten Teil der Nacht zusammen – er, um uns das geheimnisvolle Paris im Herzen des Quartier latin, wo er wohnte, zu zeigen; wir, um ihm, bezaubert, zuzuhören: er war ein Dichter, aber auch, das steht außer Zweifel, zu jeder Zeit ein Verführer, mit einem feststehenden Repertorium an Zauberkünsten. Er wies auf den herbstzeitlosenfarbigen Himmel von Paris, er ließ uns hinuntersteigen zum Seine-Ufer und wollte, daß wir den sehr besonderen Klang der Eisenringe hörten, wenn sie auf den Mauern der Quais aufschlugen, Ringe, an denen früher die Schiffe befestigt wurden. Das Motiv des herbstzeitlosenfarbigen Himmels findet sich im Gedicht »Erinnerung an Frankreich«,[26] im damals noch unveröffentlichten Band *Mohn und Gedächtnis* und zuvor schon in *Der Sand aus den Urnen*, aber nicht in der letzten Nummer der von Otto Basil in Wien edierten Zeitschrift *Plan.* Obwohl ich, noch in Österreich, durch meinen Bruder zu einigen Heften dieser Zeitschrift Zugang hatte, glaube ich nicht, die 17 von Celan darin veröffentlichten Gedichte gelesen zu haben. Ich sehe noch den roten Umschlag, weiß noch mit Sicherheit, daß sie als avantgardistisch und oppositionell galt, und sogar als sozialistisch mit kommunistischer Tendenz – eine Richtung, welche die österreichische Politik der unmittelbaren Nachkriegsjahre und auch, inmitten der Trümmer, das erstaunlich vielfältige Kulturleben Wiens bestimmte.[27]

Ich erinnere mich, daß ich in jener Nacht ein grünes Kleid trug,[28] das im Wind flatterte, als Celan mir die Hand reichte, um die Stufen vom Quai hinaufzusteigen; wir flanierten in den engen Gäßchen rund um Saint-Julien-le-Pauvre; in der Nähe des Odéon-Platzes führte er uns zur Cour du Commerce Saint-André (in meiner Erinnerung auch »Passage Danton« genannt), einem geheimnisvollen, halb versteckten Ort, wo angeblich die Guillotine an einer Ziege ausprobiert worden war.

Irgendwo haben wir dann auch zu Abend gegessen; wenn ich nicht irre, war es in einem »Griechenbeisel« (wie man in Wien sagen würde), L'Acropole, in der Rue de l'École de Médecine gelegen, damals das einzige seiner Art und bis heute in Betrieb. Auch später noch hat er, soviel ich weiß, dieses Lokal besucht – es lag ja gleich neben dem Institut d'Études germaniques, wo er 1956/57 die Aufgabe hatte, die Studenten der École normale supérieure de Saint-Cloud in die Geheimnisse des Übersetzens einzuweihen. Zu seinen Gepflogenheiten gehörte es auch, das gegenüberliegende winzige Café eines Zuckerbäckers aus Böhmen, berühmt für seine Mißmutigkeit und seine Apfelstrudel, aufzusuchen. Es existiert immer noch. Später erfuhr ich, daß in derselben Straße Celans Onkel, Bruno Schrager[29], vor seiner Deportation gewohnt hatte und daß Celan ihn dort im November 1938, zu Beginn seines ersten Frankreichaufenthalts, besucht hatte.

Hat er uns auch, als wir unseren nächtlichen Rundgang fortsetzten und er die Bedeutung des »Vert-Galant«[30] erklärte, von Paris als dem »Schifflein« gesprochen, dem Wahrzeichen der Stadt, das dann in *Mohn und Gedächtnis*, im Gedicht »Auf hoher See«,[31] genannt wird? Mich dünkt, daß er diese Emblematik gleichfalls erwähnte. Vermutlich handelte es sich auch um Hinweise auf konkrete Zusammenhänge für meinen Bruder, der verschiedene Gedichte möglicherweise schon gehört oder gelesen hatte.[32] Hat Celan uns damals die Fenster der Wohnung in der Nähe des Pont Neuf gezeigt, am Quai de l'Horloge, die Chagall bewohnte? In unmittelbarer Nähe befand sich der Flinkersche Buchladen, ein Treffpunkt der literarischen Welt, wo man deutschsprachige Literatur erwerben konnte und der gelegentlich seine Umfragen aussandte, auf die Paul Celan zweimal, in den Jahren 1957 und 1960, antworten wird – kleine Stellungnahmen zur deutschsprachigen Lyrik und zur »Zweisprachigkeit«, die mir aber nie zu Gesicht gekommen sind.[33] Es war eine besonders schöne Sommernacht, eine Nacht voller Zauber, und die Stadt, die damals noch fast frei von Automobilen war, zeigte sich flimmernd in allen Nuancen, von Weiß über das Silbergrau der noch nicht von altem Staub gereinigten Fassaden bis Schwarz reichend. Von diesem Augenblick an erschien mir Paul Celan als überaus liebenswert. Ein Gefühl, das ich für mich behielt. Aber schon von diesem Zeitpunkt an fiel mir auf, wie sehr sein Leben und sein Dichten eines und dasselbe waren.

Im folgenden, während ich meine Kenntnisse der französischen Sprache, Geschichte und Literatur an der Sorbonne erweiterte,[34] kam ich manchmal zu Celan auf Besuch in seinem in der Nähe gelegenen Zimmer im Hôtel d'Orléans in der Rue des Écoles. Er war immer sehr liebenswürdig und aufmerksam, er erzählte mir von seinen Studien, klagte auch über das ewige Leben im Hotel, dem er gerne entrinnen wollte, über die rüde und unverständige Art und Weise des Hotelbesitzers und überhaupt über eine derartige Existenz – vier ganze Jahre schon hatte er schließlich, seit seiner Ankunft in Paris im Jahr 1948, dort zugebracht. Das Hotelzimmer befand sich, soviel ich mich erinnere, im obersten Stock, war verhältnismäßig geräumig und hatte sogar einen Balkon. An einem Wintertag traf ich ihn in der Rue des Écoles, in Begleitung von Gisèle de Lestrange; ich war zusammen mit einigen Österreichern, die auch Celan kannten – darunter der Maler Fritz Moldovan[35] und ein angehender Filmemacher, der mit einem Äffchen auf der Schulter Paris zu durchwandern pflegte. Er stellte sie uns als seine Verlobte vor, nach einigen Worten trennten wir uns wieder. Moldovan meinte, nicht ohne Zynismus, daß eine Heirat mit einer Französin ihm die von allen heimatlosen Ausländern eifrig angestrebte Naturalisierung erleichtern würde. Es muß kurz vor seiner Eheschließung am 23. Dezember 1952 gewesen sein. In der Folge stellte ich natürlich meine sporadischen Besuche ein.

Schuberts »Unvollendete« (1953-1957)

Ich erinnere mich nicht mehr, ob Paul Celan selbst es war, der mir seine neue Adresse im 16. Bezirk, 5 Rue de Lota, mitgeteilt hatte, und wenn ja, wann und wo,[36] oder ob sie mir durch irgend jemanden aus meinem Bekanntenkreis übermittelt worden war. In einem sehr alten, zerknitterten Adreßbüchlein aus den Jahren 1953/1954 finde ich jedenfalls diese Adresse eingetragen, und sogar eine andere, seine Aufenthalte im Landhaus der Familie Lestrange, unweit von Paris, »Tournebride, Grand-Bourg par Évry-Petit-Bourg« betreffend. Ich weiß aber noch, daß ich ihm, unter dem Vorwand einer literarischen Angelegenheit, eine Botschaft dorthin schickte.[37] Ich selbst war, nach einem mehrmonatigen Aufenthalt in der internationalen Studentensiedlung Cité universitaire, im Herbst 1953 – ich glaube, im September – in ein Zimmer im 7. Stock eines großbürgerlichen Hauses der Avenue Kléber, an der Ecke der Rue Boissière, also im selben Bezirk und nicht weit vom Trocadéro, eingezogen. Statt einer Antwort hörte ich eines Abends jemand ganz unten auf der Straße das bekannte Motiv der 8. Symphonie von Schubert, der sogenanten »Unvollendeten«, pfeifen, ein, wie ich sofort erkannte, mir zugedachtes Signal. Celan kam zu mir, in mein kleines Zimmer hoch oben unter den Dächern, und so begann eine Beziehung, die fast neun Jahre lang gewährt hat. Von allem Anfang an war mir klar, geradezu schlagartig, daß ich in etwas Schweres hineinging, daß es sich um keine Liebschaft der Art handeln konnte, deren Ort, Namen, Umstände, wenn ihre Zeit vorbei war, man leicht vergessen könnte.

In dieser ersten Zeit waren seine Besuche selten. (Auch ich war häufig abwesend – entweder der Studienverpflichtungen wegen oder auf Reisen: in den Winter- und auch Sommerferien in Österreich bei meiner Familie, dann und wann in der Bretagne, in der Normandie oder an der Côte d'Azur oder gar in weiterer Ferne – rund ums Mittelmeer, von Genua nach Griechenland und Zypern, dann bis zum Libanon, nach Syrien und Ägypten; in den nordischen Ländern von Dänemark über Schweden nach Finnland, quer durch das damals noch kaum besuchte Jugoslawien, bis nach Belgrad. Da ich für ein Reisebüro arbeitete und die Angebote für Studenten benützte, besah ich mir die Welt dank günstiger, wenn auch häufig primitiver und improvisierter, sogar reichlich abenteuerlicher Reisebedingungen.) Doch erinnere ich mich genau an Celans zweiten Besuch. Den Aschenbecher vom ersten Mal hatte ich, einer gewissermaßen fetischistischen Regung folgend, nicht entleert,[38] gleichsam um das Ereignis zu verlängern. »Hier wurde aber viel geraucht«, meinte er, und ich klärte den Sachverhalt nicht auf. Mir lag offensichtlich daran, den schwebenden Charakter des Anfangs unserer Begegnung nicht zu verlieren. Instinktiv wußte ich, daß ich, wollte ich diesen erhalten, meine Gefühle nicht zu sehr zeigen sollte.

Dieser Beginn fiel in die Zeit der großen Leiderfahrung des Ehepaars Celan, Anfang Oktober 1953, als das erste Kind, François, die überaus schwere Geburt nur um wenige Stunden überlebte. Auf Celans zu diesem Zeitpunkt zwangsläufig einsamen Wanderungen durch die Stadt lag ihm meine Wohnstätte, wenn ich so sagen darf, gewissermaßen als Trost- und Haltestelle am Weg; und so erzählte er mir denn von diesem Kummer sowie, einen Monat später, von dem Besuch von Assisi, der Gedächtnisstätte des Bettelbruders Franz, der ihn sehr bewegt hatte. Dieser Besuch ist, wie man weiß, im Gedicht »Assisi« festgehalten.[39] Celan dürfte dort, in der Basilika, auch die Fresken von Giotto gesehen haben, wo mystische Elemente aus dem Leben des Franziskus, die ihm wichtig gewesen sein mögen – der Empfang der Wundmale und die Rede mit den Vögeln –, dargestellt sind. Auch hörte ich etwas später vom Eintritt seiner Schwiegermutter, Odette Marquise de Lestrange, in einen religiösen Orden. Auf seine Verbindung mit dem alten Adel Frankreichs war er ein wenig stolz, wie ich bemerkte, als er mir einen schönen, von seiner neuen Familie erhaltenen Ring, eine Art Siegelring, zeigte – da manifestiere sich eben die »vieille France«, meinte er dazu, das heißt die Zugehörigkeit zu den alten Adelsgeschlechtern, im Unterschied zu der jüngeren, postnapoleonischen Noblesse.

Als im Frühjahr 1954 sein Gedichtband *Mohn und Gedächtnis*[40] in zweiter Ausgabe erschien, brachte er ihn mir zum Geschenk. Ich wüßte nicht mehr zu sagen, ob wir über die darin enthaltenen Gedichte oder gar über die Wiederaufnahme von Gedichten aus dem Band *Der Sand aus den Urnen* längere Gespräche geführt haben; und dies, obgleich sie mir alle, auch die »Todesfuge«, damals noch ganz unbekannt waren. Sie schienen mir aber so einprägsam, daß ich bald so manche Stellen auswendig wußte.

Um meine Anwesenheit zu signalisieren und um dem Besucher den unnützen Aufstieg über die steile Treppe in den 7. Stock zu ersparen, befestigte ich ein weißes Tuch an meinem Fenster, wo es als »Fahne« seinen Zweck erfüllte.[41] Dieses Wort war zudem mit großen Lettern auf die Tür gemalt, damit ich beim Weggehen nicht vergäße, das Tuch hereinzunehmen; es spielte in unseren Gesprächen als Zeichensprache eine gewisse Rolle: Es meinte ja Gegenwart, Erwartung, mögliches Zusammensein. Es meinte den Reiz und die Schönheit des »Augenblicks«, das Wehen der Vergänglichkeit. Es meinte den »Nu« in der Zeit, über dessen Seltsamkeit, schon als Wort und in seiner Unfaßbarkeit, wir uns beide gelegentlich erstaunten.[42] Schuberts Melodie, gepfiffen, diente weiterhin als Kommunikationsmittel – als Aufforderung also, daß ich auf die Straße hinunterkommen sollte. Ich fand die Wahl *dieses* musikalischen Motivs nicht vom Zufall diktiert; ob das nun stimmte oder nicht, *ich* empfand sie als Bestätigung für das Zusammenspiel der Neigungen. Schon als Jugendliche hatte ich Schuberts kurzes und ergreifendes Leben als Thema für Redeübungen in der Schule gewählt, und seine Musik war mir damals, mehr sogar als die Mozarts, die meist und am liebsten gehörte –

seien es die Lieder, die Klaviersonaten oder eben die »Unvollendete«. So fanden wir uns denn auch außerhalb meines Zimmers, in Kaffeehäusern der Avenue Kléber, auf den Bänken des nahe gelegenen Square des États-Unis, auf der Insel Saint-Louis, in einem Lokal namens L'Escale, das es noch heute gibt und das, wie ich jetzt sehe, auch in der Beziehung zu Ingeborg Bachmann eine Rolle spielte.[43] Später trafen wir uns häufig im Quartier latin, meist in einem Café der Place Saint-André-des-Arts, dessen Namen ich vergessen habe, etwas abseits des Boulevard Saint-Michel, aber nahe des gleichnamigen Brunnens und nicht weit entfernt von der Sorbonne und den damals noch zahlreichen Buchläden gelegen. Vom 16. Bezirk aus, unser beider Wohngegend, war dieser Ort mit der 63er Buslinie leicht und direkt zu erreichen – eine Linie, auf deren Bänken man sich mitunter auch unverhofft gegenübersaß.

Mir war bewußt, daß die starke physische Anziehung, die Celan für mich empfand, ihn beunruhigte. Soviel ich mich erinnere, begleiteten uns zu Anfang keine Liebesäußerungen, zärtliche Worte, geschrieben oder auch nur leise einander zugedacht. Mich dünkt, daß dies seine Art war, seiner Frau die Treue zu wahren. Nur einmal weiß ich noch, daß er mich, als ich ihm weißgekleidet entgegenkam, mit dem Ausruf begrüßte: »Du meine Weiße«; und daß er meine Silhouette mit den Gemälden der unter ihren Schleiern nackten Frauen des Lukas Cranach d. Ä. verglich – war es Lukretia oder Venus, ich weiß es nicht mehr. Sicher ist, daß ich mit dem Vergleich nicht unzufrieden war ... Um das Porträt zu vervollständigen: ich hatte damals langes rotblondes Haar, braun-grüne Augen und einen seit eh und je leicht gebogenen Rücken. Auf viel allgemeinerer Ebene sprachen wir auch von der Ambivalenz der Beziehungen zwischen Mann und Frau, von der gar nicht eindeutigen Zugehörigkeit zum einen oder anderen Geschlecht, ein Gedanke, der von ihm stammte und den ich mir gemerkt habe. Sonst aber? Sicher hätte ich ihm gerne gelegentlich Briefe zugesandt, aber das durfte nicht sein – von allem Anfang an stand alles unter dem Gesetz des Geheimen. Erst Jahre später hat er mir ein goldenes Kettchen geschenkt, das ich heute noch trage, dessen Herkunft aber bisher niemandem bekannt war. Ansonsten tauschten wir, außer Büchern, keine materiellen Andenken oder gar Photographien, unsere Fest- und Feiertage waren nicht von gegenseitigen Wünschen begleitet; ich glaube, wir kannten nicht einmal unsere jeweiligen Geburtsdaten, von Gratulationen dazu ganz zu schweigen.

Ganz allgemein könnte man bemerken, wie sehr die Nachkriegsjahre in Österreich zwar liebeshungrig, aber auch ziemlich frei in diesen Belangen waren: das Kriegserlebnis, Not und Entbehrung, Entwurzelung, Völkerverschiebung hatten dazu beigetragen, die Grenzen zwischen den sozialen Klassen zu verwischen; eine gewisse Entbürgerlichung war das Ergebnis, verbunden mit dem Wegfall so mancher Schranken, aber auch einer Art verbaler Prüderie – man hatte Angst vor Sentimentalitäten, man schwelgte nicht in Liebeserklärungen, man wußte von vornherein, daß alle Worte unzureichend waren. Auch ich stand unter dem Einfluß dieser zeitbedingten Tendenz. Es war eine Zeit, in der das heute gängige und gewöhnlich gewordene Vokabular für Liebesleben und Lust noch nicht ganz allgemein im Umlauf war; der vielgestaltige, in die unzähligen Figuren des Lebens verkleidete Eros war nicht allzu geschwätzig.

Im Jahr 1954 erschien in der Zeitschrift *Merkur* eine Novelle meines Bruders.[44] Dasselbe Heft enthielt auch eine Studie von Martin Buber,[45] die mich faszinierte. Ziemlich naiv nahm ich an, daß ich mich, wollte ich mehr erfahren über die »zwischenmenschlichen Beziehungen«, dem Soziologiestudium zuwenden müßte – ein damals übrigens wenig beackertes Feld. Von der Realität an der Sorbonne enttäuscht, wandte ich mich sodann der Ethnologie zu. Aber Bubers Gedanken über die Ich-Du-Beziehung, die man später als Dialogismus bezeichnen wird, sind sicherlich in unsere Gespräche eingedrungen – ins »Zwiegespräch«, wie Buber es nennt.

Im folgenden Jahr, 1955, beschenkte mich Paul Celan mit seinem zweiten, seiner Frau expressis verbis gewidmeten Gedichtband, *Von Schwelle zu Schwelle* (der Titel entstammt einem frühen Gedicht: »Chanson einer Dame im Schatten«).[46] Mir aber schien das Schwellenmotiv im Titel des Buches, ebenso wie das Gedicht »Mit wechselndem Schlüssel« darin, das sogar einen ganzen Zyklus benennt, sehr konkret auf das Überschreiten der Eingänge zu verschiedenen Wohnstätten hinzuweisen, also auf eine Pluralität der persönlichen Bezugsorte, sowohl im Lauf der Zeit als auch im Nebeneinander.[47] Gerne hätte ich's gesehen, wenn einer dieser Orte mich gemeint hätte; doch fragte ich nicht danach, um mich zu vergewissern. Daß viele seiner Gedichte sich teilweise auf die Frauengestalten seines Lebens bezogen, war mir eine Selbstverständlichkeit; warum also nicht auch dies oder jenes auf mich? Zum Beispiel war ich eitel genug, »Dies späte, späte Licht« im Gedicht »Ich weiß« auf mein von unten her sichtbar erleuchtetes Fenster zu projizieren.[48] Wir sprachen jedoch auch von der Zweitbedeutung des Wortes »Schwelle«, den Schwellen unter den Eisenbahngleisen, wobei er sich, was selten vorkam, an die Zeit der Zwangsarbeiten seiner jungen Jahre, von Juli 1942 bis Februar 1944, in der rumänischen Moldova erinnerte. Hieß dies, wie ich es damals verstand, daß er auch zur Schwerarbeit des Schwellenlegens gezwungen worden war?

Wann hat er zu mir von der Ermordung seiner Eltern gesprochen? Von seinem Schuldgefühl, weil er sich in der Nacht ihrer Deportation, Ende Juni 1942, bei einem jungen Mädchen befand, wie er mir erzählte, das seine Freundin war? Von der starken Bindung an seine Mutter? Von ihrer Sprache, die sich dem Prager Deutsch anlehnte, der eigentlichen *lingua austriaca*, wie sie auch mir geläufig war? Von ihrer Liebe zur Poesie? Vom weniger geliebten Vater? Von diesem wußte ich nur, daß seine Beschäftigung irgendwie mit Holz zu tun hatte – vielleicht ist ihm in der zu Lebzeiten unveröffentlicht gebliebenen »Walliser Elegie« ein Denkmal gesetzt, in den Versen:

»Mauten. Mauten der Heimat. Holz- / geruch sommers, am Rand / einer Kindheit [...]«, die freilich auch mit einem Werfel-Zitat verbunden sind.[49] All diese Vertraulichkeiten, die im Lauf der Zeit sich ansammelten – ich könnte sie nicht mehr einordnen. Nur sporadisch, eher andeutungsweise denn genau berichtend, kamen sie im Lauf der Jahre ans Licht. Vieles verschwieg er, auch in bezug auf Gegenwärtiges – zum Beispiel Einzelheiten von seinen Reisen und sogar seinen Besuch 1955 bei meinem Bruder in Stuttgart. Hingegen erfuhr ich, daß die Geburt seines zweiten Sohnes, wiederum durch Kaiserschnitt, frühzeitig und sehr schwierig war, er aber, zum Glück, wie seine Frau den negativen Rhesusfaktor im Blut habe, so daß weitere Gesundheitsschäden ihr nicht drohen würden. Auch meinte er, »mit diesem Namen« – Eric – »wird er überall durchkommen«: Er wollte das Kind also zu dieser Zeit noch nicht, wie es später geschah, als Juden ausweisen. Auch wußte ich, wie sehr ihn die Reisen nach Deutschland belasteten, obwohl ihm, wie er selbst eingestand, das alltägliche Sprachbad im gesprochenen Wort fehlte. Zu mir kam er wohl auch, und vielleicht sogar in erster Linie, um für dieses Fehlende einen Ersatz zu finden.

Noch im selben Jahr, Ende Oktober oder Anfang November 1955, wurde mir klar, daß die Menstruation sich nicht zeitgerecht eingestellt hatte[50] – die »Putzwut«, wie das in unserer Intimsprache hieß, weil ich vor dem Eintreten der Mensis regelmäßig in Aufruhr geriet und mein Zimmer mit großem Eifer zu reinigen unternahm. Es hieß also, um den Umständen gerecht zu werden – er verheiratet, ich beruflich völlig ungesichert –, eine Lösung zu finden. Schwangerschaftsunterbrechungen galten damals noch als straffälliges Vergehen, und an wen man sich wenden sollte, war uns keineswegs klar. Meine engste Freundin schließlich, Ruth, eine in Paris lebende gebürtige Berlinerin, wußte Rat – dort gebe es Kliniken die sich, gegen hohes Entgelt, der Frauen annähmen. Es wurde also beschlossen, daß ich nach Berlin reisen sollte.

Der erforderliche Preis für die Arzt- und Reisekosten war nicht gering. Um ihn aufzutreiben, verdingte sich Celan, wie er mir sagte, als Übersetzer im Internationalen Arbeitsbüro in Genf.[51] Am 1. Jänner 1956 bestieg ich, schon allein, den Fernzug und, in Hannover, ein Flugzeug, wie das damals von Paris aus eben noch nötig war, um nach Berlin zu gelangen. Dort durfte ich dann bei einer Freundin von Ruth unterschlüpfen, die allerdings aus allen Wolken fiel, als sie den Grund meines Aufenthalts erfuhr: Sie hatte gedacht, ich käme auf eine Vergnügungsreise. Jedoch verschaffte sie mir die Adresse der Klinik und des Arztes.

Die Operation verlief ohne Zwischenfälle; nur sagte mir der Chirurg, daß der Foetus schon sehr entwickelt gewesen und der Eingriff also nur im letzten Augenblick möglich gewesen sei. Auch sollte ich ihm versprechen, derartige Interventionen in Zukunft zu vermeiden. Im Anschluß daran fühlte ich mich ziemlich erschöpft, war auch ein oder zwei Tage bettlägerig. Ich erinnere mich nur, daß ich einmal im Traum gewünscht habe, in den Schoß meiner Mutter zurückzukehren; das Ganze empfand ich wie einen dumpfen Schmerz.

Am 12. Jänner 1956 reiste ich zurück nach Paris: niemand erwartete mich, noch am Bahnsteig fand ich, daß es doch schön gewesen wäre, nicht so allein wieder ins tägliche Leben einzutauchen. Lange habe ich gebraucht, den Eingriff nicht als eine Verwundung aufzufassen, von der man nicht reden konnte.

Celan blieb vier Monate in Genf. Wie – und ob überhaupt – ich ihm eine Nachricht zukommen ließ, daß alles gut vorbeigegangen war, weiß ich nicht mehr. Es gab in diesen Monaten, wenn ich nicht irre, keine schriftliche Korrespondenz. Erst nach seiner Rückkehr, im Mai 1956, sah ich ihn wieder, und später im selben Jahr brachte er mir ein Heft der Zeitschrift *Akzente*, das »Drei Gedichte« von ihm enthielt: »Stilleben mit Brief und Wanduhr«, »Heimkehr«, »Unter ein Bild von Van Gogh«[52] – Gedichte, die er den Herausgebern an Stelle

von theoretischen Äußerungen zum Thema »Der Schriftsteller vor der Wirklichkeit« zugesandt hatte. Das war das Thema des dritten, in Frankreich anberaumten deutsch-französischen Schriftstellertreffens in Vézelay Ende April 1956, unmittelbar nach seinem Aufenthalt in Genf. Auch für ihn war es eine böse Zeit: Claire Goll setzte anonyme Briefe in Umlauf mit dem Wort vom »Meisterplagiator«[53]; in Vézelay fielen gehässige antisemitische Worte; der Film *Nuit et Brouillard* (*Nacht und Nebel*) von Jean Cayrol wurde, auf Grund einer Intervention des deutschen Botschafters, vom Programm des Filmfestivals in Cannes abgesetzt, um »unliebsamen Folgen für die Deutschen« vorzubeugen. Dies sollte im Oktober eine Debatte im Bundestag zur Folge haben und die Finanzierung der Übersetzung des Kommentars gewährleisten. Diese Aufgabe übernahm Paul Celan auf Vorschlag von Jean Cayrol.[54]
Was mich anbelangt, so begann ich damals, ohne daß Celan es wußte, mein Erlebtes in poetische Formen zu fassen. Schon in meiner Kinderzeit hatte ich versucht, die Welt im Gedicht einzufangen: »vom somer ein gedicht«, und »vom winter ein gedicht«, hieß das dann in der Schreibweise meiner sieben oder acht Jahre. Worterlebnisse hatte ich schon früh, dergestalt, daß so manches Wort, wenn ich es lang genug im Mund herumdrehte, eine selbständige und fremdartige Substanz annahm, die mit seinem eigentlichen Sinn nichts mehr zu tun hatte und die mich verblüffte. Einige der neueren Versuche wurden in *Wort in der Zeit* abgedruckt. Die österreichische literarische Zeitschrift wurde von Hanns Winter betreut, den ich bei einem Aufenthalt in Wien kennengelernt hatte, vermutlich im Café Raimund, wo Hans Weigel, umringt von jungen Literaten, Hof hielt. Auch Celan war mit Winter bekannt – schon zuvor hatten sie sich in Paris sogar getroffen, wovon ich meinerseits nichts wußte.[55] Als ich Celan aber diese poetischen Erstlinge zeigte, vermutlich Ende 1956, hat er sie nicht abgelehnt, wie ich befürchtete, sondern sie mit Anmerkungen und Ratschlägen versehen: »1° Einfall ›leicht‹, ›Träumerei‹; 2° Verzierung → Wörterbuch; 3° öfter schreiben«.[56]

Im Winter 1956/1957 kam meine Mutter zu Besuch.[57] Eines Abends begab ich mich mit ihr in die Maison des lettres in der Rue Férou in der Nähe des Jardin du Luxembourg. Es war dies ein von der Sorbonne eingerichtetes Kulturinstitut, halb Klub, halb Konzertsaal. Wir hörten dort die auf Band aufgenommene Kammermusik von Béla Bartók, die damals in Frankreich außer in Kennerkreisen noch wenig bekannt war, präsentiert von André Almuro.[58] Paul und Gisèle Celan waren auch zugegen; man stellte sich vor, tauschte einige wenige Worte – weder er noch ich verrieten unser Geheimnis. Wie wir auch so taten, als ob wir einander nicht kennten, als unsere Wege sich eines schönen Sonntags im Bois de Boulogne kreuzten – Celan mit Gisèle und dem kleinen Eric in einiger Entfernung an mir vorübergehend, ich lesend im Gras liegend: Nur seine und meine Blicke trafen verstohlen aufeinander. Im Prinzip war ich beauftragt, die Kinder der Familie, bei der ich wohnte, zu beaufsichtigen. Meine Verpflichtungen, wofür ich ein Zimmer im 7. Stock bewohnen durfte, waren sehr leicht und beanspruchten nicht mehr als einige wenige Abende Präsenz in der Wohnung der Familie sowie zwei mit den Kindern verbrachte Sonntagnachmittage im Monat, die meist mit Spaziergängen im nahen Bois de Boulogne verbunden waren.

Anfang August 1957 kam Paul Celan, um mir, geradezu jubelnd, die gelungene Übersetzung des »Trunkenen Schiffs« von Rimbaud[59] anzuzeigen – es war ihm wie ein Sieg; ein Sieg, an dem er mich teilhaben ließ: Es kam vor, daß er im Zustand sinnlicher Erregung das Wort »Königin« ausrief – so auch an diesem Tag. Merkwürdigerweise erschien mir schon damals dieser Ausruf nicht als persönliche Anrede, sondern als etwas irgendwie Rituelles. »In drei Tagen war es da«, wird er an Christoph Schwerin schreiben, um die Übersetzung dem S. Fischer Verlag zur Herausgabe anzubieten, »und es war ein ganz merkwürdiger Zustand.«[60] Nach langen Monaten verringerter Schaffenskraft, die er selbst mehrfach bezeugte, stellte diese Leistung zweifellos eine Wende dar. Im Jahr darauf, im September 1958, bekam ich die im Insel-Verlag erschienene, mit »August 1958« datierte Ausgabe, versehen mit einem kleinen Sternchen anstelle einer Widmung – angebracht unterhalb der Seite, die mit den Worten »Frei war ich« beginnt und wo vom Behemoth und vom Mahlstrom die Rede ist – Anlaß zu einem erklärenden Gespräch über diese legendären Naturgewalten. Die erste Auflage erwies sich allerdings wegen vertauschter Seiten als fehlerhaft, so daß Celan, wie er mir sagte, sie einziehen und neu drucken ließ und ich im Oktober eine zweite und verbesserte erhielt. Dort zeichnete er in der Mitte, anstelle einer Widmung – diesmal über der Seite, die mit »Und ich sah Inselsterne, sah Archipele ragen« anfängt – eine Art Kryptogramm ein, bestehend aus einem kronenähnlichen Zeichen aus sechs Pünktchen und zwei Sternchen, mit vier oder fünf Ästen, in Dreiecksform angeordnet.[61]

Schon zuvor, im Herbst 1957, geschah es wohl auch, daß er mir das Gedicht »Matière de Bretagne« zu lesen gab, dessen Titel er mir im Zusammenhang mit dem Sagenzyklus des Königs Artus, zu dem auch die Tristansage gehört, erklärte.[62] Ich selbst kam gerade von einem Aufenthalt in Italien zurück, wo ich das Schloß Runkelstein (heute Castel Roncolo) in der Nähe von Meran besucht hatte, von der Patrizierfamilie der Vintler[63] erbaut und mit gotischen Fresken ausgemalt, die man noch heute bewundern kann. Sie stellen das mittelalterliche Hofleben dar, ein ganzer Saal aber ist den einzelnen Episoden der Tristansage gewidmet – ein Prachtstück der »Terraverde«-Technik. Auch davon war die Rede; desgleichen von der merkwürdigen Bezeichnung für Eiter in bairisch-österreichischer Mundart – »maderi«, verdorbene Materie –, die ich im Zusammenhang mit dem Titel des Gedichts und den Versen »[...] die Hänge / eitern gen Himmel [...]« erwähnte. Wie ich vor ganz kurzem feststellen konnte, hat Paul Celan dieses Detail in einem Brief vom 19. Mai 1961 an Walter Jens weiter ausgeführt, freilich, ohne mich zu nennen und ohne es mit seinem eigenen Sprachgebrauch in Verbindung sehen zu wollen: »ich höre, daß es das im Österreichischen in der Mundart gibt (›die maderi‹)«. Er ergänzt dann: »aber wir haben zuhause immer nur hochdeutsch gesprochen. Mundartliches blieb mir – leider – recht fremd«.[64] Ich selbst, in dieser Hinsicht ganz »österreichisch«, war in meiner Kindheit und Jugend gewissermaßen zweisprachig: Unter Gespielen und Schulkollegen benützten wir den dialektal gefärbten Jargon der Linzer Gegend, damals noch nicht dem »Wienerischen« angepaßt und auch sehr verschieden von den altbäuerlichen, regional bestimmten Mundarten; in den Schulen und sonstigen kulturellen Einrichtungen galt das »Hochdeutsche«. Meine Mutter sprach ausschließlich ein sehr reines Hochdeutsch, weshalb die Umwelt sie als »Reichsdeutsche« einzustufen beliebte. »Prager Deutsch« galt, neben der »Bühnensprache« des Burgtheaters, als anzustrebende Norm. Daneben gab es noch die – heute im Schwinden begriffene – Hofmannsthalsche, recht anmutige Aussprache der höheren Kreise in Wien. Das Wort »maderi« mit seiner Doppelbedeutung war mir selbst nicht gebräuchlich; es war mir irgendwann, noch in Österreich, gesprächsweise zugekommen, als ich mich im Rahmen der Allgemeinen Linguistik mit Dialektologie beschäftigte.

Die Zeit zwischen Oktober 1957 und Mai 1958 ist im folgenden Kapitel ausführlicher dargestellt – es ist die Zeit, da das Echo der Wiederbegegnung Celans mit Ingeborg Bachmann auch sehr explizit zu mir kam.

War es Ende 1957 oder Anfang 1958, daß er mir Heideggers im Jahr 1957 neu verlegtes Buch *Holzwege* brachte? »Mit freundlichem Gruß, Martin Heidegger« steht darin als Widmung; er jedoch sagte mir: »Dieses Buch will ich nicht haben.« Ich glaubte zu verstehen, daß Heidegger mit diesem Geschenk und mit dieser Widmung die Verbindung suchte, eine Verbindung, von der Paul Celan aber nichts wissen wollte. Lange bevor man in Frankreich davon Kenntnis nahm, schon in den

Jahren vor 1957, hat er mir die skandalöse Haltung Heideggers nach 1933 gegenüber Husserl geschildert, seine Bindung an den Nationalsozialismus während des Rektorats und auch später. Warum bloß hat er aber das Buch zu mir gebracht? Gewiß nicht, um zu erreichen, daß ich es läse. Oder vielleicht doch? Enthält es nicht »Wozu Dichter?«? Zwei Stellen im Kapitel »Nietzsches Wort ›Gott ist tot‹« (1943), im Zusammenhang mit der Aufzeichnung Nietzsches von 1881/1882: »Die Zeit kommt, wo der Kampf um die Erdherrschaft geführt werden wird – er wird im Namen *philosophischer Grundlehren* geführt werden«, sind angestrichen. Die philosophischen Grundlehren meinen nicht »Doktrinen von Gelehrten«, »sondern die Sprache der Wahrheit des Seienden als solchen, welche Wahrheit die Metaphysik selbst ist. In der Gestalt der Metaphysik der unbedingten Subjektivität des Willens zur Macht«.[65] Und weiter: »Die Geschichte des Seins beginnt und zwar notwendig *mit der Vergessenheit des Seins«*.[66] Jedoch hat Celan mir gegenüber weder den Inhalt des Werks noch dessen Wirkung kommentiert. Ich wußte nicht einmal, daß er Heidegger schon längst zuvor sehr genau gelesen hatte. Eine frühere Ausgabe der *Holzwege* (1950) war allerdings schon seit 1953 in Celans Besitz, mit vielen Anstreichungen versehen, wie aus dem Katalog seiner Bibliothek philosophischer Werke zu ersehen ist – diese allerdings ohne Widmung, im Gegensatz zu so manchen anderen ihm schon vor 1957 und dann wieder später persönlich zugeeigneten Schriften Heideggers.[67] Das mir überbrachte Buch blieb auf meinen Regalen, wo es noch heute ist – merkwürdiger Zeuge einer widersprüchlichen Beziehung.

Auch das Buch *Die Perfektion der Technik* von Friedrich Georg Jünger,[68] dem Bruder Ernst Jüngers und Freund Heideggers, lieh er mir eines Tags, diesmal aber mit dem ausdrücklichen Wunsch, mich dazu zu äußern. Vermutlich kannte er die Meinung dieses vieldiskutierten Schriftstellers, die ihn aufgestört hatte: »Der Dichter ist überflüssig in der technischen wie der ökonomischen Welt – das macht sein Elend und seine Größe aus.«[69]

Selten nur sprachen wir über politische Tagesprobleme.[70] Vielleicht mit Ausnahme des ungarischen Aufstands im Herbst 1956 wie auch der Unruhen im Jahr 1958, als das republikanische Frankreich in Gefahr war und als Michel Debré, der gaullistische Justizminister, mit zitternder Stimme die Bevölkerung im Rundfunk aufrief, wieder die Gewehre der Tage vom August 1944 hervorzuholen. Ich kannte Celans Grundhaltung: im Wesen anarcho-kommunistisch im ursprünglichen und utopischen Sinn, wie sein mir gegenüber geäußerter Hinweis auf die auch im *Meridian* genannten Theoretiker der Solidarität – Kropotkin und Landauer – beweist;[71] er war äußerst kritisch gegenüber dem totalitären Stalinismus, der sich in intellektuellen Kreisen Frankreichs damals noch eines recht guten Rufes erfreute. Er erzählte mir von den entsetzlichen Lebensumständen der nach Sibirien Verbannten, darunter von einer Frau, die zu seinem persönlichen Bekannten- oder Freundeskreis gehört hatte. Ihr Name blieb mir unbekannt oder ist mir entschwunden. (In Celans Briefwechsel mit Franz Wurm ist ihr Name, Hella Ippen, genannt.)[72] Eines Tages brachte er mir eine Zeitschrift (war es die im Juni 1959 erschienene Nr. 100 von *Preuves*?), in welcher der italienische Schriftsteller Ignazio Silone als erster die lange Liste der verfolgten und deportierten Schriftsteller in Sowjetrußland publiziert hatte. Darunter Ossip Mandelstamm. Aber manchmal, solang nicht alle Hoffnung ihn verlassen hatte, sang er, meist auf russisch, die revolutionären Lieder seiner Jugend. Es könnte sich um die in Rußland sehr beliebte »Warschowjanka«[73] gehandelt haben, ferner um das »Partisanenlied« der Roten Armee, vielleicht um das eigentlich trotzkistische »Zimmerwald« und, auf deutsch, das Brecht/Eislersche »Vorwärts und nicht vergessen«, das Lied von der »Solidarität«, das Celan als »Wiener Liedl« bezeichnet hat, noch »als Bub in Czernowitz« erlernt und in einem Brief an Robert Neumann erwähnt;[74] vielleicht war auch »Oviedo« darunter, des Spanischen Bürgerkriegs eingedenk. Da ich all diese Lieder – vielleicht mit Ausnahme von »Vorwärts und nicht vergessen« – selbst nicht singen konnte, habe ich sie mir auch nicht genau gemerkt.

Ich war nicht die einzige, die dieses aus der Frühzeit seiner Lebensgeschichte hervorgeholte Singen wieder und wieder gehört hat; es ist, soviel ich weiß, auch von anderen bezeugt. An wen aber im Gedicht »Flimmerbaum« in *Die Niemandsrose* sich die Frage »Weißt du noch, daß ich sang?«[75] richten wird und ob diese Frage diese Lieder oder sein Dichten insgesamt meint, wüßte ich nicht zu sagen. Viel später, als ich nach unserer Trennung den Gedichtband in Händen hielt, schien es mir, als ob sowohl die zweimal wiederholte, demnach wichtige Frage als auch das »Nimmer« in diesem Gedicht mich in einem sehr deutlichen Sinn beträfen, um so mehr, als der Vers »es war / eine Freiheit« dieses »Nimmer« genauer bezeichnet: »Du meine Freiheit« war eine der wenigen mündlich und direkt an mich gerichteten Interpellationen gewesen, die ich aufgezeichnet habe; eine Freiheit, deren Verlust ich gegen Ende unserer Beziehung, wie es einer meiner Briefe bezeugt, mehr als anderes bedauert habe.[76] Bei Celan aber wird das Wort von der »Freiheit«, die er mir zugesprochen hatte, zum »anderen Gesetz«, es findet seine gegenläufige, relativierende Entsprechung in einem rückblickenden Brief, den er an seine Frau im Jänner 1965 richten wird: »Für Augenblicke habe ich in diesen letzten Jahren geglaubt, nach einem anderen Gesetz leben zu müssen, aber ganz zuinnerst, von Grund auf, bleibe ich Ihr Mann.«[77] Es gibt viele andere Belege für diese nur scheinbar ambivalente Haltung Celans, zwischen beständiger, fast ritualisierter, aber darum nicht weniger wahrhaftiger Treue zu seiner Frau und den mit dieser Treue als verträglich aufgefaßten Exkurs in die Sinnlichkeit der Begegnung mit anderen Frauen – sei es im Briefwechsel mit Ingeborg Bachmann, sei es im Tagebuch von Gisèle Celan-Lestrange,[78] sei es sogar in meinen Briefen, wo sein Wort von der zu stiftenden »Ordnung«[79] und sein mehrfaches Bemühen, mich aus der Zwei- wenn nicht Mehrgleisigkeit und der Namenlosigkeit herauszuholen, von derselben, nicht immer ungetrübten Doppeltendenz berichten. Die Schwierigkeit, besonders für die als Partner Betroffenen, bestand in der Unvereinbarkeit des Freiheitsanspruchs mit dem gleichzeitigen, oft geäußerten Ruf nach »Wahrheit«, der im privaten Bereich zur fast rücksichtslosen Offenlegung der gelebten Wirklichkeit führte, andererseits aber im Geheimnis der Dichtung seine eigentliche Aussage fand. Er war der Vielgeliebte, daran ist nicht zu zweifeln; er aber, mit dem Traum von »Freiheit« und »Wahrheit« im Herzen, war er der jeweils ganz und immer wieder Liebende?

»Wie machst du das, du, mit deiner Seele?« – Meine Notizen (1957-1958)

In einem kleinen, in meinem Besitz erhaltenen Notizbuch – vielleicht ein Geschenk Celans, denn ein ebenso in hellbraunes Leder gebundenes Büchlein findet sich in seinem Nachlaß – habe ich Gespräche festgehalten, die mich offensichtlich von Oktober 1957 bis Mai 1958 mehr als andere berührt haben. Es sind durchwegs Zitate Paul Celans (hier in Kursivschrift), allesamt mit Daten versehen, die seinen Besuchen oder sonstigen Treffen mit mir entsprechen, gefolgt von meinen meist nur kurzen Antworten; am Ende aber sind es bloße Erwähnungen aller Daten und Orte unserer Begegnungen mitsamt einigen Stichwörtern. Natürlich steht manches zwischen den Zeilen; ich will versuchen, das Ganze so getreu und genau als möglich wiederzugeben. Nur die erste Eintragung ganz vorne, mitsamt der Jahreszahl 1957/1958 und unter dem Titel »Erinnertes«, ist undatiert: *Angeschlagen bin ich, angeschlagen*, hatte er gesagt und: *Es gibt nur eine Handvoll Menschen.*
Zu diesem Zeitpunkt, Ende 1957, war ich zum Status einer Werkstudentin avanciert und vermochte also ein neues Quartier im 16. Bezirk zu mieten, diesmal mit Aufzug und Heizung – ein rundes, dreifenstriges Zimmer ganz oben in einem Gebäude im Stil der 1920er Jahre, das sich im Stadtteil Auteuil, in der Nähe des Pont Mirabeau, an der Ecke der Rue Wilhem und des Quai Blériot, auch heute noch befindet, mit Ausblick auf die tief unten vorbeifließende Seine. Ich wohnte fortan in einer Art Kugel oder Raumkapsel,[80] abgetrennt von der Außenwelt, mit großen Himmeln darüber – ein Umstand, der uns beiden lieb war. Von einem der Fenster hatte man Einblick in ein anderes, höhergelegenes Gebäude, wo Nacht für Nacht ein durch eine Lampe erleuchtetes Fenster sein stilles Licht verbreitete und die schattenhafte Silhouette eines unermüdlich Lesenden sich abzeichnete, eines Unbekannten,

mit dem man gewissermaßen in freundschaftlicher Beziehung stand. Ein Bild, das immer wieder in meinem Bewußtsein auftaucht, wenn ich mir den Vers »Wer mit der Lampe allein ist« aus dem Gedichtzyklus »Stimmen«[81] in Erinnerung rufe, obgleich ein reeller Zusammenhang zwischen dem so vielschichtigen Gedicht aus *Sprachgitter* und der von meinem Zimmer aus wahrgenommenen Tatsache nicht wahrscheinlich ist.

Um im neuen Logis meine Abwesenheiten anzuzeigen oder um eine Botschaft zu hinterlassen, befestigte ich vor meiner Tür eine kleine Schiefertafel samt einem Stück Kreide. Wenn Celan mich nicht vorfand, zeichnete er auf die Tafel einen kleinen Stern – der »Kreidestern« des Gedichts »À la pointe acérée« in *Die Niemandsrose* dürfte sich auch darauf beziehen.[82] Diese für andere Augen unleserliche Signatur, Zeichen geteilter Verschwiegenheit, den Sternchen in den Gedichten »Stimmen« und »Engführung« nicht unverwandt,[83] könnte in die Anfänge unserer Beziehung zurückreichen. Wie im einzigen von mir erhaltenen Brief aus den Jahren *vor* 1957 zu sehen ist, habe ich diesen, an Stelle einer Unterschrift, mit drei maschinenschriftlichen Sternchen *** versehen – frühe Zeugen einer Art von Geheimschrift, die sich in den Widmungs-Kryptogrammen seiner Bücher und im »Kreidestern« vor meiner Tür fortsetzte.[84]

Als Celan mich zum ersten Mal in der neuen Wohnung besuchte, fragte er: *Warum bist du weggezogen, gerade jetzt, da ich viel näher bin?* – eine Frage, an die ich mich deutlich erinnere, ohne sie notiert zu haben. Bei dieser Gelegenheit erfuhr ich, daß er dank einer Erbschaft seiner Frau in eine von ihr erworbene Wohnung in der Rue de Longchamp im 16. Bezirk würde einziehen können[85], in unmittelbarer Nähe der Avenue Kléber, wo ich seit 1953 gewohnt hatte. Ich wollte meinerseits wissen, ob es ihm nun »zu weit« erschiene, worauf er, etwas widersprüchlich, meinte *Nein, im Gegenteil*. Dies hinwiederum steht tatsächlich vermerkt gleich auf der ersten Seite meines Notizbüchleins.

Die genau datierten Eintragungen beginnen mit dem 5. Oktober 1957. Wir trafen uns in der Nationalbibliothek, Rue de Richelieu, mag sein auch im heute aufgelassenen, aber damals sehr beliebten Café Poccardi, das sich in einem nahe gelegenen Hinterhof befand.[86] »Streifen in den Gassen« schrieb ich, »Letztes Treffen vor der Wuppertal-Reise«, das heißt zur Tagung des Wuppertaler Bundes, auf der vom 11. bis zum 13. Oktober 1957 die Frage »Literaturkritik, kritisch betrachtet« behandelt wurde. Er erzählte mir, daß die *Fürstin Caetani* die Übersetzung des »Trunkenen Schiffs« von Rimbaud in der von ihr in Rom herausgegebenen Zeitschrift *Botteghe Oscure* drucken lassen und ihm hundert Exemplare davon schenken werde – *wahrhaft fürstlich*.[87]

Im Hinblick auf »Die Reise« (nach Wuppertal) zeigte er seine Unruhe: *Bangen wie immer. Ich weiß überhaupt nichts. Alles gewollt-haben, nicht alles-tun-haben-können, die ewige Lebensenttäuschung, die sich angesichts der Versammlung eindruckserweckender Namen und Titel neu zeigt.*

Am 7. Oktober abends kam er nochmals zu mir: »Unerwarteter Besuch« schrieb ich. Er sprach von Stellen im zweiten Gedichtband, *Von Schwelle zu Schwelle*, wo er, wie er sagte, den *Satelliten vorausgeschrieben* hatte: wie etwa in den Gedichten »Wir sehen dich, Himmel« (der Titel lautet eigentlich: »Wir sehen dich«) und »Welchen der Steine du hebst« mit seinem Vers *»als schütterte nicht / auch dieser / Äon«;* ferner *»Inselhin«*, vor allem *»die Neuen droben im Weltgestänge«.*[88] (Diese Bemerkungen formulierte er drei Tage nach dem Sputnik-Start am 4. Oktober; alle erwähnten Gedichtfragmente entstammen vorher entstandenen Gedichten.)

Dann zeigte er mir eine erste Version des Gedichts »Schuttkahn« – »zum Fürchten«, sagte ich, und er darauf: *Wenn du dich fürchtest, dann ist es ein gutes Gedicht. / Fortsetzung der Apokalypse / Ein furchtbares.* Das Wort Schuttkahn war *meine* Bezeichnung für die großen flachen Kähne, die unter meinem Fenster auf der Seine ankerten, damit der tagsüber auf Lastwagen herbeigeschaffte Schutt darin verladen werden konnte; das Wort gefiele ihm, hatte er mir schon einige Tage zuvor gesagt.[89] Dann steht nur mehr, kommentarlos, »Reise« in meinem Büchlein.

Wahrscheinlich im Hinblick auf das Treffen, das ihn beunruhigte, oder sogar angesichts des Wiedersehens mit der inzwischen bekanntgewordenen und mehrfach preisgekrönten Dichterfreundin Bachmann hat Celan am 8. Oktober – wie ich jetzt dank der »Kommentierten Gesamtausgabe« von Celans Gedichten feststellen kann –, im Anschluß an die Entstehung von »Schuttkahn« die Niederschrift von einigen anderen schon vorher konzipierten Gedichten abgeschlossen: »Zuversicht«, »Weiß und Leicht«, »Tenebrae«, »Sprachgitter«, »Schneebett«, »Windgerecht« und »Matière de Bretagne«.[90] Er wollte wohl nicht mit leerem Gepäck dorthin kommen. Aus früheren Bemerkungen wußte ich, daß Celan mit Ingeborg Bachmann in enger Verbindung gewesen war und sogar für kurze Zeit mit ihr zusammengewohnt hatte, nicht aber, wie stürmisch und unversöhnlich die Trennungen verlaufen waren. Ob er erwartete, sie in Wuppertal erneut zu treffen, habe ich nicht notiert, glaube mich aber zu erinnern, daß er es andeutungsweise erwähnt hat.

Um den 14. Oktober begann ich auf seine Rückkehr zu warten, mußte aber täglich »Nichts« eintragen: »Montag – Nichts«, »Dienstag – Nichts«, »Mittwoch – Nichts«, »Donnerstag – Nichts«, »usw«. Ich sah ihn erst wieder am 26. Oktober, nach seiner Deutschlandreise, das heißt nach seiner Wiederbegegnung mit Ingeborg Bachmann, über die er in Andeutungen sprach: *Eine sehr sehr merkwürdige Zeit. Vergangenheit, längst abgetan geglaubt, die plötzlich wieder aufsteht, da ist. / Willst du dein Leben ändern? Nein ... Ich habe sehr viele Gedanken daran verwendet. / Die Freiheit.*[91] *Ich brauche Einsamkeit. Man kennt sich nicht genug, man kann seine Möglichkeiten nicht absehen, man denkt sich etwas aus, das man nicht einhalten kann. / Hätte ich ein Zimmer dieser Art gehabt, mein Le-*

ben wäre anders verlaufen. Unterschätze nicht, was du hier hast.

Meinem Notizbuch zufolge meinte er auch ganz unvermutet, ohne Bezug zu den vorhergehenden persönlichen Aussagen: *Der Unglaube, das greift immer mehr um sich* – eine Bemerkung, die sich in den Kontext nicht einordnen läßt; freilich habe ich ihn zu Beginn unserer Beziehung recht naiv gefragt – es war in einem Café der Avenue Kléber –, ob er an Gott glaube, und mit Befriedigung festgestellt, daß er mir darauf die Antwort schuldig blieb. Eine versteckte Religiosität in seinem Werk zu suchen erscheint mir persönlich abwegig. Als »Gottlosen« hat er sich selbst manchmal bezeichnet – was die starke Präsenz mystischer Elemente in Leben und Werk nicht ausschließt. Von jeder konfessionellen Bindung ans Judentum war er hingegen weit entfernt. Als er noch in der Rue de Montevideo wohnte, hatte er sogar einmal mir gegenüber das allzu sichtbare Auftreten der Frommen rund um die Synagoge in seiner unmittelbaren Nachbarschaft bedauert und als lästig empfunden. Ein Brief seiner Frau vom 25. September 1955 reflektiert diese kritische Haltung und bestätigt meine Erinnerung: »Es ist ganz abscheulich«, meint sie, durchaus dem Geplapper vor katholischen Kirchen vergleichbar, und störe den Schlaf des Kindes.[92]

Dann fuhr er fort: *Ich bin sehr leichtsinnig, das ist eine meiner besonderen Eigenschaften. / Dieses Paris. Ich hätte mehr geschrieben, wenn ich nicht hier gelebt hätte. Es ist so seltsam – man spricht, es ist ganz natürlich, man muß nicht denken, hier denke ich immer.*

Das Immerzu-denken-Müssen im fremden Land, als Feind der Dichtkunst – so verstand ich diese Aussage, aber auch, daß die Zuflucht zu mir ihm vor allem als Sprachbrücke diente auf seinen Wanderwegen, als heimliche Zwischenwelt, wo wenigstens dieser Zwiespalt aufgehoben schien.

Fast gleichzeitig, am 27. Oktober, wird er an Ingeborg Bachmann das Gedicht »In Mundhöhe, fühlbar« senden.[93] Die Gedichte »Weiß und Leicht«, »*Rheinufer* (Schuttkahn II)« als Variante der mir mitgeteilten Verse sowie »Köln, Am Hof«, mit dem Wort »Herzzeit«,[94] wurde ihr schon zwischen dem 17. und 20. Oktober zugesandt, das heißt während der langen Tage, als ich auf seinen Besuch wartete.

Am 29. Oktober 1957, nur drei Tage nach seinem vorhergehenden Besuch, kam er wieder zu mir. Ich stellte ihm die Frage, ob es ihm besserginge. *Es wird mir nie mehr besser gehen, das ist zu Ende*, war die Antwort.

Schon einige Tage zuvor hatte Celan, wie wir jetzt wissen, seine Frau über die Beziehung zu Ingeborg Bachmann aufgeklärt.[95] Zwischen ihm und der wiedergefundenen Geliebten gehen die Briefe hin und her, man fragt sich, ob »Zerstörung« drohe oder die »Wahrheit« zu wählen sei, ob man sich sehen solle oder nicht; er meint, daß sie der »Lebensgrund« sei und sie beide die »Geträumten«, stellt aber auch fest, als er als Lebensgefährte schließlich und endlich abgewiesen wird: »das Herz wird zu leben wissen«.[96] Bald wird sie das Gedicht »Allerseelen«[97] erhalten sowie weitere Briefe, Gedichte und Übertragungen. Dank ihr, sagt er, könne er wieder schreiben.[98]

Bei seinem Besuch am 8. November vertraute er mir erneut seine Sorge an: *Eine schwere Zeit für mich*. Gleichzeitig wollte er, daß seine Beziehung zu mir nicht mehr ganz so anonym bleiben sollte wie zuvor: *Ich werde dir etwas in eins meiner Bücher schreiben, in das erste. Ärgert dich, was ich sage? Antworte mir.* »Nein«, meinte ich. *Ich habe mir das anders vorgestellt. / Oder sollst du unsichtbar bleiben? /* »Warum?« war meine im Notizbuch nicht weiter erörterte Gegenfrage. / *Es ist ungerecht, ich schreib so vielen hinein, ganz Wildfremden.* Offensichtlich habe ich nicht insistiert – es blieb bei den für fremde Augen nicht entzifferbaren Sternchen.

Am 10. November erfuhr ich, wenn ich meine Notiz richtig verstehe, daß er zweimal vorbeigekommen war, ohne mich vorzufinden: »Zweimal hier. Gewußt und im Heimlichen«.

Am 14. November zeigte er mir eine Neufassung des Gedichts »Schuttkahn«, die mir im Vergleich zur ersten, wie ich ihm sogleich sagte, »abgeschwächt« erschien. Ich glaube, das Wort vom »helligkeitswunden Hauch« am Ende gefiel mir nicht. »Nein« steht dann, unerklärt, im Notizbuch – vielleicht das »Nein« der Erstfassung, das »Nein« einer Entsagung? Bei der Zweitfassung handelte es sich wohl um die bereits erwähnte, am 18. Oktober 1957 unter dem Titel »*Rheinufer* (Schuttkahn II)« Ingeborg Bachmann zugesandte Version, von der ich damals natürlich nichts wußte. Die in *Sprachgitter* gedruckte Fassung entspricht aber der älteren, mir seit ihrer Entstehung bekannten, wo zum Schluß lapidar festgestellt wird: »[...] ein brauner / Seelenfortsatz erreicht / das hellgeatmete Nein«.[99]
Dann nannte er mir andere Stellen aus neuen Gedichten, die in *Sprachgitter* erscheinen werden, wie etwa *Ich habe die Nacht besamt* im Gedicht »Allerseelen«, das er Ingeborg Bachmann am 2. November zugesandt hatte. (Dieser aus dem Gedächtnis improvisierte Titel faßt die ersten Verse zusammen: »Was hab ich / getan? / Die Nacht besamt, als könnt es / noch andere geben, nächtiger als / diese.«) Am 17. November, einem »Sonntag vormittag«, erklärte er mir das Wort *Schelfe* aus der vierten Strophe von »In Mundhöhe«, soviel ich mich erinnere, im Sinne von Fruchthülse mit erotischer Konnotation. Er hatte das Gedicht am 26./27. Oktober Ingeborg Bachmann als Brief zugeschickt.[100]
Auf den 14. November ist auch ein Brief Bachmanns datiert, wo sie ihm für das »wunderbare« Gedicht »Allerseelen« dankt, nicht ohne anzufügen: »Du mußt wieder schreiben, wie Du mußt. Ich habe Dir noch nicht gesagt, daß ich in den letzten zwei drei Jahren manchmal Angst hatte um Deine Gedichte. Jetzt ist sie mir genommen«.[101] Sie weiß, daß die Gedichte, die in *Von Schwelle zu Schwelle* enthalten sind, in großer Ferne von ihr entstanden sind, sie fühlt sich nicht angesprochen; bald darauf, Anfang Dezember, bestätigt Celan den nahen Bezug aus der Zeit ihrer ersten Begegnung durch die per-

sönliche, diskrete Widmung – »f. D.«, d. h. »für Dich«, bzw. »u. f. D.«, d. h. »und für Dich« – von 23 Gedichten aus *Mohn und Gedächtnis*, und jenen ihrer neuerstandenen Liebe mit der Aushändigung von 21 noch ungedruckten Gedichten aus dem künftigen *Sprachgitter*.[102]

In diesen Novembertagen, dem 14. und 17. des Monats, bat Celan mich, mit ihm die Übersetzung einer Schrift von Jean Bazaine durchzusehen,[103] um ihre Qualität zu beurteilen, ihre Klangfarbe, ihren Gedankenfluß und ihre Lesbarkeit: *Wollen wir lesen? Nun müssen wir lesen!* Während der Lektüre hatte ich nicht den Eindruck, daß ihn dieser Text über die Maßen inspirierte, mir schien, daß er ihn vielleicht sogar langweilte – natürlich nicht in dem Ausmaß, wie ihm etwa Pflichtübersetzungen von Simenons Romanen gleichgültig waren –, und das, obwohl gerade dieser Text, im Anschluß an einige Gedichtübertragungen, ihm letztlich den Einstieg in den Fischer Verlag gewährleistet hatte.[104] Davon aber war nicht die Rede. Wir trafen uns auch anderntags, am 18. November, im Café Franklin, Avenue d'Iéna, mit seinen außergewöhnlich bequemen, ledernen Clubsesseln für besseres Publikum. Er las gerne die sehr schönen Briefe meiner Mutter, aber diesmal dürfte ich ihn verletzt haben: *Nicht alle haben eine Mutter, daß sie das sagen muß. Kann das nicht lesen.*[105]

Am 20. November 1957 ging es um »englische Übersetzungen« – welche habe ich nicht notiert, doch handelte es sich vielleicht um das von Celan schon seit langem sehr geliebte Gedicht des Andrew Marvell, »To his Coy Mistress«, das er zu übersetzen begonnen hatte, wie er am 5. November in einem Brief an Ingeborg Bachmann ebenfalls berichtete.[106] Waren die »Metaphysical poets« ein Gesprächsthema zwischen ihm und mir? Ich selbst besaß seit ihrem Erscheinungsjahr, 1957, die kleine Anthologie *The Metaphysical Poets* in der »Penguin-Books«-Reihe – ein Bändchen, das sich im übrigen in Celans Nachlaßbibliothek neben der von ihm verwendeten Anthologie auch vorfindet –, es könnte sogar sein, daß er es mir zur gleichen Zeit geschenkt hat. Auch wenn dies so wäre und wir uns darüber unterhalten haben sollten – er machte mich jedenfalls *nicht* auf Marvells Gedicht »The Definition of Love« aufmerksam, dessen Endstrophen den erwähnten Brief an Ingeborg Bachmann einleiten; es sind Verse, die mit den parallel verlaufenden, aber schicksalhaft auf immer getrennten Lebens- und Liebeslinien im Zentrum der Wiederbegegnung stehen, die aber auch schon auf einen der Grundgedanken des *Meridian* hinweisen und sogar auf Formulierungen darin, wie etwa »unter dem Neigungswinkel seines Daseins«[107]: »As Lines so Loves oblique may well / Themselves in every Angle greet: / But ours, so truly Paralel, / though infinite, can never meet. // Therefore the Love which us doth bind / But Fate so enviously debarrs, / is the conjunction of the Mind, / And Opposition of the Stars.« In einer approximativen, aber die kosmographischen Bilder und Begriffe der Zeit Marvells soweit als möglich wiedergebenden Übersetzung dieses Gedichts, das sich ausdrücklich auf die Linien einer Planisphäre, d. h. Weltkarte, bezieht, hieße dies:

> Gleich Linien, *oblique*, ins Weltenbild gestellt,
> so mögen Lieb und Liebe, winkeltreu, einander grüßen:
> die unsern aber, wahrlich *parallel*,
> unendlich zwar, nie werden sie zusammenfließen.
>
> Deshalb, die Liebe, die uns so verbindet,
> wenn auch vom Schicksal neidisch vorenthalten,
> sie ist, wo Seele sich zu Seele findet,
> ganz Widerspruch zu jener Sterne Walten.[108]

Er besorgte sich aber auch um mich: *Bist du unerfüllt? Geht es dir so mit mir?*, und dann, am 24. November, wenige Tage vor seinem neuerlichen Treffen mit Ingeborg Bachmann in München, notierte ich: Es ist »Abend«, er kommt »unerwartet«, er errät meine »Ungeduld«: *Du wartest auf etwas*, was ich verneinte: »Nein, worauf sollte ich warten.« Dieses Mal drückte er sich viel direkter als gewöhnlich aus, ich nehme an, daß es sich um Ingeborg Bachmann handelt: *Ich habe Dinge getan – ich bin in Wirklichkeit sehr brutal. Das glaubst du nicht. Kürzlich wieder konfrontiert damit. / Wenn sie kommt, es wird mich aus der Fassung bringen. Ins Unglück gebracht. Aus Dummheit, Prinzipien …*

Ins Unglück gebracht? Ist damit die »Verwerfung« gemeint, von der Ingeborg Bachmann sich im Oktober 1957 »freigesprochen« fühlte und von welcher, wie sie sagt, die »Lieder auf der Flucht« zeugen? Manche Stellen im Briefwechsel mit Celan erlauben solche Vermutungen.[109]

An mich gewendet, fuhr er fort: *Es gibt Frauen, wie du, eine bloße Berührung – verzeih, das ist so – unten, auf der Straße schon. Ist das bei dir auch so?* Als ich verneinte, sagte er, wohl zu Recht: *Jetzt antwortest du, wie du glaubst antworten zu sollen.* Auf meine Beteuerungen hin, daß ich in diesen Dingen nicht lüge, wollte er wissen: *Lügst du sonst?* Ich gab zu, daß ich es »früher, zu Anfang« unserer Beziehung mit der Wahrheit gelegentlich nicht allzu genau genommen hatte.

Er erinnerte sich: *Weißt du noch, zu Anfang, jedes Mal eine Prüfung –, ich war gehemmt.* (Dies ist keineswegs im Sinn von Impotenz aufzufassen, ganz im Gegenteil, eher von allzu großem Ungestüm und Überschwang.)

Und weiters: *Ich komme so selten, wenn ich alle Tage käme, wärst du gar nicht auf den Gedanken gekommen zu abenteuern, es ist nicht gut für dich. Es schließt nicht aus, daß ich eifersüchtig bin … / Damals, vor Berlin, war da etwas?* »Nein« sagte ich, »Du meinst, es wäre nicht von dir gewesen?« / *Ich habe daran gedacht: Wer hätte dir sonst helfen können? Ich wäre dir nicht böse gewesen. Ich habe mir nur gedacht, wie furchtbar muß es in dir aussehen.* Und noch genauer, über unser Verhältnis: *Versprich mir, wenn dir je etwas passieren sollte, daß du es mir sagen wirst. / Das meine ich auch brüderlich. Es ist Inzest, freilich, Inzest.* Und dann noch: *Wie machst du*

das, du, mit deiner Seele – aber auch *Wir dürfen hier nicht Ehe spielen, das wäre falsch.*
Am 28. November habe ich in meinem Notizbuch Stellen aus verschiedenen Gedichten festgehalten, die er wohl zitiert hatte: »*Ich seh dich, Schwester, stehn in ihrem Glanze*« aus *Mohn und Gedächtnis*;[110] der von mir vermerkte Ausdruck »*harzende Fruchtschale, eh sie vernarbt ist*« bezieht sich vermutlich auf die letzten Zeilen des noch unveröffentlichen Gedichts »Stimmen« in *Sprachgitter*: »[...] ein / Fruchtblatt, augengroß, tief / geritzt; es / harzt, will nicht / vernarben«.[111] Das »hölzerne Paradies«, das hier ohne Anführungszeichen auftaucht, ist offensichtlich eine Erfindung von mir. Dann steht dort: »Abwesenheit. Doppelt« – ich muß wohl auch irgendwo unterwegs gewesen sein.
Am 15. Dezember, einem Datum, das zwischen zwei Deutschlandreisen Celans[112] und vor meinen Weihnachtsaufenthalt in Österreich fällt, hat Celan viel gesprochen, ohne daß ich ihm folgen konnte, denn ich habe nur vermerkt: »Merkwürdigkeiten. Weiß sie nicht mehr.« Vielleicht ging es um das Erlebnis mit der Bachmann-Gedichte lesenden Frau im Abteil bei seiner Rückreise aus München ein paar Tage zuvor?[113]
Wenn ich die weiteren Daten mit der heute bekannten Chronologie seines Lebens vergleiche, sehe ich, daß sie mit dem Empfang des Literaturpreises der Stadt Bremen zusammenfallen. Die dort gehaltene Rede durfte ich lesen und daraus das schöne Bild vom Gedicht als »Flaschenpost« zurückbehalten.[114] Eine Kopie davon ist mir verlorengegangen. Es könnte auch sein, daß dieser Text in Druckform nie in meinem Besitz war, daß ich ihn nur in einer Durchschrift zu lesen bekommen habe, denn der Titel seiner Veröffentlichung in der FAZ am 4. Feber 1958 – »Wirklichkeitswund und Wirklichkeit suchend« – ruft keine Erinnerung in mir wach, und Sonderdrucke der *Neuen Rundschau*, deren Aprilheft die Rede noch einmal abdruckte, hat mir Celan im Lauf der Jahre nie ausgehändigt, wie ich auch nicht erfuhr, daß der ihm in großer

Freundschaft und Bewunderung verbundene Rudolf Hirsch vom Fischer Verlag die treibende Kraft für die Preisverleihung gewesen war.[115] Hingegen erinnere ich mich an jene Stelle im Band »Gesammelte Schriften« von Mandelstamm, die vom Gedicht als »Flaschenpost« (»zapečatannaja butylka«) handelt, und schlage ihn heute wieder auf, dort, wo Celan sie mir eines Tages gezeigt hat, ohne die Bezeichnung näher zu erläutern, aber auch ohne zu erwähnen, wie und wann er darauf aufmerksam gemacht worden war.[116] Das Auffinden der Stelle bei Mandelstamm mag für ihn ein neuerlicher geheimnisvoller Beweis der Brüderlichkeit gewesen sein, die ihn mit dem russisch-jüdischen Dichter verband.[117]

Wir fanden uns wieder am 3. Feber 1958. Ich schrieb: »Dazwischen: die Weihnachtsreise« – die meine, und auch seine Aufenthalte in Deutschland bezeichnend. Kein Wort sagte er bei diesem Besuch von der Übertragung des großen Gedichts von Alexander Block, *Die Zwölf*, die ihm gerade damals, zwischen dem 2. und 4. Feber, so vortrefflich gelang. Erst eine Woche später erfuhr ich davon. Bei der »Rückkehr« sagte er nur, was hinter ihm läge, sei *der schwerste der schweren Monate* gewesen; er spielte damit wohl auf die Leiderfahrung seiner Frau angesichts der noch fortdauernden Verbindung zu Ingeborg Bachmann an. – *Fünf Freunde* habe er. *Eine davon du*. Gleichzeitig fragte er mich, ob er mir *jene Gedichte schenken dürfe?* Es handelte sich um die zweite Auflage respektive den Wiederabdruck der Gedichtbände von Ingeborg Bachmann *Die gestundete Zeit*[118] und *Anrufung des Großen Bären.*[119]

Am 10. Feber, heimkommend, traf ich ihn unten auf der Straße: »Komm!« habe ich gesagt – so steht's jedenfalls geschrieben –, und nur zögernd, daran erinnere ich mich noch genau, ist er zu mir hinaufgekommen: er sah an diesem Tag ganz verloren aus.

Am 12. Feber wird Paul Celan Ingeborg Bachmann bitten, diese beiden Bände an seine »so tapfere« Frau zu schicken;

Gisèle Celan-Lestrange hatte ihre Gedichte bereits zu lesen und mit Hilfe von so mancherlei Erklärungen von seiten Celans zu ergründen versucht, nicht ohne in ihr eine Verzweifelnde und Verlassene zu erkennen, mit der sie sich solidarisch erklären konnte – wohl auch, um den geliebten Mann nicht ganz zu verlieren.[120]

Ich persönlich fand Bachmanns Gedichte spröde, fast zu intellektuell, aber ich glaube nicht, daß ich Celan das sofort sagte, sondern erst viel später. Er meinte dann dazu, daß sie, als Person, wirklich sehr eindrucksvoll und charmant sei. Meinem Gefühl nach blieb er ihr immer noch sozusagen untertan – weit über die immer wieder aufflammende Liebesbeziehung hinaus schätzte er nicht nur ihre dichterische Persönlichkeit, sondern auch ihre Erfolge, ihre akademischen Titel, die er gelegentlich erwähnte. Mir war bekannt, wie wenig man ihr in Wien Achtung zollte, besonders im Umkreis ihres früheren Mentors und Geliebten Hans Weigel – dieser selbst äußerte sich vielleicht weniger ablehnend als die Leute vom *Forvm:* »Schnöder noch als Zink und Zinn ist die deutsche Dichterin«, wurde gewitzelt, als ich einmal in Wien ins Café Raimund kam, und man meinte *sie* damit. Dies habe ich Celan aber nicht weitererzählt, auch nicht meine erfolgreiche auf die dortigen Herren gemünzte Parade: »Schnöder noch als Zinn und Zink ist der deutsche Dichterling«, und schon gar nicht, daß man Bachmann in Wien in erster Linie als Kärntnerin auffaßte, wobei man wissen muß, daß für alle nördlich der Alpen wohnenden Österreicher Kärnten sozusagen auf einem anderen Kontinent liegt. Höchstwahrscheinlich aber war man eifersüchtig auf ihre raschen und fortdauernden Erfolge.

Am 12. und 15. Feber trafen wir uns in der Nationalbibliothek; ich war verspätet, und er meinte: *Es macht nichts*; er sprach zu mir von seinen Übersetzungsarbeiten und Plänen – *Block, Jessenin, Valéry*: *Übersetzen, schreiben* war sein Programm, wie er in fast leidenschaftlichem, mir sonst ungewohntem Tonfall vorbrachte, hastig, so als ob bisher Versäumtes nachzuholen wäre. Habe ich die Urfassungen dieser Arbeiten und Gedichte gesehen? Jessenin ganz gewiß etwas später, vor der Drucklegung des ganzen Bandes, wie aufzuzeigen sein wird, aber nicht *Die Zwölf* von Block, eine Übertragung, deren Abschrift er kurz zuvor, am 7. Feber, an Ingeborg Bachmann gesandt hatte, um die Übersetzung dieses Schlüsselgedichts über die Revolution ihrem Urteil zu unterwerfen. Eine kleine von ihr vorgeschlagene Änderung im Gedicht von Jessenin »In meiner Heimat leb ich nicht mehr gern« hat er jedoch *nicht* berücksichtigt.[121] Jedenfalls haben wir sehr viel über die russischen Dichter, später vor allem Mandelstamm, gesprochen. Ich selbst hatte inzwischen das Russisch-Studium an der École nationale des langues orientales wiederaufgenommen (vor allem um Dostoevskij im Original lesen zu können), neben dem der Ethnologie am Musée de l'Homme, unter der Leitung von André Leroi-Gourhan. Der bedeutende und weltweit bekannte Ethnologe und Prähistoriker hat damals in seinen Vorlesungen die Ideen seines Hauptwerks über die Beziehung zwischen technischer Gestik und Sprache vorgetragen, die mich faszinierten und die, lange vor der Publikation von *Le Geste et la Parole*,[122] ebenfalls Anlaß zu Gesprächen mit Celan boten.

Paul Celan kam wieder zu mir am 18. Feber 1958. Nachdem bei mir »zuhause« wieder die Rede von Jessenin war, zeigte ich ihm, meinem Notizbuch zufolge, an diesem Tag, nach langem Zögern, »meine eigenen Gedichte«. Dazu meinte er: *Du schreibst mir alles weg. Ich sollte deine Gedichte nicht lesen. Alles, was so in mir umgeht, es steht schon da. Drusen – ich getraue mich nicht mehr es zu gebrauchen.* Das Wort »Drusen« aus meinem Gedicht »Bittgang« wird sich jedoch in *Die Niemandsrose* finden, und zwar in »À la pointe acérée«. Auch der »Lichtknecht« meines Gedichts »Eisstoss« hat seine Entsprechung in *Die Niemandsrose*, im Gedicht »An niemand geschmiegt«. Über dieses Wort, mit seiner Variante »Lichthut«,

haben wir sogar gesprochen – ich kannte es als die Bezeichnung für das in katholischen Landen vom Mesner oder Kirchendiener verwendete Gerät zum Anzünden und Löschen der Kerzen auf dem Altar – ein langer Stiel mit einem Docht und einem eisernen Hütchen an seinem oberen Ende. In meinem Gedicht »Zersplitterung« ist die Rede von einem »Wurfholz, / aus der Leere hergeschwirrt«, das an Celans Gedicht »Aber« erinnert, wo es heißt: »als schwirrte, vom Nichts her, ein Wurfholz / ins Ziel einer Seele [. . .]«, aber auch an den Vers »Es schwirrt« im unveröffentlicht gebliebenen »Judenwelsch, nachts« und an das spätere »Ein Wurfholz«. Schließlich findet sich in meinem Gedicht »Worte« die Bezeichnung »Windbruch« für nicht zur Welt gekommene Sprache, parallel zum Wort »Windbruch«, das im Gedicht »Sommerbericht« in *Sprachgitter* seinen Platz gefunden hat.[123]
An jenem Tag fuhr Celan dann fort: *Es ist ein Beweis. / Es gibt keine Gedichte, wo soviel passiert, wortmäßig. / ›Gipfelkalmen‹ gibt es auch bei Klaus Demus.*[124] / *Tendenz der Sprache, Wortfügungen wie fieberkrank, schön bemalte – sparsam damit umgehen.* Es folgen einige Stichwörter (die nötigen Ergänzungen hierzu erscheinen in Lateinschrift): auf die *Übergänge* achten, den *Kontrapunkt* – mit Hinweis auf *Adorno?* Er selbst habe ein *großes Gedicht* zu schreiben *begonnen, einen Zyklus*: *Warum soll ich nicht eins schreiben, wenn andere es auch getan haben?* Tatsächlich ist bezeugt, daß Celan die Niederschrift des Gedichts »Engführung«, das ein Jahr später in *Sprachgitter* erscheinen sollte, tags zuvor, am 17. Feber, begonnen hatte. Einen Durchschlag dieses Gedichts dürfte er mir im Verlauf des Jahres 1958, noch vor seiner Veröffentlichung, übergeben haben; ich besitze diesen nicht mehr zur Gänze, aber in meiner russischen Ausgabe von Anna Achmatovas Gedichten finde ich als spätes Zeugnis ein vergilbtes Blatt eingelegt – es handelt sich um den Durchschlag einer Seite des Gedichts, auf welchem die Stellen ab »wir / ließen nicht locker [. . .]« bis »rot oder schwarz, helle« wiedergege-

ben sind und dessen leere Rückseite ich zu einem Übersetzungsversuch an einem Achmatova-Gedicht benützt habe. Auf diesem Blatt ist die Trennung zwischen den Versteilen noch nicht wie in der Buchausgabe mit einem Sternchen, sondern mit einem kleinen Kreuz bezeichnet.

Was den Wortschatz meiner poetischen Entwürfe anbelangte, gestand ich ihm, daß ich viel aus so mancherlei Monumenten deutscher Gelehrsamkeit bezöge, die beispielsweise in der Bibliothek des Musée de l'Homme frei zugänglich waren, wie etwa das vielbändige *Reallexikon der Vorgeschichte*,[125] und daß ich dann darüber ins Träumen geriete. Ur- und Vorgeschichte gehörten zudem innerhalb der Ethnologie zu meinem Studienprogramm. Und hinter meiner schon aus Schulzeiten stammenden Vorliebe für Mineralogie standen die Erzählungen *Bunte Steine* von Adalbert Stifter. Als Beispiel für derlei Quellennutzung sei hier das Gedicht »Wer schliefe denn« aus dieser Zeit angeführt, das von »Dolmen« redet, sowie ein anderes unter dem Titel »Geduld«.[126] Außerdem gab ich mich, um Geld zu verdienen, mit diversen Dingen ab, mit naturwissenschaftlichen Übersetzungen, zum Beispiel über das Liebesleben der Skorpione – die Spezialität eines Forschers im Naturhistorischen Museum, der mich dafür bezahlte. Oder mit der Sammlung, Bearbeitung und Herausgabe von humanwissenschaftlicher Dokumentation in den verschiedensten Sprachen, was wiederum die intensive Benützung aller verfügbaren Wörterbücher mit sich brachte. Und Wörterbücher waren für mich eben seit eh und je die Schatztruhen der Poesie. Im Lauf der Zeit habe ich dann entdeckt, in welchem Ausmaß auch Celan die Lektüre aller Arten von Nachschlagewerken unentbehrlich war.

Waren meine dichterischen Versuche gleich von Anfang an als Gespräch mit Paul Celan zu werten? Ich könnte diese Frage nicht ohne weiteres bejahen – lange Zeit hindurch habe ich sie nur als Übungen für mich selbst aufgefaßt, für die Schublade bestimmt. Gewissermaßen habe ich sie stets hinter seinem Rücken geschrieben, nicht für ihn, nicht gegen ihn, sondern als heimliche Begleitmusik. Erst am Ende unserer Beziehung änderte sich dies, fügten sich die Zeilen zur direkten Anrede und zur offenen Klage.

Vom 23. Feber bis zum 1. Mai 1958 werden meine Eintragungen einsilbig und begnügen sich mit den Daten seiner Besuche oder unserer Zusammenkünfte. In dieser Zeit erfuhr ich, daß seine Frau, da sie ja Graphikerin war, eine eigene Druckerpresse in ihrer Wohnung einrichten und also ständig anwesend sein werde, wodurch seine Bewegungsfreiheit zu seinem Bedauern sehr vermindert würde. Trotzdem trafen wir uns in diesen Monaten ziemlich häufig: am 23. Feber wie auch am 10., 24. und 31. März kam er »abends« zu Besuch: »Unruhe«, »Konkretes«, »umsonst«, »häßlich? – nein« steht da, mir heute unverständlich – ob er oder ich diese Worte gesagt haben, ob sie mit mir zu tun haben oder Enttäuschungen im Verhältnis zu anderen bezeichnen oder gar die schwelende »Goll-Affäre«, kann ich nicht mehr ausfindig machen. Am 21. und 28. März trafen wir uns in der Nationalbibliothek, wobei er mich übrigens zu einem reichhaltigen Gabelfrühstück im wohlbekannten Restaurant Vaudeville, gegenüber der nahe gelegenen Börse, einlud.

Er kam auch in der »Frühe« am »Ostermontag« zu mir – es war der 7. April 1958 –, beladen mit guten Dingen zu essen und zu trinken. An diesem Tag findet sich auch die Eintragung »Ruth«, jedoch nicht weiter kommentiert. Es handelt sich um meine aus Berlin stammende Freundin, die in einer Vorstadt ein altes, zum Großteil aus Holz gezimmertes Haus mit Gärtchen bewohnte (das »hölzerne Paradies«?) und bei der ich des öfteren freie Tage zubrachte.[127] War ich allein – und an Sonntagen war ich es fast immer –, so fuhr ich im Sommer gelegentlich mit der Dampfeisenbahn nach Saint-Germain-en-Laye,[128] um mir auf der berühmten, aus Königszeiten stammenden Terrasse am Rande des parkähnlichen Waldes einen Liegestuhl zu mieten und so zu tun, als sei die Welt ein Hortus deliciarum.

Anderntags, am 8. April, hörte ich ihn sagen *Du meine Freiheit*, am 17. *Es stimmt.* Am 21. trug ich die Worte »Absicht?«, ferner »Nelken« (die er mir gebracht hatte) ein sowie *Eulenflucht* – das Wort für Dämmerung, das sich in »Engführung« finden wird;[129] ein Wort, das auch Ingeborg Bachmann in ihrem Gedichband *Anrufung des Großen Bären* verwendet hat.[130] Am 28. April widmete er mir eine knappe Stunde, die ich als »mühsam« bezeichnete, in der aber die Worte *Himmelsschüssel* und *Honigschwaden* auftauchten – offensichtlich hat er damals an den Jessenin-Übersetzungen gearbeitet, denn dort haben sie ihren Ort gefunden.[131] Dann kamen, als letzte Eintragung, eine »magere Stunde« am 1. Mai und, als Ankündigung, die »Reisen« nach Deutschland.[132] Es ging dabei nicht nur um Lesungen, sondern auch um einen Besuch bei Ingeborg Bachmann in München, am 7. und 8. Mai – ein Besuch, der, wie man jetzt annimmt, auch den Abbruch der Liebesbeziehung bedeutete. Mich dünkte an diesem 1. Mai, daß er in Gedanken schon anderswo weilte. Mein Notizbuch verstummt an dieser Stelle.

Man könnte sich die Frage stellen, wie Celan die Gleichzeitigkeit seiner Bindungen an verschiedene Frauen oder sein Werben um sie in seiner Gefühlswelt unterbrachte; wie konnte er zum Beispiel *mir*, wenige Tage vor seinem Zurückfinden zu Ingeborg Bachmann, das eindeutig auf die Seine bezogene Gedicht »Schuttkahn« zeigen, um es dann im Handumdrehen, in einer veränderten Fassung, an das Rheinufer in Köln, also zu ihr, zu verlegen, ohne zu versäumen, mir diese zu zeigen, und dann, wieder angesichts der Seine, auf die erste, wohl endgültige, in *Sprachgitter* abgedruckte Fassung zurückzugreifen?[133] Selbstverständlich wäre es abwegig, die Gedichte nur auf ihre Anlässe und Orte hin zu lesen. Daß sie weit über diese hinausreichten, war mir immer schon völlig klar. Ich bin aber heute noch wie damals der Meinung von Roman Jakobson, die er in seinem berühmten Aufsatz über die vergeudete Generation der Dichter Rußlands vertrat: »Die Literaturwissenschaft verwahrt sich gegen unmittelbare gradlinige Schlussfolgerungen von der Dichtung auf die Biographie des Dichters. Doch kann hieraus nicht gefolgert werden, daß zwischen dem Leben des Künstlers und der Kunst unbedingt ein Mißverhältnis liegen müsse. Ein derartiger Antibiographismus würde der umgestülpte Gemeinplatz des vulgärsten Biographismus sein.«[134] Und doch: Wie konnte er seiner so vertrauensvollen und großmütigen Lebensgefährtin und Mutter seines Kindes die Last seiner letzten Endes entgleisten Passion für Ingeborg Bachmann auferlegen, nicht ohne das Echo davon in andeutenden Klagen oder gar in poetischen Formen – »Schelfe«, »Ich habe die Nacht besamt« – bei mir abzulegen, wie es mein Notizbuch bezeugt? Freilich war sein Verhältnis zu mir bis zu dieser Zeit das einfachste und unbeschwerteste unter allen seinen damaligen Bindungen: Manchmal vergnügte uns in den ersteren Jahren der französische Ausdruck, der anstelle des üblichen »Wie geht's?« für die Frage nach dem Wohlergehen eines andern gebraucht wird: »Et vos amours?« Und lange Zeit hindurch meinten wir es auch wirklich so.

Ein anderer Moment ist mir in Erinnerung, der die Frage teilweise aufhellen könnte. Eines Tages fragte ich ihn, ob es nicht mit viel Leid für seine Frau verbunden wäre, wenn sie von unserer Liaison erführe. Dies dürfe ich nicht sagen, entgegnete er mir; wenn ich es ganz ernsthaft meinte und es zu Ende dächte, dann könne er nicht mehr zu mir kommen. Erst jetzt, vor ganz kurzer Zeit, angesichts vieler neuerdings zugänglich werdender Dokumente, auch im Nachlaß von Gisèle Celan-Lestrange, ist mir bewußt geworden, daß Celan das sonst sorgfältig gehütete ›Geheimnis‹ seiner Frau gegenüber schon im Jahr 1958 respektive 1959 preisgegeben haben muß, ohne mich im übrigen darüber aufzuklären. In diesem Nachlaß befindet sich ein Heft, worin sie ihre verzweifelte Reaktion vermerkt, als sie die erneuerte Beziehung ihres Mannes zu Ingeborg Bachmann zur Kenntnis nehmen muß und, indem sie zum ersten Mal mit der Lebenserfahrung des »Cosi fan tutte« konfrontiert wird, buchstäblich aus allen Wolken fällt. Diesem Tagebuch zufolge steigen ihr zunächst, im Oktober 1958, Zweifel auf wegen eines verschwundenen und dann auf rätselhafte Art wiederaufgetauchten Mandelstamm-Manuskripts sowie anläßlich des Eintreffens eines mysteriösen Manuskripts eines »Unbekannten«: Die Daten weisen darauf hin, daß zu diesem Zeitpunkt von insgesamt 22 Gedicht-Übertragungen von Mandelstamm deren acht als Fahnen vorlagen, um dann in der Herbstnummer der *Neuen Rundschau* zu erscheinen; daß es sich fernerhin um das Manuskript »Stundenspur« von mir gehandelt haben könnte, wenn ich mich auch nicht erinnere, Celan diese Gedichtsammlung *mit der Post* zugesandt zu haben. Im Jänner 1959 entdeckt sie dann und beklagt, daß ihr Mann nicht immer die Wahrheit sage, und am 23. März schließlich findet man zwei Angstträume ausführlich niedergeschrieben, in deren einem ich, unter der Bezeichnung B. E., als Hauptfigur auftrete, woraus man schließen darf, daß sie zu diesem Zeitpunkt von meiner Existenz – und vermutlich von mehr als dieser – schon in Kenntnis gesetzt ist.[135] Gewiß war Paul Celan nicht für ein gleichmäßig und ruhig dahinfließendes Familienleben gemacht, jedoch hatte ich seit eh und je den Eindruck, daß er seine Frau am beständigsten und aufrichtigsten von allen geliebt hat, daß *sie* die »Übersternte« war,[136] *sie* die »Leise«, die »Wahre«,[137] als die sie in den Gedichten fortlebt, daß nicht seine Treuebrüche, sondern nur die Gewalt der Selbstzerstörung – vom frühen traumatischen Erleben her bestimmt und durch die Plagiatsverleumdung aufs äußerste gesteigert – ihre Bindung zerreißen konnte.

Im Schatten der »Goll-Affäre« (1959-1960)

Im Verlauf der nächsten Jahre, da Gedichtbände teils, wie *Sprachgitter*, im Druck erschienen, teils, wie *Die Niemandsrose* und zahlreiche Übersetzungen, neu entstanden, verdunkelte die »Goll-Affäre« zusehends Paul Celans Leben.[138] Er fühlte sich zutiefst in seinem Selbstverständnis als Dichter in Frage gestellt, und er suchte verzweifelt nach Verbündeten, in Deutschland, in Österreich, in Frankreich. In Frankreich ganz besonders, wo man zögerte, ihn zu übersetzen, wo er die Freundschaft der Dichter suchte – René Char war es zuallererst, dann auch Michaux, den auch ich in jener Zeit viel las, vielleicht noch so mancher andere, von dem er mir nichts sagte. Er aber fühlte sich allein. Bis zum Jahr 1962 kam das Echo dieses Leidensweges auch zu mir, doch war ich nichts als eine Zuschauerin im Schatten.

Dieser Umstand und meine Schwierigkeit, mit Celan zu korrespondieren, hatten auch für seine Frau schmerzliche Folgen: Im Oktober 1958 hatte ich den nicht sehr glücklichen Einfall, auf den Briefumschlägen als Absender »Bruno Ferrari« anzugeben – er zeigte sich mir gegenüber sehr unzufrieden darüber, seine Frau erriet seine Untreue hinter dem allzu auffälligen Decknamen und gab in ihrem Tagebuch ihrem Unmut darüber freien Lauf.[139] Seit dem Studienjahr 1959/1960 konnte ich ihm dann allerdings an seine berufliche Adresse in der ENS schreiben, wo ihm ein Zimmer mit Tisch und Bett zur Verfügung stand. Gelegentlich hat er mich auch eingeladen, ihn dort aufzusuchen. Aber mein »Schattendasein« und meine nicht immer geduldige Reaktion darauf gehen auch aus den wenigen Briefen der späteren Jahre hervor, die Celan aufbewahrt hat und die in seinem Nachlaß im Deutschen Literaturarchiv Marbach erhalten sind: Wie ich jetzt wieder feststellen kann, versuchte ich zunächst, ihn davon abzuhalten, Dichterkollegen in Deutschland zu mobilisieren für eine Causa, die sie offensichtlich schon ins Pathologische abgeschoben hatten.[140] Außerdem drücken sie meine Hilflosigkeit vor seinem Zustand aus, aber auch meinen Kummer über die ständig zunehmenden Ungewißheiten unserer Beziehung und schließlich über das Zerwürfnis, das dieser ein Ende setzte.

Natürlich haben wir von dem Film »Nacht und Nebel« von Alain Resnais mit dem Text von Jean Cayrol gesprochen, den er ins Deutsche übertragen sollte, dessen Manuskript ich aber nicht zu Gesicht bekam; oder vom grausamen Schicksal des Dichters Robert Desnos, den er übersetzte.[141] Von den offen antisemitischen Zwischenfällen in Deutschland oder bei der Deutsch-französischen Schriftstellertagung in Vézelay[142] hat er mir nichts berichtet; erst jetzt finde ich die genauen Hinweise dazu in den verschiedenen Brief-Editionen und Dokumentensammlungen, die neuerdings zur Verfügung stehen. Nicht einmal von der gehässigen Karikatur am Rande einer Lesung in Bonn im Herbst 1958 hat er mir erzählt, durch welche das »Hosiannah« in den Endzeilen des großen Gedichts »Engführung« in einer an die Zeiten des »Völkischen Beobachters« erinnernden Weise parodiert wurde.[143] Dafür zeigte er mir all die bösartigen Rezensionen verschiedener Germanisten, die den Plagiatsvorwurf der Claire Goll in allerlei Varianten wiederaufnahmen, und erwähnte auch, zutiefst betroffen, das Wort vom »Meisterplagiator«, das schon seit dem Frühjahr 1956 durch Claire Goll in Umlauf gesetzt worden war.[144] Zu Anfang verhielt er sich so, zumindest mir gegenüber, als ob der vulgäre Antisemitismus ihn weniger berührte als die Infragestellung seiner dichterischen Eigenständigkeit. Bis zu dem Augenblick, als die beiden Infragestellungen sich in seiner Vorstellung – und auch in der Wirklichkeit – allmählich deckten. Bis zu dem Augenblick, als die Verfolgungen nur mehr ihn zum Ziel hatten, ihn, den Dichter, als Juden, ihn, den Juden, der ein Dichter war. Bis zu dem Augenblick, als sein aufs äußerste gereizter Argwohn sich gegen alle richtete, selbst gegen seine Freunde und Nächsten.

Die Anfänge der »Affäre« im Jahr 1953 waren mir lange nur andeutungsweise bekannt, und deren Verlauf vor allem durch die Stellungnahmen des kalifornischen Germanisten Richard Exner,[145] die im Sinne der Claire Goll erfolgten und von dieser unermüdlich verbreitet wurden – es war in den Jahren, da ihre weitere Entwicklung noch nicht die Konturen angenommen hatte, die der »Infamie« seit 1959-1960 anhafteten. Längere Zeit hindurch wußte ich kaum, daß es einen Dichter namens Yvan Goll überhaupt gegeben hatte, geschweige denn eine dichtende Witwe. Hat Celan mir weitere Einzelheiten erzählt, als ich die 1959 als Taschenbuch bei Rowohlt neuerschienene Anthologie expressionistischer Dichtung von Kurt Pinthus, *Menschheitsdämmerung*, erworben hatte, die auch Gedichte von Yvan Goll enthält? Jedenfalls verhielt er sich, als ich sie ihm zeigte, äußerst mißtrauisch, er wollte dieses Buch sofort haben, und ich gab es ihm auch. Wohl um sich zu vergewissern, ob die Witwe Golls auch hier ihre Hand im Spiel hatte, wie dies auch tatsächlich der Fall war.[146] Heute sind ihre Nachlaß-Manipulationen ja hinlänglich bekannt.[147]

Auch in unser Verhältnis drang der Lärm der Verleumdungen immer häufiger und drohender. Diese unsere Beziehung dauerte immerhin fort, Celan kam zu mir, entweder abends oder in den Morgenstunden. Für diese Jahre muß ich mich an mein Gedächtnis halten, denn ich besitze keine schriftlichen Zeugnisse mehr, weder Notizbücher noch Tagebücher, von den erwähnten und mir jetzt wieder zugänglichen Briefen und poetischen Zeugnissen abgesehen, die bisweilen auf konkrete Situationen hinweisen und also wenigstens teilweise entzifferbar sind. Auch Celans Rohrpostbriefe (ca. 15-20) aus diesen Jahren sind mir abhanden gekommen. Sie enthielten zum Teil Mitteilungen über sein Kommen oder Nichtkommen, daneben aber auch inhaltlich wertvolle Aussagen, die nicht mehr rekonstruierbar sind. Diese Verluste erklären sich durch meine häufigen Übersiedlungen, wobei meine Bücher und Schriften oft monatelang in Möbellagern oder sonst-

wie provisorisch untergebracht werden mußten und manchmal sogar ganze Teile verschwanden.
Hingegen ist es ein leichtes, an Hand der verfügbaren Daten nachzuvollziehen, wie seine Werke – eigene Dichtung und Übertragungen aus dem Russischen – den Weg zu mir fanden. Als im Herbst 1959 die Übersetzung der Gedichte von Ossip Mandelstamm[148] erschienen, brachte mir Paul Celan das Bändchen, versehen mit dem kleinen Stern mit fünf Ästchen.[149] Celan war, soviel ich weiß, der erste, der diesen wohl bedeutendsten russischen Dichter der Zwanziger- und Dreißigerjahre des zwanzigsten Jahrhunderts wieder ins rechte Licht rückte. Er schrieb seinen Namen eingedeutscht »Mandelstamm« und nicht, buchstabengetreuer, Mandelstam, oder gar phonetisch, Mandel'štam. Es war der russische Dichter jüdischer Herkunft, der ihm am nächsten stand, von dem er mir schon vor dem Erscheinen seiner Übersetzung viel erzählt hat und dessen Schriften in russischer Sprache, in New York erschienen, er mir schon zuvor zum Geschenk gemacht hatte.[150] Ingeborg Bachmann hat er bereits im Juni 1958 einen Teil der Übertragungen übersandt oder übergeben.[151] Im jetzt zugänglichen Briefwechsel sind sie aber merkwürdigerweise nicht so gegenwärtig, wie man es erwarten könnte: Erst im August 1958 meldet sie aus Neapel, daß sie wieder im Mandelstamm »blättere«, zum endlich im Jänner 1960 erhaltenen Band schreibt sie, daß er ihr neben Block das »Liebste« sei, fragt aber auch, ob er, Celan, nicht Eigenes schreibe.[152] Ich meinerseits habe das Manuskript zum Teil während seiner Entstehenszeit gesehen, und zwar 24 von den insgesamt 40 übersetzten Gedichten, die in meiner russischen Edition angemerkt sind.[153] Ganz gewiß habe ich auch den 1960 entstandenen Text für eine Sendung im Norddeutschen Rundfunk, *Die Dichtung Ossip Mandelstamms*, als Manuskript zu lesen bekommen. Im Prosa-Nachlaßband erwähnt der Einzelkommentar zu diesem Text folgendes: »Das Exemplar enthält auch Lesespuren von Dritter Hand (Wellenlinien am Rand und unter einzelnen

Ausdrücken), die hier nicht dokumentiert sind«; weiters, im Zusammenhang mit Dokumenten zu Vorarbeiten, das Vorhandensein eines nicht datierten Briefes »einer nicht identifizierten Absenderin« sowie der Telefonnummer von »Mme Izard«, das heißt der Nummer, unter welcher Celan *mich* an meiner Arbeitsstätte erreichen konnte (GUT 69 36). Es ist also durchaus möglich, daß ich das Manuskript, ehe es abgesandt wurde, in Händen hielt und mit Anmerkungen versah.[154] Madame Izard bzw. Françoise Héritier, damals Chef de travaux an der EPHE (VIe section), war für die Arbeitsstelle verantwortlich, an der auch ich beschäftigt war. Das vorgefundene Blatt entspricht einem Brief von mir aus dem Jahr 1957, dessen Rückseite Celan für andere, teilweise mit der Mandelstamm-Übersetzung in Zusammenhang stehende Notizen benützte.[155]

Celan verschaffte mir auch weitere Texte Mandelstamms: so das Heft 24 der Zeitschrift *Commerce. Cahiers trimestriels publiés par les soins de Paul Valéry, Léon-Paul Fargue, Valéry Larbaud* aus dem Jahr 1930, mit einer frühen Übersetzung des Prosatextes »Die ägyptische Briefmarke«. Ich besitze außerdem noch die zweite Folge des Almanachs *Vozdušnye puti* (»Luft-Wege«), ebenfalls in New York 1961 erschienen, in dem 57 Gedichte Mandelstamms aus den Jahren seiner Verbannung in Woronesch veröffentlicht wurden. Möglicherweise habe ich diesen Almanach selbst erworben, und zwar in einer russischen Buchhandlung in Saint-Germain-des-Prés, die wir beide frequentierten und die es heute, soviel ich weiß, nicht mehr gibt – ein bis oben vollgestopfter Laden, der russische Literatur in nicht-sowjetischen Editionen vertrieb, im Gegensatz zu einem anderen namens Librairie du Globe, wo neben den russischen Klassikern auch deutsche Bücher aus der DDR zu haben waren. Auch von einem anderen Opfer des Stalinismus sprachen wir – dem im Ghetto von Odessa geborenen Schriftsteller Isaak Babel, einem Mitkämpfer der Revolution, 1940 erschossen, dessen *Geschichten aus Odessa* mich beeindruckt hatten. Auch er hatte sich von der Revolution die Gemeinschaft der Herzen erhofft.

Es mag auch zu dieser Zeit gewesen sein, daß Celan mir eine Nummer der *Slavischen Rundschau* brachte, welche die bekannte Studie von Roman Jakobson enthält, »Von einer Generation, die ihre Dichter vergeudet hat«.[156] Jakobsons Artikel ist vor allem Majakovskij gewidmet, der sich eben im Jahr 1930, dem Erscheinungsjahr der Studie, das Leben genommen hatte. Photomechanische Kopiermaschinen waren damals noch nicht in Gebrauch – so also bat er mich, eine Abschrift davon auf meiner kleinen Schreibmaschine zu verfertigen. Ein Durchschlag davon ist in meinem Besitz geblieben; das Original der Abschrift befindet sich teilweise in Paul Celans Bibliothek, in eine Anthologie russischer Dichtung eingelegt, teilweise im Nachlaß, in einer Mappe unter meinem Namen.[157] Der abgetrennte zweite Teil handelt von dem in seiner Dichtung längst vorausgeschriebenen Selbstmord Majakovkijs, während der erste Teil auch Block, Chlebnikov, Gumilev und Jessenin einbezieht – die großen Erneuerer, verhungert, erschossen, in Verzweiflung untergegangen. Mandelstamm ist in diesem Text vom Jahr 1930, acht Jahre vor seiner Verbannung und seinem Tod in Sibirien, nur am Rande erwähnt, er wird, wie auch Pasternak, als »merkwürdig« bezeichnet, sein frühes Werk als »Kammerdichtung«, als Worte, die »nicht in Bewegung setzen«, die die »Herzen der Generationen« nicht verbrennen, die »nicht durch die Gegenwart« dringen.[158] Ein solches Urteil konnte sich Celan, der es als später Nachfahre besser wußte, natürlich nicht zu eigen machen: In die seiner Übertragung der Gedichte angefügte »Notiz« von Mai 1959 hat er dann, Jakobson ergänzend, den Namen Mandelstamms in die Liste der »vergeudeten« Dichter eingereiht.

Die in zwei Tagen, in einem Zustand blitzartiger Erleuchtung fertiggestellte Übersetzung von *Die Zwölf* von Alexander Block,[159] die wir nach ihrem Erscheinen im September gemeinsam lasen, geht, wie bereits erwähnt, auf das Jahr 1958 zurück. In meinem Bändchen ist ein Passus (S. 14) von Celan – ich weiß nicht mehr, warum – mit Bleistift angestrichen: vielleicht, weil der Vers auch die Aufforderung »Hab ein Herz, *sei* nicht von Stein« statt der Feststellung »*ist* nicht von Stein« hätte enthalten können; es findet sich darin außerdem ein lexikalischer Vorschlag von meiner Hand: In der vorletzten Zeile des VIII. Gedichts »O du Gram und Kümmernis« (S. 18) sollte es meiner Meinung nach anstelle »deines Knechts« heißen: »Gib Herr, der Seele *deiner Magd* die Ruh und den Frieden ... // Ödigkeit!« Jedoch erinnere ich mich vor allem, daß mir der so ganz andersartige, fiebrig pulsierende Ton des Gedichts auffiel, von Paul Celan so bemerkenswert ins Deutsche übertragen, die abgehackte und gleichzeitig emphatisch-derbe Sprache, deren Vokabular und Duktus von aller hergebrachten Dichtung völlig abweicht. Ganz undeutlich kann ich mich auch erinnern, wie er sich einmal sehr enttäuscht zeigte, weil ich ihm zuvorgekommen war und ein Buch von ihm im Handel erstanden hatte, das er mir eigentlich hatte schenken wollen. Es dürfte sich um die in meinem Besitz befindliche Erstausgabe von *Die Zwölf* gehandelt haben, denn diese enthält kein Widmungszeichen. Was hier fehlt, ist der kleine Stern, der auch dem »Kreidestern« entspricht – dem Zeichen, das Celan schon damals gewohnt war auf die Schiefertafel vor meiner Tür zu malen, wenn er mich nicht antraf. (Auch einer meiner Briefe vom Frühsommer 1960 erwähnt das »Kreidesternchen«, das ich, wie ich ihm sagte, nicht gleich gelöscht hatte.)[160]

1959 erschien dann der neue Gedichtband *Sprachgitter*,[161] der mit dem schon üblichen kleinen Stern anstelle einer Widmung versehen ist. Ich bemerkte dazu, daß der Titel mir nicht nur das Bild eines Gefängnisfensters evoziere, sondern ebensogut auf das Gitter der Beichtstühle in katholischen Kirchen hinweisen könnte, hinter welchem der Sünder seine Fehler eingesteht, um vom Priester die Absolution zu erlangen. Auch war mir bewußt, wie sehr diese Gedichte sprachlich bis an die Grenze des Möglichen gingen und daß es schwer sein würde, noch weiter zu gehen. Soweit ich mich erinnere, widersprach Celan diesem Urteil nicht, sondern nahm es eher mit Befriedigung zur Kenntnis. Von der Möglichkeit (oder Unmöglichkeit) des vollkommenen, des »absoluten Gedichts« war die Rede, die auch im *Meridian* verneint wird,[162] nicht aber von Sinn und Inhalt der einzelnen in diesem Band enthaltenen Gedichte oder gar von Zusammenhängen mit konkreten Anlässen. Ohne daß ich es ihm sagte, fühlte ich mich gleichwohl von manchen direkt angesprochen, wie zum Beispiel dem Gedicht »Stilleben mit Brief und Wanduhr« (später »Mit Brief und Uhr« betitelt), das Anfang 1956 in Genf entstanden war, also zu einem Zeitpunkt, da er mich in einer Berliner Klinik wußte, oder den Endversen von »Heimkehr«, wo »ein herüber- / gewehtes Gefühl / sein tauben- und schnee- / farbenes Fahnentuch festmacht«, Zeilen, die ich (fälschlich) mit seiner Rückkehr aus Genf und meinem damals noch als Signal meiner Anwesenheit geübten Fahnenaushängen in Verbindung sah. »Fälschlich« nicht nur, weil das Gedicht schon im Dezember 1955 entstanden war, sondern auch, und vor allem, weil Celans Gedichte zwar immer wirklichkeitsnah, aber *nie* autobiographisch im genauen Sinn des Wortes aufzufassen sind. Allerdings hat er mir gerade *diese* Gedichte schon früher, bei ihrem Erstdruck in der Zeitschrift *Akzente*[163], zum Geschenk gemacht, was mich in der wohl irrigen Meinung, es handle sich nach seiner langen Abwesenheit um eine Art Botschaft, trotz allem bestärkte. Auch fiel mir auf, daß die Verse der großen Gedichte »Stimmen« und »Engführung« durch Sternchen unterteilt waren, die sowohl dem »Kreidestern« vor meiner Tür als auch den Widmungs-Sternchen in den Büchern glichen – eine Entsprechung, deren Sinngebung durch keine mir erinnerliche Aussage Celans beweisbar ist, die mir damals aber selbstverständlich erschien. Im allgemeinen ließ er sich nur selten auf Textanalysen ein, und ich fragte ihn nicht danach. Es gab aber doch Ausnahmen: im Zusammenhang mit dem Gedicht »Unter ein Bild« gab er mir eine Ansichtskarte mit der Wiedergabe des »Champ de blé aux corbeaux« (1890) von Vincent van Gogh,[164] – er gab sie mir, glaube ich, gemeinsam mit dem Erstdruck des Gedichts in der Zeitschrift *Akzente*, das von der »Rabenüberschwärmte[n] Weizenwoge« spricht.[165] Auch daß der Satz »– Ein Stern, tu ihn, / tu den Stern in die Nacht« von seinem kleinen Sohn stammte, hat er mir selbst erzählt.[166] Andere Zusammenhänge erriet ich bloß – wie die so mancher Gedichte in *Sprachgitter*, die ich (mit oder ohne Grund) mit seiner wiederaufgenommenen Beziehung zu Ingeborg Bachmann in Verbindung sah.[167] Als »Deine Gedichte, wieder aus unserer Zeit« wird Ingeborg Bachmann sie bezeichnen.[168]

Aber er wollte, wie er mir sagte, auch Prosa schreiben. Es war das »Gespräch im Gebirg«,[169] das er mir nach der Entstehung im Sommer 1959 zu lesen gab und über dessen Gelingen er sich zufrieden zeigte, ohne indessen den eigentümlichen, »jüdelnden«, »mauschelnden«, wie er das später selbst nannte, Sprachduktus zu kommentieren.[170] Und ich meinerseits fand Gefallen an der so suggestiven Komposition. (Um mir den Bezug auf Büchners *Lenz* zu erklären, der ihn also schon damals beschäftigte, brachte er mir zudem ein Reclam-Heftchen, das diese Erzählung enthält. Oder geschah dies erst im Zusammenhang mit der Büchnerpreis-Rede *Der Meridian*, ein Jahr später?) Obwohl es mir unzulässig erscheint, könnte man versucht sein, im nachhinein in der darin erfolgten »Selbstbegegnung«[171] ein frühes Zeugnis der Identifikation mit dem Dichter Lenz zu sehen, dessen fortschreitende Gemütserkrankung der naturkundige Dichter Georg Büchner, auf Grund vorhandener Beschreibungen, in seiner Erzählung, wie man weiß, außerordentlich genau verarbeitet hat. Den Inhalt aber, auch nicht die Doppelbedeutung des »20. Januar« als der Tag, da Lenz – so Büchner – »durchs Gebirg« ging, und als Datum der Wannsee-Konferenz hat Celan mir gegenüber *nicht* kommentiert. Hat er das versäumte Treffen im Engadin mit Adorno erwähnt, das im Hintergrund der Darstellung steht?[172] Ich glaube, er hat nichts davon gesagt.

Was das Schreiben von Prosa anbelangt, so erinnere ich mich, daß er mir eines Tages den Text »Anekdote aus dem letzten preußischen Kriege« von Heinrich von Kleist vorlas – einen Text, den er für seine Dynamik und seinen Rhythmus bewunderte. Das fortdauernde Modell war natürlich Kafka, der Kafka der *Erzählungen*, die er mir als die einzigen von Kafka selbst zur Veröffentlichung freigegebenen Texte geschenkt hatte und aus denen er mir oftmals vorlas. Sein besonderes Augenmerk galt der Erzählung »Elf Söhne«. Wenn man den von Max Brod edierten Band öffnet, so stößt man am Ende auf eine kurze Notiz, in der Kafka sich »Über Kleists ›Anekdoten‹« äußert.[173] Der Zusammenhang zwischen Kleist und Kafka wird dergestalt evident. Ich meinerseits übergab ihm gelegentlich Träume, die ich gleich beim Erwachen aufzeichnete, weil ich bemerkt hatte, mit welcher Leichtigkeit das Schreiben dann vonstatten ging – ein Umstand, der mir erinnerlich ist, die Träume selbst aber nicht, von denen Celan zwei aufbewahrt hat; wären sie nicht in einer mir zugeschriebenen Mappe aufgefunden worden, ich hätte sie nicht als mein Eigen wiedererkannt – meinem Gedächtnis sind sie seit langem entglitten.[174]

Ende des Jahres 1958 oder Anfang 1959 war es auch, wie ich mich zu erinnern glaube, daß er meine Gedichte gern veröffentlicht gesehen hätte. Ich übergab ihm ein Manuskript – einen Zyklus von 45 Gedichten unter dem Titel »Stundenspur« –, und er brachte mich mit einem Lektor des Insel-Verlags in Verbindung: Zunächst mit Heinrich Leippe, der soeben in diesen Verlag übergewechselt war, mit dem ich sogar korrespondierte,[175] anschließend mit einem anderen – Fritz Arnold? –, den ich in Paris auch in einem Café getroffen habe, mit dem es aber zu keinem wirklichen Gespräch kam. Ich habe das Projekt jedenfalls nicht weiterverfolgt. Eine Durchschrift des gesamten Manuskripts hat in meinen Papieren bis heute überlebt, ein Teil dieser Gedichte aber, die ich selbst für zu künstlich hielt, befindet sich – wie ich erst jetzt erfuhr –

im Deutschen Literaturarchiv Marbach, jedoch ohne den Titel »Stundenspur« und von einer Serie später entstandener Versuche nicht unterscheidbar.[176] Ein anderer Teil davon, 28 Gedichte, ist im Nachlaß *nicht* vorhanden, wohl von Celan zusammen mit verschiedenen Spuren aus der Frühzeit unserer Verbindung vernichtet.

Warum eigentlich wollte ich schließlich und endlich nicht an die Öffentlichkeit treten? Wollte ich das Intimste, wenn auch verschlüsselt, nicht preisgeben? Vermutlich hatte ich Angst, im Literaturbetrieb eine Rolle zu spielen, der ich mich nicht gewachsen fühlte. Einmal ausgesetzt, geht das Gedicht seine eigenen unvorhersehbaren Wege – diese einfache Wahrheit, glaube ich, gefiel mir nicht.[177] Auch meinte ich, daß als Dichter in die Welt zu treten nur dem erlaubt sei, der unerschütterlich an den eigenen Genius glaubt; der nicht anders kann, als an sich zu glauben, dem Dichten der notwendige, mit nichts anderem austauschbare Beruf ist. Von einer solchen Selbsteinschätzung war ich weit entfernt. Auch Celans öfters wiederholter Suggestion, daß ich versuchen sollte, auch andere, erzählende oder beschreibende Texte, wenn nicht gar einen Roman zu schreiben, bin ich nicht gefolgt – insbesonders weil ich meinte, weder ausreichendes Talent dafür noch tiefes Bedürfnis danach zu haben.

Im Prosa-Nachlaßband sind meine Gedichte und mein Name erwähnt, allerdings zwei Jahre später, im Zusammenhang einer eventuellen Publikation, vielleicht im Einverständnis mit Rudolf Hirsch vom S. Fischer Verlag. Eine autobiographische Notiz Celans in diesem Band lautet: »Die briefliche Aufforderung von Hirsch, meine Gedichte datiert herauszugeben –: vermutl. erscheinen die Gedichte Brigittas mit *Rück*datierungen«.[178] Von einem solchen Vorhaben wurde mir selbst seinerzeit nichts bekannt, der Sinn und Zweck der Notiz ist mir auch heute unverständlich. Mich betreffende Publikationspläne gehen aus der Korrespondenz Celans mit Rudolf Hirsch *nicht* hervor; dieser lädt Celan am 13. Juli 1961 lediglich ein, den an seiner »Niederlage interessierten Bösen« durch »Veröffentlichungen von neueren Arbeiten« entgegenzutreten.[179] Meinte Celan mit »Rückdatierungen« den fast ungeheuerlichen Verdacht einer Verquickung meinerseits mit den Plagiatspraktiken der Witwe Goll? Oder wäre aus seiner Sicht zu beweisen gewesen, daß sein Werk Nachfolger – zum Beispiel mich – gefunden und auf andere Einfluß ausgeübt hat? Hat er mich letzten Endes nicht in die ganze Affäre hineinziehen wollen? Waren die Gedichte allzu persönlich? Hatten sie nicht Substanz genug, um den gewünschten Beweis zu erbringen? Er war ein strenger Richter, und ich bin geneigt, das letztere anzunehmen.

Bei der von Celan aufbewahrten und seinem Urteil unterworfenen Sammlung handelt es sich um 17 von Celan aus dem Manuskript »Stundenspur« ausgewählte sowie um 30 weitere zwischen 1959 und 1961 entstandene, meinem Gedächtnis völlig entschwundene Gedichte. Ich habe diesen zweiten Teil erst jetzt dank der Nachlaß-Verwaltung in Marbach, die sie mir freundlicherweise zur Verfügung gestellt hat, wiederentdeckt – die Originalskripte, und sogar jegliche Erinnerung daran, waren mir im Lauf der Zeit wie so vieles verlorengegangen. Das im Prosa-Nachlaßband als möglich angeführte Datum, an welchem Paul Celan meine Gedichte erhalten haben soll, bezieht sich nur auf die zwölf allerletzten, die ich ihm in den Sommeraufenthalt in der Bretagne zwischen dem 8. Juli und dem 11. August 1961 einzeln zugeschickt habe, wie die erhaltenen Briefkuverts beweisen.[180] Die Adresse in Kermorvan, Trébabu im Finistère, muß Celan mir selbst gegeben haben, mitsamt der Erlaubnis, ihm dorthin zu schreiben. Wann und wie ich ihm zuvor die anderen 18 in den Jahren 1959-1960 konzipierten Gedichte übermittelt habe, ist mir nicht mehr erinnerlich – vermutlich sandte ich sie an seine berufliche Adresse in der ENS oder übergab sie ihm persönlich.

Merkwürdigerweise fallen, wie ich jetzt sehe, die Daten im

Sommer 1961 mit jenen zusammen, da Rudolf Hirsch von Celan als einer der Hauptdrahtzieher in der »Goll-Affäre« bezeichnet wurde – ein Umstand, der eine mögliche Erklärung für das Aufgeben des Publikationsprojekts meiner Gedichte durch Celans Vermittlung abgeben würde. In der Korrespondenz mit Ingeborg Bachmann, die auch die Briefe an Max Frisch enthält, befindet sich ein abgebrochener Brief-Entwurf Celans an diesen von Ende Juli/Anfang August 1961 sowie ein in Trébabu in der Bretagne konzipierter, aber nicht abgesandter Brief vom 22. August 1961, in denen er die Freunde von dieser neuerkannten »Realität« – Hirsch als einen »Agent provocateur« – überzeugen will.[181] Diese Verdächtigungen fallen aber auch in die Zeit, als seine Vorwürfe mir gegenüber sich häuften, sein Argwohn Zusammenhänge und Treuebrüche sah, die nicht existierten, und daraufhin meine Abwehr hervorriefen. Im Nachlaß findet sich eine Notiz, die auf ein erfolgloses Treffen mit Michel Leiris hin auch mich in die Nähe des Luchterhand-Verlags bringt, das heißt des Verlags der Claire Goll: »Leiris erscheint bei Luchterhand (Chiva + Leiris → Brigitta → Izard)«; ein anderes Dokument – eine Notiz von Gisèle Celan-Lestrange vom 23. Oktober 1961, von Celan ihr in die Feder diktiert – spricht irrtümlich von einer Beziehung zwischen Izard, Chiva und mir in einem Forschungsprojekt. Aber schon in Celans Notizkalender vom 8. Juni 1961 ist ein 15-Minuten-Treffen zwischen ihm und Chiva vermerkt, gefolgt von den Eintragungen »Das Dossier mit der selts[amen]. N[ieder]dschrift« und »Rue de La Baume etc....«.[182] Dieser Vermerk bezieht sich, allerdings ohne Namensnennung, auf die Adresse im 8. Bezirk, wo die Mitbegründer der sozial- und geschichtswissenschaftlichen Sektion der EPHE, Fernand Braudel und Clemens Heller – mein Vorgesetzter in administrativer Hinsicht –, ihren Sitz hatten und wo auch ich, allerdings erst ein Jahr später, für kurze Zeit meine Arbeitsstätte hatte. Dort wurden, vermutlich ebenfalls mit Isac Chiva, Inhalt, Umfang und Finanzierung neuer Programme durchbesprochen.

All dies sind als wahrscheinlich angenommene Zusammenhänge: Spurensuche am Rande. Gewiß ist, daß Celan das ihm vorliegende Bündel Gedichte mit dem Bleistift in der Hand durchgesehen hat, denn auf manchen wird vorgeschlagen, einen überflüssigen Titel (»Makrobie«) wegzulassen, oder sie zeigen Korrekturen an: So findet sich im Gedicht »Geduld« die fehlerhafte Schreibweise mit zwei »n« für »Rentiere« ausgebessert, die Formulierung »Ich hätt der Kahn sein sollen auf der Lebenswoge« wird meinem »Ich hätte Kahn sein sollen« vorgezogen.
Was den von den Prosa-Nachlaß-Bearbeitern angenommenen Einfluß Celanscher Dichtkunst auf meine Elaborate anbelangt, so ist er natürlich nicht von der Hand zu weisen, doch kann es sich bei solchen Anregungen aus zeitlichen Gründen im ersten Manuskript »Stundenspur« nur um die mir damals bekannten Gedichte aus *Mohn und Gedächtnis* und *Von Schwelle zu Schwelle* handeln, für alle weiteren auch um jene aus *Sprachgitter* und schließlich um die ganz wenigen Gedichte aus *Die Niemandsrose*, die mir vor der Drucklegung zugänglich waren beziehungsweise gewidmet wurden. Freilich gibt es zahlreiche Wortfügungen und Wendungen, die ich auch heute, im nachhinein, als eine Art von »Korrespondenzen« einzustufen versucht bin, aber auch diese bloß im Hinblick auf die Wortgebilde. So nannte ich manche Gedichte, ohne mir der Anleihe bewußt zu sein, »Landschaft«; mein Gedicht »Der Geier«, auf Sommer 1959 datiert, könnte sehr wohl mit den »Fahrenden: Geier und Stern« am Beginn des im Mai/ Juni 1958 entstandenen Gedichts von Celan »Oben, geräuschlos« zu tun haben.[183] So auch die bei mir häufig wiederkehrenden »Fahnen«, wie etwa in »Herbsthölle«, die ihre mehrfachen, aber nur scheinbaren Entsprechungen in Celans Gedichten finden. Bei so manchen »Fahnen« könnte, was mich betrifft und gemäß meiner noch ganz naiv-spontanen Auffassung von diesem Bild, Hölderlins »im Winde / Klirren die Fahnen« aus dem Gedicht »Hälfte des Lebens« seinen Anteil

gehabt haben, das ich seit meiner Jugend unter allen am meisten liebte und bewunderte.[184]

Dennoch wäre es übertrieben zu behaupten, es hätte sich bei diesen Korrespondenzen um eine Art Dialog, um ein Zwiegespräch gehandelt. Im Rückblick will mir jetzt scheinen, daß meine Versuche samt und sonders – subsumierbar unter der von mir schmerzlich festgestellten Tatsache »Einöde, Welt«,[185] mit ihrer Fülle an immer neu abgewandelten Bildern und Motiven von Stein, Schnee, Aug, Nacht, Stern, Wind, Oben/Unten, Nichts, Zeit und Vorbei, mit ihren zahlreichen Varianten für Bezeichnungen der Vergänglichkeit – sich sehr wohl in Celans Kunst gespiegelt haben, aber nicht umgekehrt, auch wenn er an meinen Wortfindungen mitunter Gefallen gefunden haben mag. Und schon gar nicht geht es an, eine tiefergreifende strukturelle Nähe anzunehmen.

Die Übersetzung der *Jungen Parze*[186] von Paul Valéry erschien im März 1960. Auch sie, in bibliophiler Ausgabe, ist mit dem kleinen Stern mit fünf Ästchen versehen. Über diesen Text haben wir eigentlich nicht gesprochen, von Rilkes Urteil als einer »unwahrscheinlichen« Übersetzung wußte ich damals noch nichts, und es war mir, als legte er selbst nicht so großen Wert auf sie, so als ob sie ihm kein so persönliches Anliegen gewesen wäre wie die Übersetzungen aus dem Russischen. Er dürfte auch gewußt haben, daß ich zur französischen Dichtung ganz im allgemeinen keinen allzu starken Zugang hatte; über den prinzipiellen Unterschied im Verhältnis zur deutschen haben wir uns hin und wieder unterhalten. »Die deutsche Lyrik geht, glaube ich, andere Wege als die französische«, hatte er schon im Jahr 1958 in der Antwort auf eine Umfrage der Librairie Flinker ausgeführt.[187] Das Manuskript der Übersetzung und der Vorabdruck, für die er das Urteil sowohl von Ingeborg Bachmann als auch von Klaus Demus eingeholt hat, lagen mir nicht vor. Kennenlernen durfte ich hingegen mehrfach einige der damals noch unveröffentlichten Shakespeare-Sonette, diese unvergleichlichen Höhepunkte elisabethanischer

Dichtung, die mir damals für unübersetzbar galten, obwohl Dichter wie Stefan George und viele andere sich daran gewagt hatten. Aller Wahrscheinlichkeit nach waren es die im Jahr 1960 übersetzten Sonette XC und CXXXVII – »Then hate me when thou wilt, – if ever, now –« und »Thou blind fool, Love, what dost thou to mine eyes«. Ich versuchte mich an vier weiteren, nicht zuletzt, um mich von der außergewöhnlichen Leistung Paul Celans zu überzeugen. Nur eins wußte ich nicht, daß er seit seiner Jugend in der Bukowina daran arbeitete.[188] Von einer dieser meiner Übersetzungen, auf den 20. Mai 1962 datiert – es handelt sich um das Sonett XCIV, »They that have power to hurt and will do none« –, ist als maschinenschriftlicher Entwurf noch zweifach in meinen Papieren vorhanden; das eine Blatt enthält mit Bleistift eingetragene Korrekturen, die aller Wahrscheinlichkeit nach von Celan stammen. Alle seine Vorschläge zielen darauf ab, die Verse auf das Wesentliche zu beschränken, allen Wortballast fallenzulassen.[189] Aber auch Emily Dickinsons verhalten-schmerzliche Dichtungen waren in dieser Zeit zugegen. Ich besaß ein Bändchen ihrer Gedichte und Schriften, und wir lasen manchmal darin.[190]

Von Celans zahlreichen Reisen nach Deutschland, in die Schweiz, nach Österreich und innerhalb Frankreichs, die er allein oder mit seiner Frau und seinem Sohn unternahm, erfuhr ich nichts Genaueres. So auch nicht von seinem Aufenthalt in der Schweiz im Frühling 1961 – abgesehen vom Besuch an Rilkes Grab mit der berühmten Grabinschrift, »Rose, oh reiner Widerspruch, Lust / Niemandes Schlaf zu sein, unter soviel / Lidern«, die ihn, wie er mir sagte, bewegt hatte.[191]

Hingegen hörte ich viel über seine Begegnungen mit Nelly Sachs im Jahr 1960, deren frühen Gedichtband *Sternverdunkelung* und auch den späteren, *Und niemand weiß weiter*,[192] er mir schenkte. Anfangs, vielleicht schon in den Jahren zuvor, bezeichnete er die briefliche Beziehung, die ja seit 1954 bestand, als ein bedeutendes Erlebnis. Aber auch Nelly Sachs wurde später zum Ziel seiner bitteren Klage, so als gehörte auch sie mehr zu den Verfolgern als zu den Verfolgten. Seltsamerweise entdecke ich erst jetzt, Jahrzehnte später, während ich diesen Satz formuliere, beim Aufschlagen eines ihrer Gedichtbände über dem Gedicht »Schritte« das Motto *»auf daß die Verfolgten nicht Verfolger werden«*.[193] Hat Celan sich damals darauf bezogen und habe ich die Aussage im Unterbewußtsein aufbewahrt? Vielleicht. Es muß nach seinem Treffen mit ihr in Zürich, von dem ich nichts wußte, und vor allem nach seiner mir ebenfalls verborgen gebliebenen Reise nach Stockholm zu der schwer erkrankten und gegen Verfolgungsdelirien kämpfenden Schicksalsgefährtin gewesen sein. Ich glaube nicht, von ihrem von damals überlieferten Ausruf, daß sie viel mehr leide als die in Auschwitz zu Tode Gequälten, gehört zu haben, denn eine so widersprüchliche Aussage hätte ich kaum vergessen. Allerdings, meine Unkenntnis so mancher Tatsachen und Umstände – Unfälle und Zufälle in Celans Leben – kann auch andere Gründe haben: ich selbst war zu dieser Zeit durch Abschlußprüfungen sehr in Anspruch genommen und wegen längerer Aufenthalte in Österreich nicht erreichbar, und so erscheinen die fehlenden Mitteilungen mir gegenüber schon daher plausibel; sie sind nicht nur als Gedächtnislücken erklärbar.

Ein anderer Vorwurf hingegen blieb mir deutlich in Erinnerung: Celan prangerte eine gewisse Undankbarkeit von Nelly Sachs ihm gegenüber an, denn letzten Endes habe *er* sie bekannt gemacht. Er meinte wahrscheinlich die Veröffentlichung ihrer Gedichte in der römischen Literaturzeitschrift *Botteghe Oscure* im Rahmen einer von ihm, gemeinsam mit Ingeborg Bachmann, 1957 veranstalteten Sammlung deutschsprachiger Dichtung.

Schon vor 1960 hatte ich, im Anschluß an die Rezension von *Sprachgitter* durch Günter Blöcker im Berliner *Tagesspiegel* (Oktober 1959) und deren als antisemitisch empfundene Anspielungen auf Celans »Herkunft«, mitsamt der Herabwürdigung der »Todesfuge« zu »kontrapunktische[n] Exerzitien auf dem Notenpapier«, die ihn zutiefst verwundete,[194] von der Fortdauer und vom Ausmaß der Angriffe durch Claire Goll erfahren und seine verzweifelte Suche nach Unterstützung wahrnehmen können, die ihn im Verlauf der nächsten zwei Jahre zusehends aufzehrte. Mir selbst wurde damals das Leben schwer, das häufig enttäuschte Warten auf sein Kommen fast unerträglich. Bisweilen fand ich, daß er mich hinhielt und quälte, dann wieder verwöhnte er mich mit Geschenken, wie zum Beispiel einer »Palme«, mit Blumen samt einer prächtigen Vase, später einer Zimmerpflanze namens Ficus, und immer wieder bat er mich, ihm nicht bös zu sein. Etwas sah ich bei aller Bedrängnis nicht kommen – den »Wahn«, der im Gedicht »Huhediblu« ausdrücklich als solcher genannt ist; es war das Mir-nicht-mehr-Verständliche, das vom »Wann[-see]« hergeschriebene »Hüh«.[195] Habe ich das Gedicht Ende September 1962 noch zu sehen bekommen? Mag sein. Oder eher nicht. Denn ich bin mir ziemlich sicher, daß Celan mir die hauptsächlich im vierten Zyklus von *Die Niemandsrose* zusammengestellten Gedichte, die fast alle 1962 entstanden sind, nicht mehr gezeigt hat. Hätte ich sie gekannt, wer weiß, ob ich nicht diese oder jene Zeile als deutliche Worte an mich verstanden hätte: Stand nicht alles zu dieser Zeit im Zeichen vom »sausend-schöne[n] Umsonst«, von den »verfahrenen Augen«, waren es nicht »Pausen« im »Herz-Nie«, schien es nicht wahr, das »Es ist alles anders«, obgleich die »Fahne« noch »weht«, blieb nicht vor allem die Frage »Was geschah?« und dann die unleserlich gewordene Antwort »Hinausgekrönt, / hinausgespien in die Nacht. / Bei welchen / Sternen! [...]«?[196]

Sicher ist, daß ich von Dichterkollegen erfuhr, wie grobschlächtig sie Celans Klage quittierten – Alfred Andersch zum Beispiel, der ihn, wie Celan mir sagte, bei einem Besuch kurzerhand hinauswarf. Manche aber mögen seinen Argwohn, wenn er unberechtigt war, nicht ertragen haben. Es mehrten sich seine Klagen, wie allein er sei und daß niemand ihm zu Hilfe käme. Ganz im Gegensatz zu seinen Aussagen hatte er in Wirklichkeit, wie ich jetzt sehe, einen sehr ausgedehnten Freundes- und Bekanntenkreis, darunter viele, die ihn unterstützten, wäre nicht von seiner Seite der Abbruch der vorher innigen Beziehungen eingeleitet worden. Seine »Vereinsamung« war ihm zuinnerst eingeschrieben und entsprach nicht ganz den äußeren Tatsachen. Immerhin: all diese als Verrat empfundenen Konflikte mit Freunden fallen in die Zeit, als im Anschluß an Claire Golls Verleumdungen, an ihr In-Frage-Stellen der Ermordung seiner Eltern und die Darstellung seines Schicksals als »Legende«[197] die öffentliche landesweit verbreitete Pressekampagne einsetzte, die ihn des Plagiats bezichtigte und die er als »Rufmord« einzustufen berechtigt war. All dies kam in Bruchstücken zu mir.

»Man muß sich auf den Abend vorbereiten« (1960-1962 und spätere Jahre)

Daß die Wahl für den Büchner-Preis auf ihn fiel, gewährte Celan, kurzfristig, einige Hilfe. In der zu diesem Anlaß gehaltenen Rede *Der Meridian* konnte er, wie man weiß, seine Auffassung der Poesie formulieren und auf das Spiel der Zusammenhänge und der Parallelismen mit den Orten und Zeiten seiner Herkunft hinweisen, weit hinten in den untergegangenen oder verschlossenen Welten im Osten. Ich konnte den Text vor seiner Veröffentlichung einsehen. Erst jetzt, da mir die Vorarbeiten dazu zugänglich sind, kann ich mit größerer Genauigkeit erkennen, wie intensiv ihn die Fragen »Was ist ein Gedicht?« und »Wo ist der Platz des Dichters in der Welt?« beschäftigt haben, wie viele Lektüren und Überlegungen ihm vorausgegangen sind, aber auch Ängste und Bedrängnisse, die ihm aus den Plagiatsvorwürfen erwuchsen. Es gibt Stellen in diesen Vorarbeiten, die das ganz deutlich zum Ausdruck bringen: »Das Gedicht, so fragil es sein mag, es ist, was es heute kaum mehr gibt: es ist solidarisch. [...] Es ist das Zweite im Kern und im Gehäus deiner Verzweiflung. – / Es steht mit dir gegen die Infamie. Es steht gegen Goebbels und Goll. –«[198]

In gedruckter Form besitze ich die Rede *Der Meridian* zweifach: einmal als Einzelausgabe,[199] versehen mit dem Sternchen-Kryptogramm als Widmung, des weiteren unter dem Titel »Rede zur Verleihung des Georg-Büchner-Preises 1960«, abgedruckt im *Jahrbuch 1960* der Deutschen Akademie für Sprache und Dichtung Darmstadt.[200] Dieser Band enthält zudem die erste Zusammenfassung der bösartigen und verlogenen Aktionen der Claire Goll, mit denen sie das Publikum gegen Celan aufzuwiegeln trachtete, verfaßt von einem Assistenten des Germanisten Fritz Martini, Reinhard Döhl, unter dem Titel »Geschichte und Kritik eines Angriffs. Behauptungen gegen Paul Celan«. Ein Text, den Celan allerdings, wie er mir sagte, völlig unzureichend fand. Ich wußte, daß Marie Luise Kaschnitz, Ingeborg Bachmann und Klaus Demus schon eine »Entgegnung« veröffentlicht hatten;[201] bald darauf erschien in der Wiener Zeitschrift *Forvm* eine Erklärung »In Sachen Paul Celan« von Franz Theodor Csokor und Friedrich Torberg, von meinem Bruder mitunterzeichnet – ein von Celan sehr begrüßter Text, der mir allerdings damals nicht zu Gesicht kam. Die anderen Unterschriften stammten von Felix Braun, Christine Busta, Heimito von Doderer, Milo Dor, Ludwig von Ficker, Friedrich Heer, Fritz Hochwälder und Alexander Lernet-Holenia.[202]

In dieser Zeit vertraute Celan mir auch eins der letzten Exemplare von der ersten Ausgabe seiner Gedichte an, *Der Sand aus den Urnen*,[203] die 1948 erschienen, dann aber wegen zahlreicher Druckfehler eingestampft worden war. Die Seiten 43 bis 60 sind aus diesem Exemplar herausgerissen, darunter eine der Lithographien von Edgar Jené, die er geschmacklos fand.[204] Ich aber sollte dieses Buch haben, als Beweis gleichsam für die Eigenständigkeit seiner Dichtung, damit ich womöglich Zeugnis ablege gegen die rund um Claire Goll versammelten böswilligen Verleumder.

Ich selbst habe einen kleinen Text zu seiner Verteidigung verfaßt, »Richtigstellung«, den Celan aber nicht verwendete.[205] Der direkte Anlaß dafür scheint die Ende 1960 wiederaufgegriffene und in der Tageszeitung *Die Welt* publizierte Verleumdung durch Rainer (K)Abel am 11. November gewesen zu sein, wie aus meinem Begleitbrief hervorgeht. Man muß annehmen, daß meine Stimme, die Stimme einer Unbekannten im Literaturbetrieb, begreiflicherweise nicht schwer genug wog, um sie ins Feld zu führen. Schon in einem langen Brief an Alfred Andersch vom 27. Juli 1956 wünscht Celan, daß »ein paar Menschen, *deren Namen Gewicht hat*, das Vorgehen dieser Claire Goll öffentlich als das bezeichnen würden, was es ist: Infamie«.[206] Wenig später gab er mir, indem er seinen Unwillen über die Publikation als solche bekundete, die kleine von Hans Bender 1961 herausgegebene Anthologie. *Mein Gedicht ist mein Messer*,[207] für die er zum Problem »Wie man Gedichte *mache*« keinen Beitrag, sondern einen bitteren Brief verfaßte gegen die »*Machen*schaften«, die im Namen der Poesie ihr Unwesen treiben: »Wir leben unter finsteren Himmeln, und – es gibt wenig Menschen. Darum gibt es wohl auch so wenig Gedichte«.

Als ich in den Winterferien 1960/1961 nach Österreich fuhr, gab er mir für meinen Bruder Material zur »Goll-Affäre« mit, damit auch er die »Infamie« aufgrund genauer Beweise verurteile.[208]

Im Nachlaß meines Bruders befindet sich eine Durchschrift seiner Antwort,[209] mit der er den Erhalt des Materials und seine Unterschrift zu der von Friedrich Torberg initiierten »Erklärung« im *Forvm* bestätigt, aber letztendlich die ganze Affäre als Lappalie abzutun geneigt ist und als persönlichen Ratschlag die übliche Meinung vorbringt: »Das passiert uns doch allen«. Der Auftrag des Dichters stelle ihn ohnehin außerhalb der Normen der »so genannte[n] Öffentlichkeit«; er sei vielmehr dem Urteil einer »jenseitigen Instanz« unterworfen und solle Verleumdungen und Lobhudeleien gleichermaßen wie »Regenwasser« von sich abrinnen lassen. Celan hat ihm einen Monat später geantwortet, nicht ohne den Wert des »Österreichischen« im Gegensatz zu den in Deutschland gemachten Erfahrungen zu unterstreichen.[210]

Während er unentwegt gegen all das ankämpfte, sagte er mir eines Tags, auf französisch und geradezu feierlich: »J'assume« – eine Formel, die man auch am 6. Juni 1961 in den Briefen an seine Frau findet, wo, wie ein endgültiger Schriftblock, durch lange Striche unterteilt, zu lesen steht: »J' a s s u m e / Je r é s i s t e / Je r e f u s e« – zu deutsch: »I c h v e r a n t w o r t e / I c h w i d e r s t e h e / I c h v e r w e i g e r e«.[211] Wie er überhaupt damals dazu neigte, die gewohnte Sprechweise durch starre, apodiktische Ausdrücke zu ersetzen. Die Wörter »das Dunkle«,

»das Helle«, das »Menschliche« wurden zu Topoi. In dieser Zeit kam er häufig mit vielen deutschen Zeitungen beladen zu mir, auf der Suche nach neuen Stellungnahmen oder nach neuem Verrat.

Im Institut d'Études germaniques hielt Heimito von Doderer[212] einen Vortrag. Celan, der nervös im Hintergrund auf und ab lief, apostrophierte ihn mit einem heftigen Zwischenruf. Das Publikum schien unangenehm berührt, es gab, soviel ich mich erinnere, keine Diskussion. Aber die quasi militärische Gestik des Vortragenden ist mir im Gedächtnis geblieben – ein eher unerfreulicher Eindruck. Auch das von Celan selbst als »hart und herb« bezeichnete Gedicht »Gewieherte Tumbagebete« in *Fadensonnen* bezieht sich auf Doderer, anläßlich von dessen Beerdigung am 2. Jänner 1967.[213] Wie man weiß, war Doderer der Schriftsteller, den Ingeborg Bachmann, neben Ernst Jünger, im Jahr 1951 mobilisieren wollte, um Celans Gedichte in die literarische Öffentlichkeit zu bringen – eine künstlerische Betreuung, die im nachhinein seltsam genug erscheint.[214]

Im Jahr 1961 war es auch, wahrscheinlich Ende April, daß Paul Celan mir das noch unveröffentlichte Gedicht »Erratisch«, noch ohne Titel, in meinen Tageskalender einschrieb – ein Blatt, das mir verblieben ist.[215] Es sollte später, leicht verändert, in *Die Niemandsrose* erscheinen.

Im März 1961 erschienen die Übersetzungen der Gedichte von Jessenin[216] – dem russischen Dichter, der die Schwermut der Landschaft seiner Heimat besang, das Land der Vogelbeerbäume,[217] die auch unter der Feder Paul Celans vorkommen und die wir gemeinsam evozierten; der Dichter, der an der Revolution verzweifelte, der sich im Alkohol verlor, um sich schließlich zu erhängen – es sei denn, er wurde ermordet, wie auch behauptet wurde. Ein Passus des Zyklus »Inonien« hatte offenbar Übersetzungsschwierigkeiten bereitet. In Celans nachgelassenen Papieren hat sich ein handschriftliches Blatt gefunden, das von mir stammt und meine Vorschläge enthält, um dem Vierzeiler am Ende gerecht zu werden.[218] Wortnah übersetzt, heißt es da im russischen Gedicht »Inonien«: »Der Neue auf der Stute / der Heiland reitet zur Welt. / Unser Glaube – in der Kraft. / Unsere Wahrheit – in uns!« Ich schlug vor, entweder die Schlußstrophe in zwei Strophen aufzulösen – ein Vorschlag, den Celan sich zu eigen machte – oder doch näher beim Original zu bleiben, etwa so: »Kommt der neue Heiland / auf der Stute, naht. / Kraft ist unser Glaube / Wahrheit – in uns, ja!« Eine Version, von der auch Elemente übriggeblieben sind:

Celans Fassung:	*Mein zweiter Vorschlag:*
Dort, auf der Stute: Er naht, Er naht! Der Heiland, der neue, Er kommt, Er ist da.	Auf der Stute kommt er, näher, er ist nah! Heiland, Er, der Neue, kommt zu uns, ist da!
Ja, unser Glaube –: in der Kraft, nur da! Ja, unsre Wahrheit –: in uns, ja!	Dies ist unser Glaube: in der Kraft, nur da! Unser ist die Wahrheit, in uns ist sie, ja!

Andere Notizen – verblaßte Blätter, die sich in meinem Exemplar der russischen Ausgabe eingelegt noch vorfinden – lassen darauf schließen, daß wir die Übersetzungen gemeinsam durchgesehen haben, sozusagen Punkt für Punkt, Gedicht um Gedicht. Zunächst glaubte ich, es habe dies in jenem Zeitraum stattgefunden, da Celan dem Leiter des S. Fischer Verlages Rudolf Hirsch ankündigte, daß das schon fertige Buch vor seiner Drucklegung noch bis Mitte Dezember 1960 »ruhen müsse« – vermutlich, um über genügend Zeit zu verfügen, das Manuskript auch anderen, Klaus Demus zum Beispiel, zur Einsicht zu übermitteln. Es zeigt sich aber, daß Celan erst am 13. Feber 1961 den Verleger bittet, im Gedicht

»Ihr Äcker, nicht zu zählen« die fehlende zweite Strophe (»Der Huf spricht zu den Meilen, / die Ferne singt vorbei. / Es regnet Sonne – eine / Handvoll wird mir zuteil«) in den Fahnen einzufügen – es ist ebendieses Fehlen einer Strophe, auf die eine meiner Lesenotizen aufmerksam macht.[219] Die gemeinsame Lektüre – nicht des Manuskripts, sondern der Fahnen – und meine Anmerkungen sind also auf Anfang Feber 1961 zu datieren.

Ich selbst versuchte mich an Übersetzungen aus dem Russischen – zunächst an Gedichten von Mandelstamm. Eines davon, parallel zu Celans Version, »Ihr Schwestern schwer und zart«, das bei mir mit »Verschwistert – das Schwere, das Zarte – zu Gleichem gestaltet« anfängt, habe ich ihm offensichtlich übergeben, denn er hat eine Abschrift davon, eingelegt in den Almanach *Vom jüngsten Tag*, aufbewahrt.[220] Dann ein Gedicht von Pasternak (»Hamlet«), einige von Anna Achmatova und, insbesondere, 41 Gedichte von Fedor Ivanovič Tjutčev – einem der bedeutendsten Romantiker, den die Symbolisten, Alexander Block an der Spitze, wiederentdeckten und den Mandelstamm in einem der russischen Dichtung gewidmeten Gedicht erwähnte.[221] In meinem erhaltenen Manuskript sind drei dieser Gedichte aus dem Jahr 1830 von der Hand Celans annotiert, andere als druckfähig befunden.[222] Lesespuren zeigen, daß er die ganze Mappe durchgesehen und mit dem russischen Text verglichen hat. Als er sie mir zurückgab, wurden wir uns einig, daß ich sie noch überarbeiten sollte. Es ist aber auch anzunehmen, daß dieser slavophile Autor des 19. Jahrhunderts, der für seinen Ausspruch bekannt war, daß man Rußland mit der bloßen Vernunft nicht verstehen könne, mit Celans damaligen im Vordergrund stehenden Anliegen wenig übereinstimmte; im Rückblick will mir scheinen, daß er am Tag, als er sich mit meinen Versuchen abgab, nicht ganz bei der Sache war, an anderes dachte. Hinzu kommt, daß die Autoren, die er selbst übersetzt hat und die er liebte, sämtlich so wie auch er der Revolution, im weiten Sinn des Worts, und auch ihrer Tragik verpflichtet waren.

Im Zusammenhang mit der Beschäftigung mit russischen Dichtern erwarb ich die in Leningrad 1960 erschienene Ausgabe der Gedichte von Chlebnikov. Wir sprachen darüber, vor allem über die Schwierigkeiten der Übersetzung und die Bedeutung, die Celan ihnen beimaß, jedoch kam mir nie ein Manuskript der viel später veröffentlichten einzelnen Übertragungen vor die Augen. Ich besitze heute noch eine Broschüre in russischer Sprache, die im Untertitel »Viktor Chlebnikov« heißt, sogar in zwei Exemplaren, die Celan mir geschenkt hat, mit der Bemerkung, daß dieselben eines Tags einen bedeutenden bibliophilen Wert erreichen könnten. Es handelt sich um einen Text von Roman Jakobson, *Novejšaja russkaja poësija*, der die Sprache der Poesie thematisiert.[223] Gleichzeitig gab er mir eine vermutlich seltene, numerierte Ausgabe einer russischen Übersetzung der *Anabasis* von Saint-John Perse. Ob der Titel seines eigenen Gedichts »Anabasis« aus dem Jahr 1961 mit diesem Text in Zusammenhang steht, kann ich nur vermuten. Mit Sicherheit aber weiß ich noch, daß Celan sich bei einer anderen Gelegenheit über Saint-John Perse, den auch ich zu hymnisch und zu emphatisch fand, nicht gerade lobend äußerte.[224]

Was mich anbetrifft, fand ich, nachdem ich an der Sorbonne eine sogenannte »Licence libre«[225] und ein Russisch-Diplom an der École nationale des langues orientales vivantes[226] erworben und eine ethnologische Spezialausbildung am Musée de l'Homme verfolgt hatte, 1961 eine Anstellung zunächst als freie Mitarbeiterin und dann als Chef de travaux an der École pratique des hautes études (EPHE, VIe section – später EHESS – eine postuniversitäre Studien- und Lehranstalt). Dieser Umstand brachte es mit sich, daß ich untertags nicht mehr bei mir zu Hause war und infolgedessen nicht mehr so leicht erreichbar wie bisher. Anfangs arbeitete ich in Büroräumen, die im Pavillon de Flore des Louvre, hoch oben unter den Dächern, provisorisch untergebracht waren. Ich gehörte einer neugegründeten Arbeitsgruppe an, die, geleitet von Jean-

Claude Gardin in Verbindung mit Françoise Héritier[227] und initiiert durch Clemens Heller,[228] moderne, elektronisch gesteuerte Dokumentationsmethoden ausarbeiten sollte, welche zunächst auf die Afrikanistik und sodann auf die Humanwissenschaften im allgemeinen anwendbar wären. Als Herausgeberin der *International Bibliography of Social and Cultural Anthropology*, wie auch dank meiner Sprachkenntnisse und ethnologischen Ausbildung, entsprach mein Profil den Anforderungen, und mir gelang, als Ausländerin, der Einstieg in eine halbwegs abgesicherte Berufslaufbahn, wenn auch die Afrikanistik meiner persönlichen Wahl keineswegs entsprach. Von nun an war ich auch telefonisch erreichbar; Celan hat aber die entsprechende Nummer, wie gesagt, nicht unter meinem Namen, sondern dem von Françoise Héritier (d. h. Mme Izard) notiert, mit der er keineswegs in persönlichem Kontakt stand.

Er kam manchmal, um mich in der Nähe zu treffen. Eines Tages rief er mich an und wollte, daß ich hinunterkomme; wir gingen die Quais entlang, seine Rede war heftig und aggressiv, schließlich stieß er mich und zerrte an mir, als ob er etwas wollte, das ich nicht verstehen konnte. Ich war sehr bekümmert und wußte nicht, was ich davon denken sollte. Sein ganzes Verhalten, sowohl im Sinnlichen als auch in der Gefühlssphäre, war verändert – eine Veränderung, die im Verlauf des nächsten und letzten Jahrs unserer Beziehung zur endgültigen Trennung führte. Wenn er abends zu mir kam, war er nicht mehr derselbe, er schien mir allzu selbstbezogen, und alle Liebenswürdigkeit war von ihm abgefallen; auch seine Art zu begehren war mir ungewöhnlich, so daß ich den Eindruck gewann, er habe im Verkehr mit anderen Frauen auch andere, mir unliebsame Gewohnheiten angenommen. Er wurde fordernd und fast gewalttätig; zwischen seinen Besuchen ließ er mich oft ohne Nachricht, und ich meinerseits hatte immer mehr Schwierigkeiten, das endlose Warten zu ertragen. Es kam vor, daß er mit einer halbgeleerten Flasche Cognac in der Hand dastand und die Verdächtigungen, häufig in Gestalt von damals ganz unberechtigter Eifersucht, überhandnahmen.

Zu meinem größten Erstaunen meinte er sogar, schon im Frühjahr 1961, daß ich mit seinem engen Freund Isac Chiva, den ich persönlich kaum kannte, ein Verhältnis hätte. Er folgerte dies auf den irrigen Wegen seines Beziehungswahns aus der gemeinsamen Adresse der Arbeitsstätten von mir und von Ariane Deluz, Chivas damaliger Frau, und ging so weit, mich, als ich es verneinte, als Lügnerin hinzustellen. Heute kann ich eine sonst rätselhafte, mich teilweise betreffende Tagebuchnotiz Celans vom 30. Dezember desselben Jahres, seiner Frau in die Feder diktiert, in diesem Sinn entschlüsseln: »Abendessen mit Ariane. Ihr Amt der Rue de la Baume ist nach Vincennes verlegt worden. (Schon im vergangenen Frühjahr hatte Brigitta Eisenreich mir erzählt, daß sie in Vincennes arbeiten würde. Sie hatte aber behauptet, gar keine Arbeitsbeziehung zu den Chivas zu haben ...)« Was aber nicht in dieser Notiz steht, ist verständlicherweise das Geschehnis, von Ariane Deluz selbst öffentlich dargelegt: Es kam noch in derselben Nacht des 28. Dezember 1961, nach dem erwähnten gemeinsamen Abendessen zu einer erotischen Begegnung im Schnee zwischen ihr und Paul Celan. Diese fand ihren späten Ausdruck in der Widmung in *Atemwende*, erschienen im Herbst 1967: »À Ariane, / neige et reneige / Paul« (»Für Ariane, / Schnee und Wiederschnee / Paul«). Der Beginn dieser langwährenden, aber häufig unterbrochenen Beziehung fiel in die Zeit der langen Pause zwischen meinem »Abschiedsbrief« im Oktober 1961[229] und dem langsamen Ausklingen unserer Verbindung im Jahr 1962.

In der Regel aber beschuldigte er mich wie viele, wie die ganze Welt eigentlich, kein Verständnis zu haben, vielleicht sogar, keine klare Haltung zum wieder heraufdräuenden Antisemitismus einzunehmen; nur der Vorwurf, mit Claire Goll und ihren Akolyten unter einer Decke zu stecken, blieb mir erspart, obwohl die erwähnte schriftliche Notiz im Nachlaß diesen aufkeimenden Verdacht anzudeuten scheint. Unsere Beziehung wurde zum Konflikt, auch ich wurde heftig, etwas war zerbrochen.

Was aus alldem werden sollte, beunruhigte ihn: *Man muß sich auf den Abend vorbereiten* – ich habe es ihm nicht geglaubt, ich wußte noch nicht, was das sei, der Abend. Ich mußte begreifen lernen – die Hoch-Zeiten unserer Beziehung waren vorbei, ich aber war noch nicht bereit für etwas, das wie Verzicht und Entsagung aussah. Wie ich meinen aus dieser Zeit erhaltenen Briefen entnehmen kann, ging die Rede von »Ordnung«, die in unserem Verhältnis zu stiften sei; dann wieder meinte er im Jahr 1961, wie sehr ihm daran läge, »das Helle« zu bewahren. Der Ausdruck, vielleicht als Reaktion auf die von mir beklagte »Verdunkelung«, entstammt einem der beiden an mich gerichteten Briefe, deren Durchschriften in Celans Nachlaß aufbewahrt sind, und aus meiner darauf Bezug nehmenden, aber die Behauptung ablehnenden Antwort.[230] Schon zwei Tage vor diesem Brief, in dem er mir schreibt, daß er »in Sorge« um mich sei, hat er – es war am 3. Juli 1961 – auf eine Mitteilung von mir reagiert, er möge, wenn er käme, auf eine bestimmte Weise an meine Türe klopfen, da ein Unbekannter das Haus durchstreife und den Zugang zu meinem Zimmer unsicher mache. Seine Besorgnis war aber gewiß nicht nur durch diesen mißlichen Umstand, sondern viel mehr noch durch die zusehends wachsende und Distanz stiftende Beunruhigung – die seine und auch meine eigene – hervorgerufen. Der Ausdruck zählt zu den schon stehenden Redewendungen, denn auch an seine Freundin Bachmann hat er sich im November 1959 mit denselben Worten gewendet – »Ich bin in Sorge um Dich, Ingeborg« –, als er sich von ihr verlassen wähnte, als er meinte, sie verriete ihn um literarischer Erfolge willen.[231]

Um eine andere Art von Gemeinsamkeit herzustellen, wollte er, daß seine Frau und ich uns besser kennenlernen, daß wir, sie und ich, wie »Schwestern« sein sollten. Um das zu bewerkstelligen, lud er mich zu ihnen in die Rue de Longchamp ein. Ich entsinne mich, daß wir ein Brathühnchen aßen, aber auch, daß Gisèle Celan-Lestrange distanziert blieb und sich schweigsam verhielt, wie auch ein anderes Mal, als wir einen sommerlichen Abend zu dritt auf der Place de la Contrescarpe verbrachten[232] – es muß nicht lang vor ihrer beider Abreise in die Bretagne gewesen sein, vielleicht Ende Juni oder Anfang Juli 1961. Wir trafen uns im Quartier latin, es gab da plötzlich ein Auto, ich wurde mitgenommen, Celan versuchte unter der Aufsicht seiner Frau, noch recht ungekonnt, das Fahrzeug den Boulevard Saint-Michel hinaufzulenken. Wir saßen dann an den Tischen, die zur Brasserie La Chope an der Ecke des Platzes nahe der Rue Cardinal Lemoine gehörten, ich war schlecht gelaunt und verbarg keineswegs, fürchte ich, daß ich unzufrieden war; ich glaube, Gisèle Celan-Lestrange ihrerseits wußte mit mir als »Schwester« auch nicht viel anzufangen. Auch war ich müde und hungrig und verschlang einen aus einer Pariser Baguette hergestellten Sandwich (der »Brotpfeil« im Gedicht »La Contrescarpe«?), wir tranken Wein, man gedachte der in früheren Jahren erlebten Nationalfeiertage.[233] Ich erzählte von meinem ersten 14. Juli, den ich im Jahr 1951 auf diesem Platz verbracht und an dem ich, wie es Brauch war, viel getanzt hatte. Es ist nicht unmöglich, daß das Gedicht »La Contrescarpe« sich stellenweise auf diesen Abend der »Ver- / freundung« bezieht. Ich schickte einen versöhnlichen Brief,[234] Gisèle Celan-Lestrange schenkte mir eine ihrer Radierungen, aber dabei blieb es. Es ist dieselbe »Kleine Komposition«, die in der Korrespondenz mit Rudolf Hirsch abgebildet ist und die dieser mit einer Widmung zu Weihnachten 1959 zu Geschenk erhalten hatte.[235] An Celans Frau fiel mir die diskrete Eleganz auf, in Kleidung, Haltung und Redeweise.

Von heute aus gesehen, könnte ich sagen, daß ich lange Jahre hindurch meine Stellung außerhalb seines Ehelebens sehr wohl zu akzptieren vermochte, nicht aber eine wie immer geartete Integration in ein Leben zu dritt (oder mehr!), wobei ich mich als bloße Randfigur gesehen hätte. Vielleicht entsprach Celans Vorschlag auch seinem Ideal von »freier Liebe« – einem Ideal, das seinerzeit ja zu den Forderungen der Revolution der Geister und der Herzen gezählt hatte. Aufschlußreich ist es aber, auf den Aphorismus aus ungefähr derselben Zeit hinzuweisen, der seine Wunschvorstellung am klarsten ausdrückt: »Verschwisterungen sind inniger, bindender, schicksalhafter, weil zukunftsgezeichnet, als Verbrüderungen.« Wie in seiner Dichtung kommt darin die sein ganzes Leben durchziehende Tendenz zum Ausdruck, stets dem Schwesterlich-Weiblichen den Vorzug zu geben, immer in der Welt der Frauen, indem er sie bezwang, Halt und Zuspruch zu suchen. Im Gegensatz dazu zieht er eine genaue Trennungslinie zwischen vielfacher schwesterlicher Erotik und wahrer Liebe: »Liebe ist nicht *Promiskuität*«.[236]

Trotz einer dann auch von mir im Herbst 1961 als notwendig empfundenen und vorgeschlagenen Trennung sahen wir uns wieder,[237] und irgendwann im Jahr 1962 brachte er mir ein kleines Reclamheft, den *Tod des Empedokles* von Hölderlin. Von Hölderlin, der ihm, neben Lenz, wie es auch die ganz späten Lebensdaten anzeigen, auf dem Weg zur tödlichen Schwermut als sein Alter ego erschienen sein mag.[238] War es, als Anzeige des bei Hölderlin im Mythos eingebetteten Selbstmords, auf den der Todesprozeß seines Lebens hinzusteuern begann, war es, als Vor-Bild des Opfertods inmitten der verfolgenden Meute, wie Empedokles ihn vollbringt, eine verschlüsselte Botschaft? Ein anderes Exemplar desselben Reclam-Bändchens aus dem Jahr 1944 verblieb auch in seiner eigenen Bibliothek, so daß es scheint, er habe beide zugleich, eines für ihn und eines für mich, im Antiquariatsbuchhandel erworben;[239] wie ich jetzt wieder entdecke, sind in meinem Exemplar mehrere Stellen von Celan mit Beistift angemerkt. Zunächst jene, wo im Fragment »Empedokles auf dem

Ätna« Manes dem Empedokles zuruft: »Dir hat der Schmerz den Geist entzündet, / Armer!« Dort, in der »Ersten Fassung«, heißt es auch, leicht angestrichen: »Drum fordert nicht die Wiederkehr des Manns, / Der euch geliebt, doch wie ein Fremder war / Mit euch und nur für kurze Zeit geboren!« Diese beiden Stellen sind in der Reclam-Ausgabe der Nachlaßbibliothek ebenfalls angemerkt. Der Satz »Der euch geliebt, doch wie ein Fremder war« ist dort sogar mit Tinte unterstrichen. In dem in meinem Besitz verbliebenen Exemplar gibt es noch weitere Anstreichungen, so: »Am Scheidewege weissagt unser Geist, / Und Wahres reden, die nicht wiederkehren«, und dann noch: »Ich komme. Sterben? nur ins Dunkel ists / ein Schritt. Und sehen möchtst du doch, mein Auge! / Du hast mir ausgedient, dienstfertiges!«, nicht aber das kleine Kreuzchen auf derselben Seite, als Panthea ausruft: »– – – Menschlich Irrsal!«.

Um festzustellen, in welcher genauen Reihenfolge die Ereignisse im letzten Jahr unserer Beziehung anzuordnen sind, fehlen mir die Anhaltspunkte. Aber immer noch kam er zu mir, immer noch trafen wir uns, wenn auch selten, in der Nationalbibliothek in der Rue de Richelieu im Zeitschriftensaal, wo auch die letzten Nummern der wichtigsten deutschen Periodika auflagen, oder im großen Lesesaal bei den stillen grünen Lampen, unter dem künstlichen Himmel der neun Kuppeln.[240]

Im Verlauf des Sommers dieses Jahres war es auch, wie ich mich zu erinnern glaube, daß er mich bat, zu ihm zu kommen. Ich fand ihn allein in der Wohnung der Rue de Longchamp, die ganz verdunkelt war, mit zugezogenen Vorhängen, in einem seltsamen, zu Beunruhigung Anlaß gebenden Zustand. Er las mir lange Stellen vor aus dem Text *Der Dichter und diese Zeit. Ein Vortrag* (1907) von Hofmannsthal und sprach über die Lebensbedingungen des Dichters, immer in den letzten Winkel verbannt, »unter der Stiege«, mit Hofmannsthals Worten. Er las wie jemand, der nur für sich selber liest, oder für ganz andere, gar nicht Anwesende – gespenstisch muteten mich diese bei ihm verbrachten Stunden an. Beim Vorlesen klang seine Stimme oft um ein Register höher als die ihm eigene Mittellage – ob es diesmal auch so war, weiß ich nicht mehr. Mir war damals Hofmannsthal nur wenig bekannt, eigentlich nur als einer durch die konservativen Kräfte im unmittelbaren Nachkriegsösterreich wieder hervorgeholter Schriftsteller[241] und sonst nur als Autor einiger Gedichte, die ich mochte und sogar auswendig konnte. Jetzt finde ich die Stelle wieder, die die Bilder einer alten Legende aufnimmt:

»So ist der Dichter da, wo er nicht da zu sein scheint, und ist immer an einer anderen Stelle als er vermeint wird. Seltsam wohnt er im Haus der Zeit, unter der Stiege, wo alle an ihm vorüber müssen und keiner ihn achtet. [...] Dies unbekannte Wohnen im eigenen Hause, unter der Stiege, im Dunkel, bei den Hunden; fremd und doch daheim; als ein Toter, als ein Phantom im Munde aller, ein Gebieter ihrer Tränen, gebettet in Liebe und Ehrfurcht; als ein Lebendiger gestoßen von der letzten Magd und gewiesen zu den Hunden; und ohne Amt in diesem Haus, ohne Dienst, ohne Recht, ohne Pflicht, als nur zu lungern und zu liegen und in sich dies alles auf einer unsichtbaren Waage abzuwiegen, dies alles immerfort bei Tag und Nacht abzuwiegen und ein ungeheueres Leiden, ungeheures Genießen zu durchleben, dies alles zu besitzen wie niemals ein Hausherr sein Haus besitzt – denn besitzt der die Finsternis, die nachts auf der Stiege liegt, besitzt er die Frechheit des Koches, den Hochmut des Stallmeisters, den Seufzer der niedrigsten Magd? Er aber, der gespenstisch im Dunkeln liegt, besitzt alles dies: denn jedes von diesen ist eine offene Wunde an seiner Seele und glüht einmal als ein Karfunkelstein an seinem himmlischen Gewand – dies unerkannte Wohnen, es ist nichts als ein Gleichnis [...] – aber ich glaube es hat die Kraft, uns hinüberzuleiten [...] zu dem, wie ich den Dichter wohnen sehe im Haus dieser Zeit, wie ich ihn hausen und leben fühle in dieser Gegenwart, dieser Wirklichkeit, die zu bewohnen uns gegeben ist.«[242]

Im »Sturz des Daseins« beschreibt Hofmannsthal die dichterische Existenz: Es lohnt sich, nicht nur den Brief an Lord Chandos, sondern auch diesen Text im Zusammenhang mit Paul Celans Lebenserfahrungen neu zu lesen. Er dürfte mir auch andere Stellen vorgelesen haben – es war ein langer Nachmittag –, zum Beispiel aus dem Romanfragment »Andreas«: Im Anschluß an Baudelaire ist darin die Rede von all diesen »Erinnerungen, la pointe acérée de l'infini«, und man möchte meinen, daß der Titel des Gedichts »À la pointe acérée« in *Die Niemandsrose* sein Bild daher bezogen hat.[243] Wie ich jetzt feststellen muß: Die Beschäftigung mit den mir an diesem Tag mitgeteilten Stellen in Hofmannsthals Schriften findet sich schon in den Vorarbeiten zur Büchner-Preis-Rede aus dem Vorjahr bezeugt.[244]

Ich habe Celan offensichtlich noch einmal wiedergesehen, vermutlich Ende Jänner oder Anfang Feber 1963. Er sagte mir nicht, daß er inzwischen in einer psychiatrischen Anstalt behandelt worden war.[245] Lange Zeit hindurch war ich auch weiterhin außerstande zuzugeben, daß nicht nur Verzweiflung, sondern auch Krankheit sein Verhalten bestimmte; noch viele Jahre später, solange mein Bild von Celan sich ausschließlich auf meine eigenen Erinnerungen gründete, war mir die Vorstellung von pathologischen Determinierungen völlig fremd und abwegig. Als er zu mir kam, fand ich ihn beruhigt, und er bestand auf dem Gedanken, daß es gut für mich sei, wenn ich meinen Lebensweg unabhängig von ihm weiterginge. Um meine Jugend, hatte er mir schon zuvor gesagt, wolle er mich nicht berauben.

Der Gedichtband *Die Niemandsrose* erschien im Herbst 1963, nach unserer Trennung, als ich bereits verheiratet war. So erwarb ich ihn selbst – es war eine Neuauflage des Jahres 1964.[246] Der kleine Stern von Celans Hand fehlt darin; dennoch hatte ich den Eindruck, daß der zweite Zyklus[247] irgendwie, und stellenweise sogar sehr genau, mit mir in Zusammenhang stünde: Er enthält ja die Gedichte »Flimmerbaum«,

»Erratisch«, »Radix, Matrix«, »Mandorla«, »Benedicta« und »À la pointe acérée«, für die deutliche Bezüge anzunehmen ich nicht ganz unberechtigt bin, während andere desselben Zyklus mich auf unbestimmtere Weise mitzumeinen schienen. Einige Zeit, nachdem im Jahr 1967 der folgende Band, *Atemwende*,[248] erschienen war, befand ich mich zur Zeit der Buchmesse zufällig in Frankfurt. Plötzlich stand ich bei der Buchhandlung Am Römer seinem Porträt, sehr groß plakatiert, sozusagen Aug in Aug gegenüber – ein bekanntes Porträt, das auch die Rezension durch Peter Horst Neumann in der FAZ vom 10. Oktober 1967 zierte. Ich kaufte den Band und auch die Zeitung. Es war, als ob er immer noch zu uns allen, und so auch zu mir, spräche. Ich kann aber nicht verhehlen, daß mir, aller persönlichen Verbindungslinien beraubt, der Zugang zu den Gedichten seines Spätwerks noch schwieriger als zu den mir bisher bekannten erschien, so sehr ich mich auch bemühen wollte, dieselben in ihrer zunehmenden (aber gewollten) verhärteten Fremdheit zu enträtseln.
Die Jahre vergingen, und erst 1968 habe ich ihn ganz zufällig wiedergesehen, als er schon in seiner Junggesellenwohnung Rue de Tournefort, in der Nähe der ENS und der Place de la Contrescarpe, wohnte. Es war, glaube ich, im Autobus der Linie 63, die vom Trocadéro direkt ins Quartier latin führt. Er teilte mir mit, daß er von seiner Frau getrennt sei; er erwähnte und beschrieb mir sogar die Wunden quer über Brust und Arme, die er sich selbst zugefügt hatte; aber wir vereinbarten nicht, uns wiederzusehen. Mit einer gewissen Befriedigung sprach er von seiner Mitarbeit in der Redaktion der sehr exklusiven Literaturzeitschrift *L'Éphémère.* Sein Aussehen war leicht gedunsen, die Redeweise etwas schleppend. Daß er seit 1963 oft Wochen bzw. Monate in psychiatrischen Anstalten verbracht hatte, verschwieg er.
Zum allerletzten Mal sah ich ihn Ende November 1969, wiederum ganz zufällig. Er schrieb mir seine neue Adresse im dritten Stock der Avenue Emile Zola Nr. 6 in mein Adreßbüch-

lein ein, und zwar ohne Namen, aber mitsamt seiner Telefonnummer (828 92 78 – die nicht im Telefonbuch stand), mit der Bitte, ihn dort aufzusuchen. Die Wohnung, sagte er mir, sei für ihn von seiner »Familie« erworben worden. Ich bin hingegangen, fand ihn in noch fast leeren Räumen, die Büchterstellagen unbenützt – von seinen Büchern, noch in Kisten verpackt, sprach er mit Bedauern. Niedergeschlagen und traurig fand ich ihn, voller Klagen[249] über den Lärm der damals im Bau befindlichen Hochhäuser längs der Seine, aber auch seiner Freude Ausdruck gebend über die wunderbaren Briefe eines Freundes (sicher Franz Wurm);[250] er betonte auch die – von Zweifeln nicht ganz freie – Bedeutung, die er dem großen Erlebnis der Reise nach Israel beimaß. Ich war eigentlich erstaunt, denn vom Staat Israel hatte er in den langen Jahren unserer Beziehung nie gesprochen; daß dort sogar noch Verwandte von ihm lebten, war mir unbekannt, Jerusalem war meines Wissens nicht der Ort, wo er eine Heimstätte hätte finden wollen.[251] Ich erzählte ihm von meiner kleinen Tochter, daß sie ein sehr liebes Kind sei, worüber er sich erfreut zeigte. Er bat mich, wiederzukommen. Ich hatte es wohl im Sinn, jedoch weiß ich nicht mehr, warum ich zögerte, es zu tun. Einige Monate später erhielt ich durch meine Mutter einen Zeitungsausschnitt der *Oberösterreichischen Nachrichten*, der den »Freitod« Paul Celans anzeigte. Ich wohnte damals in Thiais, ohne zu ahnen, daß er auf dem dortigen Friedhof begraben worden war.

»Verjuden« (1961-1962)

Wie schon erwähnt, vermochte ich zu keiner Zeit in Paul Celan die ersten Anzeichen der Krankheit zu erkennen. Ich sah das Leiden an der Welt, sah den Zorn. Daß diese der Auslöser gewesen sein könnten für das Überschreiten einer Grenze, ein Selbst- und Weltvergessen, gepaart mit äußerster Hellsichtigkeit, war mir keineswegs klar. Erst viel später, in anderen Lebensphasen, habe ich gelernt, die unüberwindbare Mauer zu erahnen, die das sporadisch aufflackernde Delirium der Melancholie in seiner absoluten Einsamkeit isoliert, außerstande, sich verständlich zu machen, selbst jenen gegenüber, die aufmerksam hinhören. Damals sah ich es so: Die relative Isolation in Frankreich, dem Land seiner Wahlheimat, die dennoch die Fremde blieb, und vor allem die Verständnislosigkeit, die Gleichgültigkeit, manchmal sogar die Feindseligkeit seines deutschen Publikums[252] brachten ihn dazu, wie er mir sagte, die fast ausschließliche Verwendung der »Todesfuge«, etwa in Lesebüchern, abzulehnen; nicht weil er sich von ihr entfernte, ganz im Gegenteil, sondern im Widerstand gegen die Ritualisierung des Gedichts, seine Verwendung als Alibi, weit entfernt von jedem wahrhaften Eingeständnis der Schuld. Und die völlig unberechtigten Plagiatsvorwürfe und lügnerischen Verleumdungen der Claire Goll, und im Anschluß daran so mancher Feuilletonisten, waren böswillig genug, um auch einen weniger fein reagierenden Charakter aus der Fassung zu bringen.
Schon ehe sein Gemütszustand sich zusehends verdunkelte, hatte er begonnen, mich auf ostjüdische Traditionen hinzuweisen. So gab er mir den kleinen, von Martin Buber herausgegebenen Band der *Erzählungen der Chassidim*,[253] der unter vielen anderen die Aussprüche des Rabbi Abraham Jaakob von Sadagora enthält. Er gab sie mir kommentarlos, ohne mir zu erklären, daß Sadagora[254] eine bedeutende chassidische

Siedlung in der Nähe von Czernowitz war. Er wollte einfach, daß ich sie lese. In der Regel erklärte er mir jüdische Inhalte in den Gedichten nicht, aber er wollte mir Quellen zugänglich machen, die ihn selbst inspirierten und die mein Verständnis erleichtern sollten.

Das Jüdische aber stand immer mehr im Mittelpunkt seines Denkens. So zeigte er mir eine erste Version des Gedichts, das er später in *Die Niemandsrose* veröffentlichen sollte – »Eine Gauner- und Ganovenweise«[255] –, ein Gedicht, das zur Auflösung der Sprache tendiert und Zeugnis gibt von jüdischem Schicksal. Es ist, wie er selbst sie nennt, eine »Weise«, schon im Titel an den so wie auch er als »Gauner« verfolgten François Villon erinnernd, »gesungen in Paris emprès Pontoise / von Paul Celan / aus Czernowitz bei Sadagora«. Sadagora war nicht nur ein Zentrum des Chassidismus, sondern galt, der Legende zufolge, als Schlupfwinkel von Spitzbuben aller Art.[256] Es war vor allem der Ort, aus dem seine Mutter stammte, der er die Liebe zur deutschen Sprache, der »unverlorenen«, verdankte. Der jüdische Baum indessen, der Mandelbaum (und seine grausame Entsprechung im Machandelbaum, oder Wacholder, der dem deutschen Märchen zufolge von Mord, Leichenschändung und Auferstehung spricht), steht in diesem Gedicht, wenn auch zerstückelt – »Bandelmaum.« // »Mandeltraum, Trandelmaum« –, gegen Unmenschlichkeit, gegen die »Pest.« Er sagte mir, daß die Erwähnung von »Friaul« einem Landsknechtlied entstamme und mit einer Rebellion zu tun habe. Der Terminus »Pest« könnte sich im übrigen auf dasselbe Lied beziehen, dessen letzte Strophe in einer anderen Version die Landsknechte nach Triest ziehen läßt, wo sie allesamt die Pest ereilt.[257] Das Holz des Wacholders diente in frühen Zeiten bei Pestepidemien zum Ausräuchern der Wohnstätten. Selbst der Verdacht gegen die Juden als Brunnenvergifter und an der Pest Schuldige könnte gemeint sein, vielleicht sogar die »braune Pest« – allerdings gab es die darauf bezüglichen Schlußverse noch nicht in dem mir bekannten Manuskript, und so kann ich diese Sinngebung nur aus der heutigen Sicht anfügen.[258] Das Grimmsche Märchen vom Machandelbaum hingegen, das mir natürlich vertraut war, erzählt von dem Vater des von der Mutter getöteten Kindes, der dieses, ohne etwas zu ahnen, mit Genuß verzehrt. Und ist also eine Variante von allen Vorstellungen über an Kindern verübtem Ritualmord – ein Thema, das, wie man weiß, so manchen Anschuldigungen gegen Juden zugrunde liegt, die bis heute in der Volksmeinung ihr Unwesen treiben. Ich selbst war eines Tages damit konfrontiert: Ein deutsches Mädchen, im Libanon verheiratet und dem lokalen Judenhaß verpflichtet, behauptete allen Ernstes, daß Juden gerne Kinder raubten, opferten und ihr Blut tränken; dies sei wahr, denn ihr Vater (ein sudetendeutscher Flüchtling aus dem Erzgebirge) habe es ihr gesagt. Dieses unglaubliche Erlebnis, das ich anläßlich meines Aufenthalts im Libanon im Sommer 1954 gehabt hatte, wo im übrigen etliche deutsche »Ehemalige« florierten, habe ich gelegentlich Celan erzählt, aber nicht, soweit ich mich erinnere, im Zusammenhang mit dem Gedicht.

In dieser Zeit muß es gewesen sein, daß ich im Handel eine kleine Schallplatte erwarb: *Chants populaires yiddish*, d. h. Jiddische Volkslieder, aufgenommen von Robert Cornman, in der Sammlung »Le Chant du monde« (Lieder aus aller Welt).[259] Auf dieser Platte befindet sich auch ein Lied, das einen jüdischen Aufstand gegen die deutschen Vernichtungsaktionen in Wilna bezeugt und also gegen die These vom widerstandslosen In-den-Tod-Gehen der Juden spricht. Vielleicht hat Celan mir in diesem Zusammenhang das grausige Schicksal eines großen jüdischen Gelehrten erzählt, der getötet wurde und dessen Leichnam im Schaufenster eines Fleischerladens ausgestellt wurde – war es in Wilna, oder in Riga? Wie war nur sein Name? Wir hörten die Lieder gemeinsam, aber da ich nur einen sehr einfachen, schon damals veralteten Plattenspieler besaß, blieb die Platte plötzlich stecken und wiederholte immerzu denselben Satz: »'s mus asoj sain« , das heißt, er gab die Antwort auf die Frage, wie es wäre, in den Himmel hinaufzugehen, um bei Gott zu erkunden, ob die Welt so sein dürfe, wie sie ist. Diese Frage, »zu ken men aroif gejn in himel arajn, / Un fregn baj got zu's darf asoj sajn?«, findet sich als Motto dem Gedicht »Benedicta«[260] in *Die Niemandsrose* vorangestellt; mitten im Text erfolgt dann die von dem widerspenstigen Plattenspieler hartnäckig wiederholte Antwort, daß es so sein müsse:

> »Du, die du's hörtest, da ich die Augen schloß, wie
> die Stimme nicht weitersang nach:
> *'s mus asoj sajn*«.

Ein mechanischer Zwischenfall dieser Art hatte in Celans Augen den Wert eines geheimen Zeichens, unabhängig von jeder geläufigen Logik, wie er mir allsogleich sagte. Ich erinnere mich sehr genau an das Ereignis – er befand sich ausgestreckt auf einer Liegestatt, der merkwürdigen Unterbrechung nachsinnend, und schloß wirklich die Augen –, es handelt sich hier nicht nur um eine poetische Wendung, sondern um gelebte Wirklichkeit. Hat er mir das Gedicht damals gezeigt? Ich glaube wohl, denn ich weiß noch genau, daß er mir den Schlüssel zu dem jiddischen Wort »bentschen« oder »benschen« gab, im Sinn von segnen, »benedicere«; die übrigen Verse verstand ich schon damals im gleichen Sinnzusammenhang wie das Gedicht »Radix, Matrix«, das mich direkt betraf und von dem im folgenden zu sprechen sein wird.
Schon kurze Zeit vor dem Zwischenfall mit dem Plattenspieler hatte Celan mir dieses Gedicht übergeben – ein handschriftliches Blatt mit einer persönlichen Widmung: »Für Dich, Brigitta, am 11. 5. 1961. / Paul.«[261] Zunächst: Warum richtete sich die Widmung an mich unter dem Namen »Brigitta«, obwohl mein Rufname seit meiner Kindheit »Britta« war, familiär abgekürzt sogar nur »Bri«, während der andere, als formell empfunden, nur bei strengen Ermahnungen angewen-

det wurde und auch weiterhin lediglich der Geburtsurkunde, den Schulzeugnissen und dem Reisepaß vorbehalten blieb? Schon zuvor hatte Celan mir das Buch *Ekstatische Konfessionen* von Martin Buber[262] gegeben, das, zusammen mit chassidischen Texten, auch einige Visionen der großen Mystikerin Brigitta von Schweden enthält. Ich meinerseits hatte ihm eine kritische Textausgabe der schönen Erzählung *Brigitta* von Adalbert Stifter[263] geschenkt, die das Schicksalhafte einer außergewöhnlichen Liebesbeziehung beschreibt, das Widersprüchliche der Leidenschaften, wie fast immer bei Stifter unaufhörlich am Werk unter der als vorbildlich gepriesenen Harmonie. Diese Ausgabe enthielt zwei Fassungen – eine frühe und die endgültige, von Stifter sehr überarbeitete: Die erste, direkter und spontaner, gefiel uns besser. Was aber meine Namengebung anbelangt, so haben möglicherweise beide Figuren, die Heilige und die geheimnsivolle Gestalt Stifters, dabei Pate gestanden. Jedenfalls unterschrieb ich von nun an meine Briefe an ihn mit dem von ihm bevorzugten Namen.
Die mir übergebene handschriftliche Version des Gedichts lautet wie folgt:

Radix, Matrix

Wie man zum Stein spricht, wie
du,
du mir vom Abgrund her, mir von der Heimat
her Verschwisterte,
du mir vorzeiten,
du
mir im Nichts einer Nacht
Begegnete

(Damals, da ich nicht da war,
damals, da du allein warst, weißt du,
ich, –

ich wars, jenes
Geschlecht, jenes gemordete, jenes
schwarz in den Himmel
stehende:
Hode und Rute.

– Wurzel.
Wurzel Abrahams. Wurzel Jesse. Niemandes
Wurzel – o
unser.) –
Ja,
wie man zum Stein spricht, wie
du
mit mir dorthin und ins Nichts greifst, so
ist, was hier ist:
dieser
Fruchtboden klafft,
dieses
Hinab
ist die Krone.[264]

Sie unterscheidet sich einigermaßen von der zwei Jahre später überarbeiteten, in *Die Niemandsrose* abgedruckten endgültigen Fassung. Um nur die wesentlichen Änderungen hervorzuheben, Ausdruck der nunmehr eingetretenen Distanz: In der Endfassung wiederholt die aussagende Stimme, das Ich, nicht mehr so eindringlich das »du«, das ihm zwar wie zuvor »vom Abgrund her« verschwistert ist, aber nicht mehr von der gemeinsamen, von »*der* Heimat her«, sondern, diese relativierend, »*einer* Heimat«, man möchte sagen von irgendeiner her, die nicht ganz die seine ist. Die »Verschwisterte« wird zur »Ver- / schwisterten«, einen Prozeß des Ver-gehens andeutend; zudem ist sie die »Zu- / geschleuderte«, nicht nur als »du [...] im Nichts einer Nacht / Begegnete«, sondern »in der Aber-Nacht Be- / gegnete«, das verschwisterte Du wird zum endgültigen, aber doch weiterführenden »Aber-Du«. Die sprechende Stimme, das als abwesend bezeichnete »ich«, tritt hinter ein fragendes »Wer« zurück, das gemeinsame Greifen »dorthin / und ins Nichts« wird den »Händen« überlassen. Und schließlich: »was hier ist«, ist nicht mehr »*dieser* Fruchtboden«, der klafft, sondern es ist »auch dieser«, es ist einer unter anderen. Der Schlußvers »*dieses* / Hinab / ist die Krone« wird erweitert, und so erhebt »dieses / Hinab« als »die eine der wild- / blühenden Kronen« Anspruch auf Allgemeingültigkeit.

Zwischen der hier wiedergegebenen ursprünglichen Fassung und der im März 1963 zum Druck vorbereiteten liegt die Zeit, da unsere Wege sich trennten – ein Umstand, der zu berücksichtigen ist, wenn man annehmen darf, daß das Gedicht auf einem Tatsachenbericht fußt, den ich Celan übermittelte, und daß das angesprochene »du« also deutlich, in einer ersten Sinngebung, auf mich Bezug nimmt.

Das Gedicht nimmt meinen Bericht darüber auf, was sich in Enns[265] bei Kriegsende, Ende April 1945, ereignet hatte – ein grauenhaftes Ereignis, dessen unfreiwillige Zeugin ich war und das mich tief betroffen hatte. Es war ein Todesmarsch der Überlebenden vom nahen Konzentrationslager Mauthausen aus,[266] in der Hauptsache von ihrer Regierung ausgelieferte ungarische Juden, die zum Schutz gegen die vordringende Rote Armee Zwangsarbeit für die Errichtung des sogenannten »Südostwalls« hatten leisten müssen, um dann, auf einen Befehl Himmlers hin, zu Fuß und ohne jede Verpflegung den Marsch nach dem überfüllten KZ Mauthausen anzutreten, von wo aus sie dann in ein über 50 km entferntes Nebenlager in der Nähe von Wels weitergetrieben wurden. Im übrigen gab es das Wort »Todesmarsch« damals noch nicht, es tauchte erst in der späteren Gedenkliteratur auf. Den heute verfügbaren Berichten zufolge schätzt man die Anzahl der Opfer auf dieser Strecke auf nahezu 6000, allein auf dem relativ kurzen Weg, der von Mauthausen zur Donaubrücke führte, zählte man bis zu 800 am Wegrand liegengebliebene Tote – vor Schwäche zusammengebrochen, erschlagen, erschossen. Sogenannte »Himmelfahrtskommandos« scharrten sie an Ort und Stelle ein. In fast jedem der durchquerten Orte zeugten später Gedenksteine von den Erschlagenen. Nach Überquerung der Donau- und der Ennsbrücke kamen sie auch in die Nähe von Enns, wo ich sie dann sah: Sie zogen dahin, am Rande der Stadt, ohne den eigentlichen Ortskern zu berühren, und dann weiter auf der sogenannten »Wiener Reichsstraße« in Richtung Westen – ich kam ihnen auf meinem Fahrrad von Linz her entgegen. In den wenigen anliegenden Häusern schlossen die Einwohner schleunigst Tür und Fenster. Am Rande befand sich ein sehr alter steinerner Bildstock, der unter dem Namen »Pestkreuz« bekannt war; rund um diesen eine kleine Grünfläche; dort hockten einige der völlig erschöpften Menschen und suchten im staubigen Gras nach eßbaren Blättern. Männer waren es, und auch Jugendliche, abgemagert bis auf die Knochen, die man da weitertrieb. Ich sah sie wanken unter den Kolbenhieben ihrer Wächter, die sie, wenn sie nicht weiterkonnten, zu Boden schlugen. Die Erschießungen, die von allen Berichten bezeugt werden, die ich selbst aber nicht gesehen habe, erfolgten wahrscheinlich außerhalb des Wohngebiets. Und dann, am Abend, lagen haufenweise teils nackte Leichen am örtlichen Friedhof, die in der Folge in zwei Gruppen aufgeteilt eingescharrt wurden: die einen – nahezu hundert waren es, Namenlose – als Juden in einer Zone längs der Mauer, die sich katholischem Glauben zufolge außerhalb des Sakralbereichs befand, die anderen, Nicht-Juden, in der Nähe des Kriegerdenkmals. Wie ich erst jetzt erfahren habe, wurde dieses Gemeinschaftsgrab im Jahr 1965 aufgelöst und auf den Friedhof der Israelitischen Kultusgemeinde Linz verlegt. Das Gedicht folgt meinem Bericht im wesentlichen. Zum Wort »Acker« der gedruckten Fassung – »damals, da du / den Acker abschrittst« – ist zu bemerken, daß »Friedhof« im Deutschen auch »Toten*acker*« oder »Gottes*acker*« heißt.

Bei einem meiner Aufenthalte in Österreich, wohl Anfang der 1960er Jahre, mußte ich feststellen, daß Unbekannte die genaue Zahl der Toten aus der Gedenktafel herausgekratzt hatten. Diese verabscheungswürdige Negierung des Geschehenen war der unmittelbare Anlaß für meinen Bericht über den Mord – bis dahin, als kaum mitteilbar, tief im Gedächtnis eingegraben. Wie mir eine ehemalige Schulfreundin berichtet, sind die letzten Überlebenden dieses Todeszugs bis nach Wels, zum schon völlig desorganisierten Lager Gunskirchen, gelangt, wo sie schließlich, durch Hunger und Epidemien dezimiert, viele am Rande des Wahnsinns, von der amerikanischen Armee befreit wurden. Laut späterer Aussagen der Befreier soll der Anblick dieses Lagers zum Schrecklichsten gezählt haben, das ihnen je unter die Augen gekommen war.

Meine Freundin selbst ist dem Zug in ihrem Heimatort Sankt Florian begegnet und bewahrte, so wie ich, das Ereignis in ihrem Gedächtnis. Sie schreibt mir dazu: »Ja, ich erinnere mich sehr gut an den Frühlingsmorgen (wohl 1945), als der Elendszug der gequälten Menschen durch Florian gezogen ist. Etwa einen Kilometer außerhalb des Marktes fuhr ich – ein dikkes Brot essend –, an ihnen vorbei, auf dem Fahrrad. Ich meine noch *heute* den Blick zu spüren, den ein junger Mann, einer von diesen Elenden, auf mich warf. Der Zug kam von Mauthausen und zog in Richtung Wels. Viele Menschen starben auf der Straße: es gibt einen ›Judenfriedhof‹ in St. Florian, es gibt einen Platz auf dem Friedhof in St. Marien, wo auch unsere Vorfahren begraben sind. Der katholische Pfarrer, ein alter Mann, hatte den Mut, die Leichen des Zuges auf dem Friedhof bestatten zu lassen! Unfaßbar, was in den Tagen und Jahren vom sogenannten Dritten Reich verbrochen worden ist. *Aber*: ›wir‹ haben es mitangesehen! Ich freilich meine, ich war noch ein ›Kind‹ damals ...« Bisher wußte ich nur durch eine kurze Bemerkung aus viel früherer Zeit, daß sie das Erlebnis mit mir teilte; unsere Erinnerungen daran haben wir

erst jetzt ausgetauscht, und so wurde mir bekannt, daß ein Gedenkstein im »Judenfriedhof« in der Nähe von St. Florian an »99 KZ-Häftlinge« erinnert, während ein anderer, im Friedhof von Sankt Marien, unter dem Davidstern 31 weitere »Opfer des Todesmarsches« verzeichnet und, wie die Photographie zeigt, von der Bevölkerung oder von verschiedenen zuständigen Gremien gepflegt und geehrt wird.[267]
Wie auch im Gedicht »Benedicta«, wo der Teneberleuchter auf den katholischen Karfreitagsritus hinweist, da während des Gesangs der »Tenebrae«[268] in den verdunkelten Kirchen eine Kerze nach der anderen auf dem fünfzehnarmigen Leuchter gelöscht wird, finden sich in »Radix, Matrix« die jüdischen und christlichen Traditionen, die »Wurzeln« Abrahams und Jesses,[269] zunächst gleichgestellt, dann aber im Nichts des inexistenten Gottes, der Wurzel des »Niemand«, aufgelöst in der uns gemeinsamen Wurzel. In diesem Gedicht, wie auch in anderen desselben Bandes, finde ich den Doppelsinn der liebenden, erotischen Interpellation und der diesem Dialog zugrunde liegenden Mystik. Ebenso wie die Metaphern »Wurzel / Radix« und »Fruchtboden / Matrix« in dieser gemeinsamen Quelle ihren Ursprung haben, so stellen sie auch die Tatsache einer nicht fruchtbaren Verbindung fest.
Während der ganzen Periode der großen Hoffnungslosigkeit wollte Celan immer mehr, daß ich mich mit den Merkmalen jüdischer Kultur vertraut mache. Er brachte mir eine Reihe von Büchern über Mystik und legendäre Hintergründe. Nach den schon erwähnten Legenden der Chassidim von Buber zunächst die ersten zwei Bände der aus dem Hebräischen und Aramäischen übersetzten *Sagen der Juden* von Micha Josef bin Gorion.[270] Bald nach seinem Erscheinen im Jahr 1960 schenkte Celan mir Gershom Scholems Buch *Zur Kabbala und ihrer Symbolik*,[271] ein grundlegendes Werk, das unter anderem von der »Heiligen Hochzeit« handelt. Es enthält auch ein ganzes Kapitel über den »Golem« – der Legende zufolge mit Rabbi Löw von Prag verbunden, das heißt der Ge-

stalt, die im Gedicht »Einem der vor der Tür stand« in *Die Niemandsrose* genannt ist. Es will mir scheinen, daß der innige Umgang mit der jüdischen Mystik, die ich bezeugen kann, viele Gedichte, die zwischen 1960 und 1963 entstanden sind, zutiefst inspiriert hat.
Als Beispiel ist auch zu nennen das Gedicht »Mandorla« aus *Die Niemandsrose.*[272] Es ist mir zwar nicht gewidmet, doch kam Celan eines Tags und tippte es aus dem Gedächtnis auf meiner kleinen Schreibmaschine »Hermes«. Dieses Blatt, dem man den Prozeß des Erinnerns geradezu ansieht, besitze ich noch.[273] Es weicht von der endgültigen Fassung teilweise ab:

MANDORLA

In der Mandel – was steht in der Mandel?
Das Nichts.
Es steht das Nichts in der Mandel.
In der Mandel, da stehet das Nichts.
Da steht es und steht.

Und im Nichts, wer steht da? Der König.
Im Nichts, da stehet der König.
Da steht er und steht.

Judenlocke, wirst nicht grau.

Dein Auge – wohin steht dein Auge?
Dein Aug steht der Mandel entgegen.
Dein Aug, es stehet zum König.
So steht es und steht.

Judenlocke, wirst nicht grau.

Leere Mandel, königsblau.

Hier ist die Äquivalenz »Judenlocke/Menschenlocke« nicht, wie in der Endfassung, etabliert, die Interpunktion variiert, manche Verse sind eingefügt, andere weggelassen, das emphatische »stehet« ist noch nicht durch das neutrale »steht« ersetzt. Celan hat mir die Bedeutung von »Mandorla/Mandel« erklärt – als Bezeichnung der Vulva in vielen religiösen Traditionen. Um dies alles besser zu verstehen, ist es von Nutzen, das Büchlein von. M. D. Georg Langer, *Liebesmystik der Kabbala*,[274] das Celan mir zur gleichen Zeit geschenkt hat, zu konsultieren, zumindest auf lexikalischer Ebene. Er wollte unbedingt, daß ich es lese. Dieses Buch insistiert, wie schon der Titel es anzeigt, auf den Aspekten göttlicher Liebe, der Liebe des »Königs« zu seiner Geliebten, der Schöpfung. Ausgehend von Stellen im Sohar und im Talmud findet sich dort die erotische Bedeutung der Kabbala darin begründet, daß die sinnliche Vereinigung von Mann und Frau dem Geheimnis göttlicher Liebe gleichkomme, daß die Gesetze der Thora den Organen des »Königs« entsprächen, des Königs auf der obersten Stufe des Baums der zehn Sephirot, welche Emanationen der Schöpfung darstellen; Kether Elion (der Heilige Alte, die »Krone«, Urquell des Eros) ist gleichzeitig Seinswille und »Nichts«; die Abwärtsbewegung auf dem Baum, der auch den menschlichen Körper darstellt, geht durch das Herz zum männlichen Geschlecht (Grund und Gewalt, das »Gemächt«) und bis in die Tiefe des weiblichen Prinzips (Frau, Mutter und Erde). So können vielleicht die letzten Verse des Gedichts »Radix, Matrix« – »*dieses* / Hinab / ist die Krone« – in diesem Sinn gelesen werden. Auch Rabbi Löw ist mehrfach in Langers Buch genannt. Daß viele Gedichte in *Die Niemandsrose* auf die Namen und Symbole der jüdischen Spiritualität Bezug nehmen, ist gewiß schon von zahlreichen Spezialisten hervorgehoben worden. Ob die erotische Komponente ebenso aufgezeigt wurde?

An den genauen Ablauf und die spezifischen Anlässe unserer Zerwürfnisse in diesen Monaten – besonders in der Zeit zwischen Juni und Oktober 1961, also eigentlich nur kurze Zeit, nachdem er mir das Gedicht »Radix, Matrix« gewidmet hatte – kann ich mich nur ungenau erinnern: Kein präzises Bild steigt auf, die Worte sind, mit ganz wenigen Ausnahmen, ausgelöscht. Es ist auch die für ihn gleichzeitige Verzweiflungsperiode, in der er die Lehrtätigkeit an der ENS zu unterbrechen gedachte, um sie dann doch, nach dem langen Aufenthalt in der Bretagne, wiederaufzunehmen, nicht ohne die Konsultation eines Seelenarztes ins Auge zu fassen.[275] Seine Besuche dürften damals immer seltener geworden sein, und ich blieb immer mehr in Unkenntnis seines Lebenswegs. »Alles kann ich nicht erraten«, schrieb ich ihm einmal. Wie meinen aus dieser Zeit von Celan aufbewahrten und dadurch erhalten gebliebenen Briefen[276] zu entnehmen ist, hat meine Haltung damals ihre ursprüngliche Leichtigkeit verloren; ich mußte selbst befürchten, daß mein Ihm-Zugefallen-sein, wie ich das nannte,[277] mein Drängen nach größerer Klarheit, ihm zur Last werde, daß die »Freiheit«, die er bei mir gesucht hatte, verlorengegangen war, woran ich mir selbst die Schuld zuschrieb.[278] Aber gleichzeitig war all mein Sinnen gar nicht auf Resignation gestellt, soviel ich mich auch bemühte, seiner Schwermut und allen ihren Anlässen Gerechtigkeit widerfahren zu lassen. Wie aus meiner Reaktion ersichtlich ist, hat er mir Briefkonzepte an viele deutsche Schriftsteller gezeigt, deren Unterstützung er suchte, von denen ich aber meinte, daß sie ihm nichts als neue Wunden zufügen würden.[279] Sind es diese Briefe, von denen das im Oktober 1959 entstandene, im Inhalt nur allzu deutliche, mir damals aber unbekannt gebliebene unveröffentlichte Gedicht »Wolfsbohne« spricht? »Mutter, ich habe / Briefe geschrieben. / Mutter, es kam keine Antwort. / Mutter, es kam eine Antwort. / Mutter, ich habe / Briefe geschrieben an –«.[280] Oder sind es die vielen anderen, die er in den folgenden Jahren schrieb?

Auch von der 1961 publizierten, schon im November 1960 konzipierten Antwort auf eine Flinkersche Umfrage erfuhr ich noch, die von der »Doppelzüngigkeit« der zeitgenössischen Dichterkünste spricht, ohne daß der Text selbst mir vor Augen kam;[281] dann von der zunächst positiv und später, auch mir gegenüber, negativ bewerteten Stellungnahme von Walter Jens zur »Goll-Affäre« sowie von der sehr begrüßten Verbindung zu Nadežda Mandel'štam, der Witwe des Dichters;[282] von der Vorbereitung einer Gedichtauswahl, gemeinsam mit Klaus Wagenbach, in der Reihe »Schulausgaben« des S. Fischer Verlags, die Entstehungsdaten dieser Gedichte anzeigte;[283] und endlich vom Projekt, Michaux' Werke zu übersetzen. Hingegen sagte er mir nichts über den Hauserwerb und die Aufenthalte auf dem Lande in Moisville[284] oder die in Konflikte ausartenden Mißverständnisse mit so manchen seiner Freunde, und auch nichts über den neuerlichen Aufenthalt als Übersetzer bei der Internationalen Arbeitsorganisation in Genf im September 1962. Die Übersetzung des großen Gedichts »Babij Jar« von Jewgenij Jewtuschenko, das zur Erinnerung an das Massaker der Juden von Kiew durch eine deutsche Einsatzgruppe im September 1941 auffordert, eine Übersetzung, die Celan sowohl in der DDR als auch in der BRD veröffentlichte,[285] kam ebenfalls nicht in meinen Gesichtskreis, obwohl es sich doch grundsätzlich um das beredte Zeugnis eines Nicht-Juden von seiner Identifizierung mit den Opfern handelt: also die Idee des »Verjudens« nicht nur versinnbildlicht, sondern voll und ganz zu der seinen macht:

> [...]
> Ich bin alt heute,
> so alt wie das jüdische Volk.
> Ich glaube, ich bin jetzt
> ein Jude.

[...]
Und bin – bin selbst
ein einziger Schrei ohne Stimme
über tausend und aber
tausend Begrabene hin.
Jeder hier erschossene Greis –:
ich.
Jedes hier erschossene Kind –:
ich.
[...]

Gemeinsam mit einem Mandelstamm-Zitat dient der Anfangsvers von Jewtuschenkos Gedicht, »Nad Bab'ym Jarom pamjatnikov net« (»Über Babij Jar, da steht keinerlei Denkmal«), auch als Motto über dem Manuskript der postum veröffentlichten, im April 1961 begonnenen »Walliser Elegie«.[286] Wie ich erst jetzt ermessen kann, stehen deren spätere Fassungen, wohl auf Jänner 1962 zu datieren, deutlich mit »Radix, Matrix« in Beziehung; sie weisen hin auf den Acker, auf das von einem Auge Gesehene – »Judenwurz« und »Judenhode«. Es tritt sogar als genaue Ortsbezeichnung »Mauthausen« hinzu und seine berüchtigte Todesstiege,[287] und, innerhalb der Anrufung der »Regina Vagina«, die Alternative, diese »Tausendstiege« als »Lügenschritt« zu umgehen oder den »Schattenweg« mit und aufwärts zu ersteigen: »Salve Regina«, und dann auch »Vale Vagina«.
Dem ohnehin schon gestörten Verhältnis zu Paul Celan kam als weiterer trennender Umstand hinzu, daß meine Arbeitsstätte sich nun weit entfernt und schließlich am anderen Ende von Paris befand, im Palais de la Porte Dorée, dem ehemaligen Kolonial-Museum (Musée des colonies et de la France extérieure, ab 1960 Musée des arts africains et océaniens), und ich infolgedessen noch weniger als bisher bei mir zu Hause war. Er konnte nicht mehr, wie in den vorhergegangenen Jahren, so ganz einfach auf seinen Wegen – und er wan-

derte viel – nach Belieben bei mir haltmachen. Worin aber bestanden seine Vorwürfe? Warum war ich so über alle Maßen gekränkt? Warum sandte ich ihm im Oktober 1961 eine Art Abschiedsbrief, seine »Ungenauigkeit« in der Darstellung der Dinge beklagend, den ich allerdings später wieder zurücknahm, so daß unsere Beziehung bis Ende 1962/Anfang 1963, wenn auch sporadisch, fortdauerte?[288] Im großen und ganzen zielten seine Angriffe auf mein angebliches Unvermögen, den Sachverhalt wirklich zu verstehen; er forderte absolute Solidarität, nicht nur als »Zeugenschaft« nach außen, deren ich ihn, in einem meiner letzten Briefe, noch zu versichern suchte, sondern als Wesensänderung.

Eines Tags, als mich seine Aggressivität besonders traf und ich weinte, sagte er mir: *Ein Jude weint nicht.* Und ein anderes Mal hieß es: *Verjude doch!* Diese schroffen, kantigen Worte gehören zu jenen, die in meinem nicht immer wortgetreuen Gedächtnis überdeutlich stehengeblieben sind. Was ich damals für Persönlichkeitsschelte hielt, war seiner Auffassung gemäß und, wie ich es jetzt verstehe, der Ruf nach Identifikation mit jüdischem Schicksal als Ausdruck wirklich gelebter Menschlichkeit, im Sinne des Gedichts von Jewtuschenko. Wie oft hat er in dieser Zeit Mensch-Sein und Jude-Sein in eins gesetzt, wie ich nunmehr aus publizierten Briefwechseln und anderen Zeugnissen ersehen kann. Diese existentielle Forderung sprach aus vielen seiner Gedichte; in der Privatsphäre betraf sie offensichtlich nicht nur mich, sondern auch andere: seine Frau, seine beruflichen Kontaktpersonen, seine besten Freunde, seinen ärztlichen Freund Starobinski, von dem er Hilfe und Heilung erhoffte. Zu einer solchen Wesensänderung aber war ich nicht bereit. Seiner Trost-Losigkeit war ich, war vielleicht *niemand* gewachsen.

Obwohl meine dichterischen Versuche im allgemeinen nicht als Dialog mit Celan anzusehen sind, so sind doch einige der letzten eine deutliche Absage an seine Forderung und formulieren die Abwehr so mancher Beschuldigungen – ich wußte nicht, wie tief er in seiner Krisensituation verstrickt war, wie nah er daran war, sich von seiner Verzweiflung überwältigen zu lassen. Er selbst hat ja später *Die Niemandsrose* als »Dokument einer Krise« bezeichnet, ihre Gedichte als »bitter«, in Briefen an Ingeborg Bachmann und an seinen Verleger Gottfried Bermann Fischer.[289] Seine Selbstdarstellung in diesem Zusammenhang, wie sie aus einem Brief an Paul Schallück vom 23. Oktober 1961 hervorgeht, ist erwähnenswert, gerade weil sie den Sachverhalt ohne Emphase, fast beschönigend darstellt: »Meine Lage – ja ich kann Ihnen nicht gut widersprechen: schwer zu ertragen, das ist sie in der Tat. Vor allem deshalb, weil ich so viele Freunde verloren habe – gewiß nicht immer durch mein Verschulden. (Es ist wahr: ich habe, nach zahllosen Beleidigungen, eines Tages die Fassung verloren und nun meinerseits viel geschimpft ...)«[290]

Der Begriff »Verjuden« war mir aus der NS-Zeit im durchaus negativen Sinn bekannt; ich begegnete ihm schon früh – zunächst nicht in der öffentlichen Propaganda, sondern auf privater Ebene: Als eine benachbarte Person in Enns, eine fanatische Anhängerin des Systems, meine Mutter herausfordern und beleidigen wollte, nachdem diese es kategorisch abgelehnt hatte, das schändliche, von Alfred Rosenberg neu aufgelegte Pamphlet, die »Protokolle der Weisen von Zion«, zu lesen, hielt sie ihr vor, »jüdisch-bolschewistischen Geistes« zu sein – »verjudet« also, wie angeblich die gesamte Literatur und Presse vor 1933 und überhaupt alles dem Regime nicht zur Gänze Unterworfene. Wurde das Wort vom »Verjuden« mir schon damals, da dieses Vokabular ja der Sprache der Usurpatoren des Geistes entstammte, zum positiven Wertbegriff? Als Möglichkeit kollektiven Widerstands ist es wohl niemandem in meinem Umkreis in den Sinn gekommen – von der mutigen Haltung des Königs von Dänemark hat man ja auch erst lange Zeit nach dem Ende des Greuelsystems erfahren. Und ich würde lügen, wenn ich behaupten wollte, Celans Forderung schon damals so verstanden zu haben, wie er sie wohl gemeint hatte. »Alle Dichter sind Jiden«[291]: Dieses Wort der Marina Tsvetaeva (die keine Jüdin war), das er (auf russisch) als Motto über das mir damals unbekannte Gedicht »Und mit dem Buch aus Tarussa«[292] gestellt hat, ist die Signatur des Mit-ihm-Gehens-und-Stehens inmitten der Ausgrenzungen und Verfolgungen, das ihm als Erlösung von dem Übel, das ihn einschloß, vorschwebte. Das Motiv der Ausgrenzung der Dichtung und damit des Dichters ist in den Vorarbeiten zur Büchner-Preis-Rede vielfach bezeugt: Zum »Ärgernis« geworden, wird das Gedicht »zum Paria und Juden der Literatur. Es wohnt im Ghetto«.[293] Indessen: Das Wort vom Verjuden, hieß es nicht auch »Pneuma«, Atem, Hauch, Seele? Und meinte es nicht zugleich auch, genau und konkret, den über die Zeiten und die Geschlechterfolge hinweg überkommenen Samen: »was von den Vätern mir kam / und von jenseits der Väter«? Es sind dies die Anfangsverse des Gedichts »Benedicta« in *Die Niemandsrose*, deren Sinn ich damals versäumt habe mit der Forderung zu »verjuden« in Verbindung zu sehen.[294]

Diese bessere Erkenntnis wird möglich bei der Lektüre verschiedener mir erst jetzt zugänglicher Quellen: Zu diesen zählt in erster Linie der *Briefwechsel Paul Celan – Gisèle Celan-Lestrange*, in dem Celan am 26. Oktober 1965, einen Monat vor der Katastrophe, die sie für lange Zeit trennen sollte, an seine nicht-jüdische Frau schreibt: »Meine Jüdin, ich umarme Sie. Umarmen Sie meinen Sohn, Jude, der mit uns kämpft«. Und in einem Brief an Friedrich Torberg in Wien vom 23. Feber 1961 heißt es: »Im übrigen kann man ja auch unbeschnittenerweise verjuden – das hats sogar schon gegeben. Meine eigene Nase ist auch erst seit kurzem so krumm.«[295]

In einem nicht abgeschickten, französischsprachigen Brief an Jean Starobinski, eigentlich einem Hilferuf, erklärt Celan sich mit Gisèle und Eric als zur »jüdischen Gemeinschaft [...] des Herzens« gehörig, und bezeichnet das Judentum als »eine Form des Menschlichen«, »die Dichtung« als »eine Form eben dieses [...] Menschlichen«.[296] Im Nachlaß befindet sich ein merkwürdiger Aphorismus mit dem Titel »*(Cum grano,) sine grano*«, in dem es im Gespräch zwischen Eisele und Eisig heißt: »Man kann verjuden« – ein auf den 13. Dezember 1961 datierter Text, von dem angenommen werden kann, daß er sich auf das Bühnenstück *Andorra* von Max Frisch bezieht.[297] Das gestörte Verhältnis zu Max Frisch ist dem gleichzeitigen Bruch mit Freunden und Nächsten vergleichbar – Konfliktbezüge, die auch Ingeborg Bachmann, Klaus Demus, Hanne und Hermann Lenz, Nelly Sachs, René Char, zeitweise sogar seine eigene Frau betrafen. Wie Tagebuchnotizen zeigen, war Celans Urteil über *Andorra*, dieses »platt-allegorische Stück«, in dem ein Nicht-Jude den Juden bloß »spielt«, durchaus negativ.[298] Der Text könnte aber auch im Zusammenhang stehen mit dem Skandal um den im Jahr 1958 nach Kairo geflohenen KZ-Arzt und Kriegsverbrecher Hans Eisele,[299] der seit seiner Flucht und nach Bekanntwerden seiner Verbindung mit einer raketenbauenden Gruppe in Ägypten untergetauchter »Ehemaliger« immer wieder durch die Presse geisterte. *Eisig* dagegen verweist auf einen jüdischen Vornamen – sogar einen, der in der Liste amtlich vorgeschriebener jüdischer Vornamen von 1938 figurierte. Aufgrund ihrer zusammenklingenden Namen, wie es im Aphorismus heißt, fühlen jedoch beide einander seelenverwandt. Bei Celan ist es nun *Eisele*, der ein Stück über das »Verjuden« schreibt. Sollten diese Interpretationen zutreffend sein, so wäre der stückeschreibende Max Frisch als suspekt, als unverbesserlicher »Antisemit«, dem Verbrecher Eisele zugeordnet – eine sehr weitgehende und eigentlich ehrenrührige Verdächtigung. In einem Notizkalender jedenfalls vermerkte Celan schon 1960, daß Max Frischs »Einstellung zum Jüdischen an irgend etwas krankt«, um ihn, ebenfalls privat, im Jahr 1962, nach der Aufführung von *Andorra*, einen »salaud et *antisémite*«, also Schuft und Antisemiten zu nennen.[300] Schon zuvor hatte Max Frisch, Celans Erregung entgegentretend, sich geweigert, die Blöckersche Kritik von *Sprachgitter* im Herbst 1959 vornehmlich als politische, der »Hitlerei« zuzuordnende Stellungnahme einzustufen, und damit letzten Endes den Weg zur Verständigung verschüttet.[301]

Mir persönlich wurde über *diese* Zusammenhänge, wie auch über den ungefähr gleichzeitigen Abbruch der Briefbeziehungen mit Ingeborg Bachmann, soviel ich mich erinnere, nichts Genaueres bekannt. Die Korrespondenz mit ihr und mit Max Frisch, aber auch das Gedicht »Wolfsbohne«, das die bittere Klage erhebt, der toten Mutter Sprache, seine »Mutter-Sprache«, werde in Deutschland nicht gehört– »Mutter, sie schweigen. / [...] / Mutter, keiner / fällt den Mördern ins Wort. // Mutter, sie schreiben Gedichte. / [...] // Mutter, ich bin verloren« – weisen darauf hin, daß seit dem Erscheinen der arrogant-hämischen Einschätzung der »Todesfuge« durch Günter Blöcker und angesichts der für Celan ungenügenden, seiner Erwartung jedenfalls nicht entsprechenden oder gar fehlenden Solidaritätsbezeugungen das Mißtrauen allen gedichteschreibenden Partnern gegenüber immer größere Ausmaße annahm. Und vielleicht wird auch der Satz Ingeborg Bachmanns, »und manchmal verzeihe ich mir nicht, daß ich Dich nicht hasse, für dieses Gedicht, für diese Mordbeschuldigung, die Du geschrieben hast«,[302] von hier aus leichter verständlich. Wir wissen nicht, ob es dieses Gedicht war, von dem sie spricht, ob es das Gedicht »Wolfsbohne« war, das sie auf sich bezieht; wir wissen nicht, welche Worte in so manchen Gesprächen gefallen sind; aber an einigen Briefen kann man ermessen, daß auch diese Freundschaftsbeziehung an der Härte der Worte zerbrochen ist.

Dank der Aufarbeitung von Paul Celans Nachlaß ist sichtbar geworden, daß schon mehrere Entwürfe zum *Meridian* das Wort »Verjuden« aufgreifen. Die Verwendung dieses Wortes steht wahrscheinlich, und unter anderem, in Zusammenhang mit der Lektüre des 1957 erschienenen Buches *Aus dem Wörterbuch des Unmenschen* von Dolf Sternberger, Gerhard

Storz und W. E. Süskind,[303] als Umkehrung der vom Hitler-Regime ins Werk gesetzten Ausgrenzung und Vernichtung: »Man kann zum Juden werden, wie man zum Menschen werden kann; man kann *verjuden* und ich möchte, aus Erfahrung, hinzufügen: auf deutsch *heute* wohl am besten«; »*Verjuden*: Es ist das Anderswerden, Zum-anderen-und-dessen-Geheimnis-stehn –« und auch: »Es ist letzten Endes nur ein Wort für das Sich-im-Anderen-Erkennen, es ist Einkehr beim Anderen als bei sich selbst, es ist Umkehr.« »Der Dichter ist der Jude der Literatur – Man kann verjuden; das kommt zwar selten vor, geschieht aber zuweilen doch. Ich halte Verjudung für empfehlenswert – Krummnasigkeit läutert die Seele. Verjudung, das scheint mir ein Weg zum Verständnis der Dichtung, nicht nur der exoterischen –«, »Ehrfurcht vor dem Geheimnis der krummnasigen Kreatur – das ist ein Weg *zum Gedicht*« und: »Es lebe die krummnasige Kreatur!«; »Sprich nicht soviel von Jüdischem, vom Gedicht – du kennst es ja kaum. Sieh es an, nimm es wahr; sei aufmerksam«.[304] Hier ist der also Angesprochene vielleicht er selbst, angesiedelt im deutschen Sprachraum und zu ihm stehend, »assimiliert«, aber auch gezwungen, die Last der alten Vorurteile und Beschimpfungen auf sich zu nehmen und in ihr Gegenteil zu verkehren. Es kommt wohl nicht von ungefähr, daß in den Vorarbeiten zum *Meridian* der Name Theodor Lessings auftaucht. Es ist einer der ersten von den Nazis ermordeten Juden, der, wie auch Karl-Emil Franzos, den Zwiespalt deutsch-jüdischer Identität in seinen Schriften thematisiert hat. Bei Celan heißt es: »Gedichte sind etwas anderes als gereimte Fußnoten zu Theodor Lessing«.[305]

Das Gedicht »Eine Gauner- und Ganovenweise« wird das Motiv des Verjudens einige Monate nach der Büchner-Preis-Rede, im Februar 1961, wiederaufnehmen: »Krumm, so wird meine Nase«. In der Rede selbst, in ihrer endgültigen Fassung findet sich keine dieser Formulierungen ausdrücklich wieder: Als ich die Rede *Der Meridian* nach ihrem Erscheinen

lesen durfte, konnte ich ihnen dort höchstens in außerordentlich verschlüsselter Form, unter der Gestalt des »Anderen«, begegnen; die an mich gerichtete Forderung des »Verjudens« war darin für *mein Verständnis* noch nicht vorgegeben.
Manche Schriftstücke der Abteilung »Aphorismen, Gegenlichter und Fragmente« im Prosa-Nachlaß haben starke Bezüge zur jüdischen Thematik,[306] die in jener Zeit so sehr im Vordergrund stand. Andererseits gibt es auch einen nicht abgesandten Brief an Adorno vom 26. Jänner 1962, in dem Celan mitteilt, daß man ihn »›entjudet‹ bzw. [seines] Judentums entkleidet«,[307] ihm also seine Identität geraubt habe. Die Idee des »Verjudens« könnte demgemäß auch, in ihrer Gegenüberstellung zum mörderischen »Entjuden« durch die Hitler-Herrschaft, einen *rückläufigen Prozeß* meinen, eine Art Anpassung des Nicht-Juden an jüdische Inhalte und an die jahrhundertalte Leiderfahrung, als vollständigen und endgültigen Sühneakt. Mir aber, der diese Inhalte nicht in die Wiege gelegt worden waren, erschien dies als ein Ding der Unmöglichkeit, als eine bloß äußerliche Geste, die von vornherein nicht denkbar war, die keinen Anspruch auf Wahrhaftigkeit erheben konnte. Obwohl ich sogar versuchte, meine Wissenslücken auf dem Gebiet jüdischer Überlieferung mit verschiedenen Lektüren auszufüllen, erschien mir das Problem als Lernprozeß nicht auflösbar. Im allerletzten Gedicht, das ich Celan am 11. August 1961 in die Bretagne nachsandte, habe ich diesen existentiellen Unterschied grundsätzlich ausgesprochen: »Ich – Goi, ich / bei der Schuld, / du – gezeichnet, anders / als ich, / du – Go'el« –; wobei ich nicht einmal mehr zu sagen wüßte, auf welchen Wegen das hebräische Wort »Go'el«[308] mir zugekommen ist.
Mit einiger Mühe kann ich also Vermutungen darüber anstellen, warum mir persönlich die Aufforderung zu »verjuden« zwar sehr deutlich im Gedächtnis haften geblieben ist, jedoch als etwas Trennendes, als etwas Schuld-Zuweisendes, als etwas mich Verstoßendes. Auch die von mir erhaltenen Briefe

geben darüber keine Auskunft; sie sind in diesem Zusammenhang unerheblich und tragen ganz allgemein nichts dazu bei, Celans Sinnen und Trachten über alles bereits Bekannte hinaus deutlicher zu machen, sie sprechen nur von *meinen* Besorgnissen und meinem eigenen Unvermögen. Sie beschreiben etwa die wachsende Distanz: »Soweit fort scheinst Du mir zu sein, so unerreichbar, so eingesperrt in Deine eigenen Sorgen«, »wie eingehakt auf einer fernen unerreichbaren Ebene«, oder sie stellen das »Maßlose« meiner Reaktionen fest, deren ich mich dann wieder schämte und die ich gleich darauf zu bereuen bereit war. Aber auch er ist davor zurückgeschreckt: Irgendwann in diesem Zeitraum meinte er, er könne nicht verantworten, was da mit mir geschehe – vielleicht war dieses »Nicht-verantworten-Können«[309] jedesmal, wenn ein Zuviel an Verlangen und Begehren an ihn herantrat, sogar eine Konstante in seinem Leben; den Schmerz eines andern mitzutragen, ihn seiner eigenen Last hinzuzufügen war ihm, was nicht zu verwundern ist, nicht leicht möglich, ein Gedanke, der sich mir auch bei der Lektüre des Briefwechsels mit Ilana Shmueli aufgedrängt hat. Er, der auf den kleinsten Anstoß, auf das leiseste Zeichen reagierte, mußte wohl mit dieser seiner Eigenschaft haushalten, sich hüten vor einem ihm von außen zukommenden, allzu drängenden Anspruch auf Gehör. Dieses Verhalten, wie es geschehen ist, als »Überempfindlichkeit« einzustufen, wäre aber völlig falsch – eine bloß normengerechte Psychologisierung existentieller Grundlagen.

Nur die ihm zuletzt zugesandten, längst vergessenen und mir jetzt wieder vor Augen liegenden Gedichte sprechen offen darüber und helfen mir, die Anlässe zu rekonstruieren, die zur (zunächst vorläufigen) Trennung führten – es müssen viele Vorwürfe gewesen sein, die mich der Lüge und Unaufrichtigkeit bezichtigten; diese zwölf als Briefe abgefaßten Gedichte rebellieren, sie sind wie ein Aufbegehren, sie reden von zugefügten Schmerzen und, zum ersten Mal mit deutlichen Worten, von enttäuschter, wenn nicht gar verlorener Liebe. An ihrer Heftigkeit ist zu ermessen, wie hart die Angriffe waren und wie verletzt ich mich fühlte. Da sie Celans Haltung mir gegenüber widerspiegeln und mir zudem jetzt als Gedächtnisstützen dienen, seien einige meiner Anklagen wörtlich angeführt: Mit dem Gedicht »Schmerzblume, frei« beginnt der Zyklus, fährt fort mit dem Gedicht, »Da war die Nacht«, und in dieser Nacht »ersann sich«, heißt es darin, »die Seele [...] Helligkeiten«, während der Stein »sie verstieß«; von einer »Stimme« ist da die Rede, die »rief ja und / durfte nicht rufen«, vom »Vorbei« und von diesem aus rückblickend: »Nimm, die ich gab, / die Freiheit, / und schmäh sie mir / nicht so«; »selbstblind«, in langen »Sieben Jahren« ist dort das Aug, »und du-blind genug«, um zum Schluß zu kommen: »Lügen magst du mich / strafen, [...] reden von Schuld, [...] niedrig magst du mich / nennen – du ja oben im / Recht, und ich, unten, im / Stummen – [...] ich bin nur der / Schuttquell unter den Stufen.« Und weiters die Feststellung : »*Ich* war das Dunkle, / das unerkannt / Fremde – / sagtest du's nicht?«; »Aber, / mich die Falsche, die / Doppelzüngige zu nennen, – / da irrst du, da versündigst du / dich«. Schließlich wird deutlich das Trennende angezeigt, »das Los, das / über uns beide / verhängt ist«, schicksalsgebunden Jude oder Nicht-Jude zu sein: denn »Es rächt sich der Samen, [...] es steht [...] das Augen- das / Mund-Nichts, [...] von / unten her / gegen uns / auf – wir sind / in Gefahr. / (Klage, von / unten her / klagt es, / der Boden ist hohl), [...] denn grau ist / die Welt // von der Asche, / der schlaflosen / Asche der / Toten – [...]«.

Nie habe ich erfahren, mit welchen Gedanken Celan all diese Blätter zur Kenntnis genommen, mit welchen Gefühlen er sie zur Seite gelegt hat, um sie dann doch über die Jahre hin aufzubewahren. Daß aber die Rüge an meinem vermeintlich lügenhaften Verhalten sich jahrelang tief in seiner Vorstellungswelt erhalten hat und in Krisenperioden immer wieder aufgebrochen ist, zeigt eine Anmerkung vom 18. November 1965 in seinem Tagebuch. Nach einer schlaflosen Nacht notiert er: »Mit Gisèle gesprochen – auch über die so verstockte Verlogenheit einiger Frauen, darunter Britta« (also nicht mehr »Brigitta«, sondern unter meinem landläufigen Namen, was darauf schließen läßt, daß er durch gemeinsame Bekannte, vielleicht Ariane Deluz, über mein weiteres Fortkommen noch dies oder jenes erfuhr). Dieses verallgemeinernde Mißtrauen fällt in eine Zeit, als die Trennung von seiner Frau schon in Erwägung gezogen wird, drei Wochen nach seiner Rückkehr von der Irrfahrt durch den Süden Frankreichs und wenige Tage vor der katastrophalen Bedrohung seiner Frau mit dem Messer in der Hand.[310]

Kaum zugänglich, eigentlich letztlich unerklärlich, erschien mir damals – obgleich ich bemerken mußte, daß sie einen ganz zentralen Punkt berührte und die Form der damals häufig werdenden unwiderlegbaren Aussagen annahm – die an mich gerichtete Forderung des »Verjudens«. Freilich fiel sie in eine Periode, da der Kampf um Gehörtwerden in Sachen der »Goll-Affäre« Celan geradezu aufzehrte und da dieser Kampf Ausmaße erreichte, die man, wie Barbara Wiedemann argumentiert, »nur mehr mit einer psychischen Ausnahmesituation erklären kann«; ihr Essay über »Claire Golls Angriffe auf Paul Celan: Gründe und Folgen« analysiert mit außerordentlicher Sachkenntnis sein Verhalten und sein Schreiben im Rahmen dieser »lange[n], unglaubliche[n], bitterwahre[n] Geschichte«,[311] durchaus im Licht sowohl seines jüdischen Schicksals als auch seiner eigenen Auffassung von Dichtung und Kunst überhaupt, im Sinn der Büchner-Preis-Rede und ihres dort gesetzten »Akuts«.[312] Dem könnte man noch hinzufügen: Als Mensch, als Jude, war Celan zuinnerst verwundet, der Dichter hinterließ ein Vermächtnis, das dieses Mensch- und Judesein zwar einschließt, aber auch in hohem Ausmaß, und über seine Lebenszeit hinaus, überwölbt.

Was aber bezeichnet genau die vorsichtige, heutigen Ansprüchen angepaßte Formulierung »psychische Ausnahmesituation«? Vor allem im Zusammenhang mit der Kunst des Dichters? Haben nicht immer die Dichter um den notwendigen Wahn-Sinn der Kunstschöpfung, um das wahrhaftige Außersichsein im Augenblick der Schöpfung gewußt? Geht nicht Dichtung gewissermaßen immer mit Persönlichkeitsspaltung im Sinne des »Je est un autre«, d.h. »Ich ist ein Anderer«, von Rimbaud einher? Hat nicht gerade Rimbaud am Eingang zur poetischen Moderne gefordert, »Il s'agit de faire l'âme monstrueuse«, und das »dérèglement de *tous les sens*« vorausgesetzt? (»Es gilt, die Seele fürchterlich zu machen« und Poesie, als Werk des »Sehers«, verlange das »Außer-Rand-und-Bandgeraten *aller Sinne*«.)[313] Es liegt nicht an uns, hier die Trennungslinie zu ziehen, keinesfalls aber darf das Wort vom »Verjuden« als eine krankhafte Zwangsvorstellung aufgefaßt werden, sondern ist als zentraler Begriff der lebenslangen Suche nach der genauen Stelle des Gedichts als »Schule der Menschlichkeit« innerhalb deutscher Sprache und deutschen Sprechens zu verstehen.

Auf ein besonderes Ereignis könnte in diesem Zusammenhang noch hingewiesen werden: Celan reagierte äußerst erschrokken auf die Verquickung von »Genie« und seelischem »Zusammenbruch« in Rolf Schroers' Artikel vom 28. Juni 1961 im *Vorwärts* – eine Reaktion, die sich im Briefwechsel mit Max Frisch niederschlägt und im Rahmen der Darstellung der »Goll-Affäre« ausführlich behandelt ist.[314] Aus einem Brief an Rudolf Hirsch geht hervor, daß er sich gegen das damit verbundene »Klischee« wehrt.[315] Es kann sich nur um das ungemein populäre Schlagwort von »Genie und Irrsinn« handeln, das dem Buchtitel *Genio e follia* (1872) des Arztes Cesare Lombroso entspricht, der darin beweisen wollte, daß seit Tasso, Newton und Fénelon, über Rousseau, Hölderlin und Kleist bis zu Baudelaire und Verlaine die beiden Phänomene – Genialität und Psychose – als Degenerationserscheinung zusammengehörten – eine übrigens an die humanistische Lehre von der Melancholie anknüpfende, aber ins Positivistische und schließlich sogar ins Pseudowissenschaftliche der Eugenik bzw. Rassenhygiene verpflanzte Auffassung. In Deutschland wurde die Schrift seit 1887 (in der Übersetzung von A. Courth) als Reclam-Heft immer wieder aufgelegt; auch ich hatte sie, dank der Bibliothek meines Vaters, unter dem Titel *Genie und Irrsinn* schon in meiner Jugend kennengelernt, und Celan war das Schlagwort gewiß ebenso bekannt; unterschwellig blieb es, auch als sein Autor schon in Vergessenheit geraten war, überall verbreitet. Zur gleichen Zeit liefen schon Gerüchte über Celans labilen Gesundheitszustand um (durch die Witwe Goll eifrig genährt), wodurch er seine Existenz als Schriftsteller bedroht sah. Die dadurch hervorgerufene Erregung ist leicht begreiflich. Hätte ich damals von ihren Anlässen mehr gewußt, wären mir vielleicht seine Anschuldigungen und Forderungen nach Treuebeweisen weniger unverständlich gewesen.

Es könnte auch sein, daß ich sein Ansinnen weniger buchstabengetreu hätte auffassen sollen. Vielleicht wollte er ganz einfach von mir sagen können: ›meine so jüdische Freundin‹, so wie er sagte: ›meine so jüdische Frau‹ – ein erträumtes Zueinanderfinden an seiner Seite, zu dem wir beide, Gisèle Celan-Lestrange und ich, offensichtlich nicht bereit waren, die wir weder seine Doppelrolle noch die unsere als »Schwestern« anerkennen konnten oder wollten. Es kam nicht zur Verschwisterung, es gab nur die »Ver- / freundung« – um das hierher passende Kunstwort aus dem Gedicht »La Contrescarpe« zu gebrauchen[316] –, ein Vorgang, der dem Verlust, dem Vergehen von Freundschaft entspricht, eigentlich ihr Gegenteil bezeichnet.

Vermutlich hat Celan in diesen so verworrenen Jahren gedacht, daß ich nicht das Ufer sei, an dem die ins Meer geworfene »Flaschenpost« antreibt, daß ich nicht mehr im selben »Passat« stünde.[317] Auch die gemeinsame Sprache, die uns über die Jahre hinweg zusammengeführt hatte, war nicht mehr das haltende Band. Lange Zeit hindurch hatte er gefunden und mehrfach behauptet, daß ich über »Antennen« verfügte, die mir erlaubten, die Welt, auch ungesagt, zu erraten. Dies war nun offensichtlich nicht mehr so. Ich selbst empfand die beiden letzten Jahre als ein schmerzliches Nachspiel, und in der Folge habe ich denn auch fast keine Gedichte mehr geschrieben; ich flüchtete mich in die französische Sprache und in deren ›Rationalität‹, mit dem Ziel, sie soweit zu beherrschen, daß ich dank ihr sachliche Zusammenhänge und Themen beschreiben und später auch veröffentlichen könnte – allerdings thematisch ganz auf den deutschen Sprachraum ausgerichtet. Wie schon gesagt, tappt mein Erinnerungsvermögen für diese allerletzte Zeit unserer Beziehung im dunkeln, jedoch sind die sie betreffenden Gedächtnislücken nicht im Lauf der seither vergangenen langen Jahre, sondern in unmittelbarer Folge der Trennung entstanden – es mag wohl eine Art dem Selbstschutz dienender Verdrängungsakt gewesen sein.

Zeitloses

Was soll ich mit den Gedächtnisbrocken anfangen, die sich an kein Datum, keinen Ort, kein Ereignis anschließen lassen?
Wann, zum Beispiel, haben wir festgestellt, daß wir dieselben Landsknechtlieder kannten, wie etwa jenes, das gegen Herrschaft und Kirche zur Rebellion aufruft: »Wir sind des Geyers schwarze Haufen, / heia, hoho! / Und wolln mit Tyrannen raufen, / heia, hoho! / Spieß voran, / drauf und dran, / setzt aufs Klosterdach / den roten Hahn«. Der Kriegsruf »Heia« im Gedicht »Eine Gauner- und Ganovenweise« entstammt möglicherweise diesem Lied; er dürfte nichts, wie manchmal angenommen wurde, mit dem »Heia-popeia« deutscher Wiegenlieder zu tun haben; ich selbst habe den Ruf in einem frühen Gedicht, das Celan gelesen, aber nicht aufbewahrt hat, verwendet.[318] Da war dann noch ein anderes aufständisches Lied, das Wallensteins Truppen eigentümlich war: »Trum, trum, trum trum trum, / ihr Herren, eure Zeit ist um«, und selbst jenes, das eine Imitation des Genres aus dem Ersten Weltkrieg ist: »Der Tod reit' einen kohlschwarzen Rappen, / Flandern, Flandern – Flandern in Not, / in Flandern reitet der Tod«. Die hier genannten Lieder sind mir auch melodisch vertraut, zum Teil haben wir sie gesungen. Das in der »Gauner- und Ganovenweise« verwendete Lied »Wir zogen in das Feld«[319] war mir hingegen als Melodie, und damals auch als Text, völlig fremd. Es gab da noch ein uns beiden bekanntes Lied: »Es blies ein Jäger wohl in sein Horn«, jedoch habe ich mir nicht gemerkt, ob wir diese alte, teilweise recht grausame Weise, über Tod und gewaltsame Verführung zur erotischen Besitznahme des »braunen Mädchens« fortschreitend, gesungen oder nur gesprächsweise erwähnt haben; der zweite Vers , »Und alles was er blies, das war verlorn« – Ausdruck von Vergeblichkeit und Umsonst –, findet sich immer wie-

der zitiert. So in den Notizen zur Dunkelheit in der Dichtung vom Sommer 1959, in einem Aphorismus vom 22. Jänner 1960 sowie mehrfach in den Entwürfen zur Büchner-Rede.[320]
Wann und wo gedachten wir der Abzählreime und Kinderlieder, die uns gleicherweise in Erinnerung waren – zum Beispiel das »Maikäferlied«: »Maikäfer flieg! / Der Vater ist im Krieg, / Die Mutter ist in Pommerland, / Pommerland ist abgebrannt. / Maikäfer flieg!«, das in *Die Niemandsrose*, im Gedicht »In der Luft« auftaucht,[321] oder der Abzählreim »Scheren schleifen, Scheren schleifen, / Ist die große Kunst«, dessen mir wohlbekannte Verse, dort im Gedicht »Es ist alles anders«, verwandelt und in anderer Reihenfolge, aber doch ausdrücklich genannt sind? »Die rechte Hand, die linke Hand / die *geb* ich dir zum Unterpfand«, so beginnt der Reim, bei Celan aber geht es inmitten der Verse um »Namen« – Ossip Mandelstamms, seinen eigenen, es geht um die einander berührenden Hände, und aus dem Geben wird die Aufforderung zu nehmen: »da hast du sie, da nimm sie dir, da hast du alle beide, / den Namen, den Namen, die Hand, die Hand, / da *nimm* sie dir zum Unterpfand«.[322] Der Text dieses Liedes weist möglicherweise auch auf die von Julij Margolin im »Luftwege-Almanach« zitierten Verse Mandelstamms hin »Wer bin ich? [...] / Der Zweihänder bin ich, mit der doppelten Seele / [...]«. Auf diese Verse bin ich offensichtlich schon damals aufmerksam geworden, als Celan und ich über Mandelstamm lange Gespräche führten: Sie sind mit Wortentsprechungen von meiner Hand angezeichnet. Es ist sehr leicht möglich, daß er mich darauf hingewiesen hat, wie auch auf das Wort vom »Bruder Ossip« im Text von Margolin, das in meinem Exemplar des Almanachs am Rand mit Bleistift doppelt angestrichen ist.[323]
Ich erinnere mich, daß wir auch von der furchterregenden Gestalt der »Schwarzen Köchin« sprachen, von der es heißt, »Dreimal muß sie ummarschieren, / ’s vierte Mal den Kopf verlieren«, woraufhin sie dann, nach vielen »Pfui-Rufen«, als

die Schönste erwählt wird: »'s fünfte Mal muß sagen, / du bist schön, / und du bist schön, / und du die Allerschönste« – eine Stelle, die ihm besonders lieb war. Auch ein anderes war uns gemeinsam: »Der Plumpsack geht um, / dreht euch nicht um, / er geht um den Kreis, / daß niemand es weiß, / und wer ihn will haben, / muß Schläge ertragen«. Ich weiß noch, von Hexen und schwarzer Magie war die Rede, jedoch glaube ich nicht, daß diese in Celans Gedichte Eingang gefunden hätten. Auf welches Kinderlied sich die Stelle »mit den Men, mit den Schen, mit den Menschen« im Gedicht »... rauscht der Brunnen« (*Die Niemandsrose*)[324] bezieht, kann ich nicht mehr ausfindig machen; die wegen der Silbenteilung häufig genannte Parallele »Meine Mu, meine Mu, meine Mutter ...« ist mir persönlich völlig unbekannt und ist auf keinen Fall in unseren Gesprächen erwähnt oder gar gesungen worden. Allerdings haben wir irgendwann einmal davon gesprochen, daß die deutsche Sprache keinen Reim zum Wort »Mensch« kennt, und ich wußte von einem kabarettistischen Versuch zu erzählen, dem Kuriosum beizukommen, und zwar durch die Erfindung eines Kunstworts – der »Pensch«, herausgelöst aus der Lam*pensch*irm, also durch eine Wortzerstückelung. Der Versuch geht in die Zeiten der NS-Herrschaft, also die Zeiten der Menschenverachtung, zurück und wird dadurch um so mehr zum makabren Gegenbild.

Möglicherweise stehen diese Gespräche und dieses Singen auch in Verbindung mit meiner häufigen Lektüre des vielbändigen *Handwörterbuchs des deutschen Aberglaubens*[325] in der Nationalbibliothek, das, soviel ich weiß, Paul Celan ebenfalls gelegentlich konsultierte. Er kannte meine Hauptinteressen,[326] und so schenkte er mir ein bei dem alten armenischen, von ihm viel frequentierten Bouquinisten in der Nähe der Sorbonne erworbenes Werk, eine *Weltgeschichte des Aberglaubens*,[327] zusammen mit dem Hirt-Weigandschen *Deutschen Wörterbuch*[328] – eine hervorragende Quelle des deutschen Wortschatzes. Unter den Büchern, die er mir im Lauf der Zeit zum Geschenk machte, befand sich auch eine Rowohlt-Ausgabe von *Moby Dick* von Herman Melville – dieses wunderbaren Buches über das Übel in der Welt und über die Besessenheit eines Menschen; er machte mich aufmerksam auf das »Verzeichnis seemännischer Ausdrücke« am Ende des Werks mitsamt einer angefügten Liste aller Stellen in Wort und Schrift, die, mit der Bibel angefangen, je vom Leviathan gehandelt haben.[329] Er gab mir auch die neue deutsche Prosa-Übertragung der *Odyssee* durch Wolfgang Schadewaldt, ebenfalls bei Rowohlt erschienen, seinem Urteil zufolge der Sprachgewalt des Originals viel entsprechender als die früheren, versifizierten Übersetzungen.[330] Wann aber dies geschah, weiß ich nicht mehr, genausowenig, wann es war, als er mir zum ersten Mal von Ungaretti gesprochen hat – ich glaube, es war zur Zeit der Übersetzung durch Ingeborg Bachmann; seine eigene erschien ja erst Jahre später.[331] Und auch nicht, wann er mir die Schriften von Walter Benjamin empfohlen hat, seinerzeit in Frankreich kaum übersetzt und noch unbekannt. Auch viele Poeten waren zugegen – Georg Trakl vor allem, Rilke dann und wann, Oskar Loerke und sogar Franz Werfel, von dem wir meinten, daß er in seiner expressionistischen Frühzeit, zum Beispiel in den Gedichten aus dem Band *Wir sind* (1917), den ich besitze (und den Celan ebenfalls besaß),[332] Brecht schon ein wenig zuvorgekommen sei. Brecht, dessen *Hauspostille* mir auch zur Hand war …[333] Die geteilte Trauer nach dem tragischen Unfalltod von Albert Camus am 4. Jänner 1960 ist mir noch gegenwärtig; wenn ich mich auch nicht an seine Worte erinnere, so muß doch an Celans Aussage in einem Brief an seine Frau verwiesen werden, in dem er den Tod von Camus, seiner eigenen Poetik entsprechend, evoziert: »das ist einmal mehr, die Stimme des Anti-Menschlichen, unentzifferbar. Wenn man mit den Zähnen denken könnte!«[334] Auch von der fast gleichzeitigen Begegnung Celans mit Jules Supervielle (am. 12. Jänner) erfuhr ich damals, an die er die Hoffnung knüpfte, einen ihm nahen Menschen gewonnen zu haben, aber nichts von seinem bald darauf erfolgten Tod (am 17. Mai) oder gar von Celans Übersetzungen dieses Dichters. Zu einem ungewissen Zeitpunkt war es, daß er mir die Lektüre von Marcel Schwob empfahl. Dadurch lernte ich dessen schöne Novelle kennen, die dem vergeblichen Kampf des Malers Paolo Ucello (in: *Vies imaginaires*, 1896) um die Vollendung des *absolut vollkommenen* Bildes nachgeht, ein Kampf, der in die Tragik der unmöglichen Verwirklichung solch erträumter Vollkommenheit mündet, während der Maler, von Blindheit geschlagen, nicht sieht, daß die Wirklichkeit selbst – seine stille, jahrelang als Modell dienende Frau und Geliebte – dabei dahinschwindet und stirbt. Ein Gespräch darüber könnte in der Zeit zwischen dem Erscheinen von *Sprachgitter* und den Überlegungen zur Kunst in der Büchner-Preis-Rede eingeordnet werden. Das Büchlein ist mir leider verlorengegangen.

Freundlich-zärtliche Aspekte der Märchenwelt kamen irgendwann ans Licht: so die reizvolle Liebesgeschichte zwischen Kay und Gerda in der »Schneekönigin« von H. C. Andersen mit ihrer Schneeflocken- und Rosen-Metaphorik. Es könnte nach meiner Rückkehr von einer Reise nach Finnland, Schweden und Dänemark im Sommer 1955 gewesen sein, als ich ihm erzählt hatte, daß man, wenn man in Dänemark über Land fährt, an jeder Straßenkreuzung einen Wegweiser vorfinde, der die Richtung zum Haus des Märchendichters anzeigt, welches aber letzten Endes unauffindbar bleibe. Wir hatten auch sonst viele gemeinsame Anhaltspunkte, sei es die Verankerung von Joseph Roth im alten Österreich-Ungarn (Celan war es, der mir von Germaine[335] erzählte, die er, Celan, noch gekannt habe, in einer Café-Bar der Rue de Tournon, wo sie Roth bei seinem ebenso exzessiven wie desperaten Trinken bedient hatte), sei es das »Halb-Asien« von Karl Emil Franzos – der, im *Meridian* gewürdigt, Celan als »wiedergefundener Landsmann« galt und dessen Schriften auszugsweise wieder verfügbar geworden waren. Das in meinem Besitz befindliche

Büchlein[336] habe ich damals Celan geliehen; manche Stellen in der Einleitung von E. J. Görlich sind von ihm angestrichen, denen zufolge Franzos den von ihm beschriebenen Menschen in den östlichen Kronländern der österreichisch-ungarischen Monarchie den klassischen deutschen Humanismus als Vorbild hinstellen wollte und die europäische Bildungswelt aufrief. So Seite 18: »Helft! Laßt nicht zu, daß in diesen von Natur und Charakter seiner Bevölkerung gesegneten Ländern *nur* die äußerliche Zivilisation des Westens Eingang finde, haltet vielmehr daran fest, daß dieses Halb-Asien auch *seelisch* erobert und gewonnen werden muß.« Des weitern findet sich, auf derselben Seite, ein Zitat des Historikers Meinecke aus seinem Buch *Weltbürgertum und Nationalstaat* von Celan angezeichnet: »Eine schon feinere und von den Trägern deutscher Bildung immer hochgehaltene Meinung ist die, daß das wahre, das beste deutsche Nationalgefühl auch das weltbürgerliche Ideal einer übernationalen Humanität mit einschließe, und daß *es undeutsch sei, bloß deutsch zu sein.*« Franzos, der aus Ostgalizien gebürtige deutschsprachige *und* jüdische Autor, hat seine Ausbildung teilweise, von 1859 bis 1866, am Gymnasium von Czernowitz erfahren und später, im Jahr 1875, die Gründung der Franz-Josefs-Universität mitgefeiert, das heißt der »östlichsten« aller deutschsprachigen Universitäten, wie Celan ebenfalls betonte, die auch die seinige gewesen war: Auf halbem Weg begegnet er ihm, in Galizien, unterwegs, dem »Meridian« folgend, zwischen Livland, der Heimat des Dichters Lenz, und seiner eigenen, der Bukowina, zwischen Riga und Czernowitz. Mag es nun Zufall sein oder nicht – es scheint mir erwähnenswert: der eben genannte Herausgeber der kleinen Sammlung von Franzos' Texten beginnt seine Einleitung (die Celan, wie man sieht, gelesen hat) mit einem Hinweis auf den »Geographen und Kulturmorphologen« Erwin Hanslik. Man verdanke ihm eine Theorie über das Kulturgefälle West-Ost, wobei die von Österreich zusammenzuhaltenden Welthälften durch eine »gedachte Linie«, eine imaginäre »Scheidungslinie«, getrennt seien, die von Danzig bis Triest verlaufe – eine Ansicht, die jener von »Halb-Asien« sehr nahe käme.[337] Franzos wäre demnach nicht nur als erster Herausgeber Büchners, sondern auch als früher Vertreter und Anhänger des Meridian-Gedankens anzusehen, als jemand, der in seinen Schriften die Menschen, die in den Landstrichen hinter der imaginären Linie lebend, im »Zwielicht« deutscher Kultur und mannigfaltiger, oft roher ererbter Sitten unter dem »Neigungswinkel [ihres] Daseins«[338] darzustellen wußte. »Im Zwielicht« ist ein Bild, das Franzos im Vorwort zu seinem Buch, zur Erklärung des Titels *Aus Halb-Asien* selbst verwendet hat.[339]

Und Wien? Celan meinte, daß diese Stadt ihn nicht gut aufgenommen und ihn sehr enttäuscht habe. Genaueres erzählte er mir nicht: wie er dort im Jahr 1948 gelebt hatte, wen er kannte – schon gar nicht Verhältnisse intimer Natur. Von Ingeborg Bachmann hat er mir, wie schon erwähnt, wenig und ausführlicher erst seit dem Jahr 1957 gesprochen. Von Klaus Demus war verhältnismäßig oft die Rede, aber selbst Milo Dor, von dessen Existenz ich auch durch meinen Bruder wußte, kam in unseren Gesprächen nur ganz selten vor.[340] Sicher habe ich einige einflußreiche Persönlichkeiten im Kunstleben der Wiener Zeit, wie zum Beispiel Hans Weigel, Friedrich Torberg, Heimito von Doderer, den Maler Kurt Absolon oder den Bildhauer Fritz Wotruba seinerzeit – wenn auch nur flüchtig – kennengelernt: Sie spielten aber keinerlei Rolle in unseren Gesprächen. Mir selbst war Wien nie ein Anziehungspunkt gewesen, ich sprach ihm den Hauptstadtcharakter ab, dessentwegen ich nach Paris gezogen war, und die Wiener, ihre Art und Sprechweise, ihre gesellschaftliche Doppelzüngigkeit waren mir unangenehm. Aber auch Celan hat nie irgendeine Andeutung gemacht, daß es ihn dort hinzöge; vom kurzen Aufenthalt im Juni 1959 erwähnte er nur, wie sein kleiner Sohn sich vom Anblick der Lipizzaner in der Hofreitschule gar nicht losreißen konnte. Von den ganzen zweimonatigen Ferien im Pinzgau im Salzburgischen und dann in der Schweiz, in Sils im Engadin, hat er mir sonst nichts mitgeteilt als das neuerliche Treffen in Innsbruck mit Ludwig von Ficker, dem Förderer Trakls und Herausgeber seiner Gedichte – eine würdige Gestalt, schon sehr betagt und ein wenig weltfern, wie ich ein Jahr später, im Anschluß an meine Teilnahme am Forum Alpbach in Tirol, anläßlich eines Besuchs bei ihm in Begleitung meines Bruders persönlich feststellen konnte.

Unter den Lebenden, wer waren seine Freunde? Wer waren die fünf, die er im Feber 1958 als solche bezeichnet hatte und zu denen ich damals auch zählte? Wen meinte er – Ingeborg Bachmann, Milo Dor, Klaus und Nani Demus oder die beiden Lenz? Günter Grass, der damals am Pariser Horizont auftauchte und den ich ganz von fernher kannte (ohne mit ihm bekannt zu sein), hat er nur einmal kurz erwähnt, nicht eben allzu freundschaftlich.[341] Der Grund zu dieser meiner Abseitigkeit im Freundeskreis lag nicht nur in der Natur unseres Verhältnisses, sondern auch in Celans Wesen: Neben seiner Kunst, zu bezaubern, war Diskretion eine seiner Haupteigenschaften, und zwischen uns galt lange Zeit hindurch die stillschweigende Übereinkunft, daß unsere Lebenswege, mitsamt allen dazugehörigen Beziehungen, notwendig getrennt verlaufen mußten, in der Verschwiegenheit. Nur einmal, noch in meiner reiselustigen Zeit, als ich eher spielerisch die Möglichkeit erwog, mich nach Indien zu begeben, nicht ohne anzufügen, »Komm mit nach Indien«, sah ich ihn nachdenklich werden, so als ob das wirklich in Betracht käme: Vielleicht kam ihm das von Ingeborg Bachmann erträumte ferne Land in den Sinn, als sie ihm im Jahr 1949 schrieb: »Für mich bist du aus Indien oder einem noch ferneren, dunklen, braunen Land, [...]«.[342] Ganz zum Schluß aber, als wir nicht mehr harmonierten, meinte er, daß es offensichtlich nicht möglich gewesen wäre, mit mir zu leben. Da ich dies nie, weder am Anfang noch am Ende, von ihm gefordert und es nie als Perspektive auch nur bedacht hatte, war ich außerordentlich erstaunt. Auch heute noch halte ich diese seine Aussage für eine Projektion aus anderen, parallelen Erlebniswelten. Zwischen uns, ihm und mir, kam es einfach nie in irgendeiner Weise in Betracht.

Seit ich im westlichen Stadtteil Auteuil wohnte, begaben wir uns manchmal zum ganz nahe gelegenen Pont Mirabeau. Sicherlich habe ich ihm erzählt, daß das Gedicht von Apollinaire »Sous le Pont Mirabeau« das erste gewesen war, das ich in französischer Sprache auswendig gelernt hatte, im Rahmen der Kurse für Diktion, die zur Ausbildung für die Lehrbefähigungsprüfung für den Französisch-Unterricht im Ausland obligatorisch waren. Merkwürdigerweise habe ich seine Übersetzungen von Apollinaire nie zu Gesicht bekommen. Die eigentümliche Atmosphäre des Ortes ist mir in lebhafter Erinnerung geblieben. Als ich von Paul Celans Tod in der Seine erfuhr (in *Die Niemandsrose*, im Gedicht »Und mit dem Buch aus Tarussa« eigentlich schon ›angekündigt‹),[343] konnte ich ihn mir nicht anders vorstellen, als vom Pont Mirabeau aus gesucht, und dies um so mehr, als seine letzte Wohnstatt sich auch in der Nähe der Brücke, aber am anderen Seine-Ufer befand. Jedoch kam mir auch der letzte Absatz in der immer wieder gemeinsam gelesenen Erzählung »Das Urteil« von Kafka in den Sinn: »[...] und ließ sich hinabfallen«.[344]

Wann hat er mir verraten – es war fast ein Schuldbekenntnis –, daß sein eigentlicher Name nicht Celan, sondern »Antschel« war, daß es sich um ein Anagramm, von der rumänischen Form »Ancel« abgeleitet, handelte, von ihm gemeinsam mit einer Bekannten, Jessica Sperber, noch in Bukarest erfunden?[345] Daß der ursprüngliche Sinn dieses Namens »Amsel« war?[346] Mir schien durchaus verständlich, daß ein Dichter einen anziehenden neuen Namen wählte, aber ihm, wollte mir scheinen, war es eine Art Verlust, ein Bruch mit seiner Herkunft.

Und wann hat er mir von Clara Haskil erzählt?[347] Daß sie klein war und buckelig, grauhaarig und überhaupt ganz unansehnlich, aber dann, wenn sie aufs Podium stieg, um Mozart zu spielen, wie nie jemand zuvor und vielleicht wie nie jemand wieder: ein Wunder? Ein Wunderbares an Schönheit und Klarheit, das von dorther kam, wo auch seine Ursprünge waren, in der jüdischen Welt seiner Jugend. Im Jahr 1960 hatte ich eine Eintrittskarte in der Tasche, um sie zu hören. Das Konzert fand nicht statt, denn Clara Haskil war kurz zuvor verstorben. Das war im Dezember 1960.

Nie gingen wir zusammen in ein Konzert oder einen Film ansehen, obwohl auch ich, aber nie gleichzeitig, den durch sein Programm eher exklusiven Kinosaal Die Pagode aufsuchte. Jedoch hörten wir auf meinem kleinen Plattenspieler auch anderes als die schon erwähnten jiddischen Lieder – etwa Kammermusik von Schubert und Haydn, von Bach die Kantaten *Ich will den Kreuzstab gerne tragen* und *Ich habe genug*, die *Kindertotenlieder* von Gustav Mahler oder gar die Songs der *Dreigroschenoper* von Kurt Weill und Bert Brecht – allen voran das Lied der Seeräuber-Jenny vom »Schiff mit acht Segeln«, das er selbst gern sang ... Auch die »Complainte« des »Armen Rutebeuf«, interpretiert von dem anarchistisch gesinnten, später sehr berühmten Liedersänger Léo Ferré, das heißt, die Ballade von den ungetreuen Freunden, die der Wind verweht, haben wir schon 1958 oder 1959 gemeinsam gehört. Der französische Text des mittelalterlichen Poeten Rutebeuf findet sich dann im Jänner 1960 einem Brief an Rudolf Hirsch angefügt;[348] die Zeile in Celans Übersetzung, »Was sind sie, die mir nah, geworden«, war ursprünglich als Titel des Ende Mai 1961 entstandenen Gedichts »Einem der vor der Tür stand« in *Die Niemandsrose* vorgesehen.[349] Das schöne Wortspiel im Gedicht des Rutebeuf: »Ce sont ami que vent em*porte* / et il ventoit devant ma *porte* / les em*porta*« ist natürlich schlechthin unübersetzbar und deshalb auch in Celans Übertragung nur durch ein anderes Wortspiel (dicht gesät/Saat) wiedergegeben. Mir selbst war das Lied durch einen befreundeten Ethnologen zugekommen, der in seiner Jugend Léo Ferré – im französischen Widerstand oder in anarchistischen Kreisen – gekannt hatte; ich besaß die Platte und erzählte Celan, als wir sie abspielten, was ich von Ferré zu wissen glaubte.[350] Zu meiner kleinen Plattensammlung gehörte auch Alban Bergs Oper *Wozzeck* nach Georg Büchner – ob wir sie aber gemeinsam angehört haben, so wie die kleinen Klavierstücke von Schönberg und Webern, weiß ich nicht mehr.

Unmöglich ist es mir auch, den Augenblick wiederzufinden, da wir gemeinsam die einem jungen Österreicher gewidmete Gedächtnistafel entdeckt hatten, der zufolge dieser als Partisan im Kampf gegen die deutsche Besatzungsmacht gefallen war. Sie befand sich (und befindet sich auch heute noch) in der Rue Mirabeau, ganz in der Nähe der Église d'Auteuil und der Rue Wilhem, wo ich wohnte. Die Tafel kennt nur einen Vornamen – »Ernest«, »österreichischer Freischütze und Partisan«, »am 15. Juni 1943 [...] gefallen für Frankreich und für die Freiheit«.[351] Um mehr darüber zu erfahren, befragte ich die Hausmeisterin, die den jungen Mann zwar hinstürzen gesehen hatte, sonst aber nichts zu berichten wußte. Wir nahmen an, daß es sich um einen Mitkämpfer des Spanischen Bürgerkriegs gehandelt hatte, ein nach Frankreich geflohenes Mitglied der Internationalen Brigaden. Celan gestand mir, daß er sich in seiner Jugend einen Cousin (oder Cousine?) erfunden hatte, der (oder die) in Spanien auch dabeigewesen wäre – so wichtig war ihm dieses Anliegen, von dem manche Gedichte ›aus unserer Zeit‹ ebenfalls Zeugnis ablegen.[352] Meine späteren Nachforschungen bei den zuständigen Gremien haben ergeben, daß die Tafel einen neunundzwanzigjährigen jüdischen Exilanten aus Wien namens Ernst Blaukopf betrifft, der schwerverletzt verhaftet, der Folter unterworfen und schließlich am 28. September 1943 am Mont Valérien, wie so viele Widerstandskämpfer, erschossen wurde. Merkwürdigerweise handelt es sich um einen in der Bukowina beheimateten Familiennamen; der bekannte Wiener Musikwissenschaftler Kurt Blaukopf stammt aus Czernowitz, ein Moritz Blaukopf publizierte in der *Czernowitzer Allgemeinen Zeitung* und ist auch auf einer Photographie gemeinsam mit Kaiser Karl zu sehen, der im Jahr 1917 die Stadt besuchte; die Wienerin Trude Blaukopf, vielleicht eine Schwester des Ernst Blaukopf, gehörte zu den kommunistisch orientierten Gruppen, die in Frankreich die Moral der deutschen Truppen zu unterminieren versuchten, und wurde in Paris hingerichtet. Möglicherweise stammte beider Familie aus Czernowitz. Das konnten wir damals nicht einmal ahnen – ich erinnere mich nur, wie wir rätselratend vor der Gedenktafel standen. Die Vermutung einer vorhergehenden Teilnahme am Spanienkrieg dürfte zutreffen.

Ganz nah von dort, zunächst der Kirche von Auteuil, befand sich auch eine Nachtbar, in der wir einmal spätabends einkehrten. An der Bar stand eine ziemlich aufgedonnert gekleidete Frau; in ihrem Dekolleté prangte ein riesiges Kreuz, das unsere Aufmerksamkeit auf sich zog. Plötzlich, als hätten Skrupel sie befallen, griff sie nach dem Kreuz, um es abzulösen. Celan war überzeugt, daß sie telepathisch, unter dem Einfluß unserer Blicke, gewissermaßen auf geheimnisvolle Weise, reagiert hatte. Auch andere triviale Ereignisse sind zu vermerken: In einem meiner wiederaufgetauchten Briefe lese ich, daß ich einmal in Geldnöten war und ihn bat, wie das unter guten alten Freunden üblich ist, mir etwas Geld zu borgen; es ist zu hoffen, daß ich es zurückgegeben habe![353]

Wann schließlich hat er mich gebeten, ihn ins Museum des Jardin des Plantes zu begleiten, um dort in einer Koleopteren gewidmeten Ausstellung die in Glaskästchen säuberlich und in guter Ordnung aufgespießten, grünlichschwarz glänzenden Käfer anzusehen?[354] Die Säle waren leer, die Atmosphäre düster, unheimlich sogar, Celan verhielt sich schweigsam. Zwar haben wir uns gemeinsam, voller Bewunderung für die kühl beschreibende Sprache von *Pokornys Naturgeschichte des Thierreiches* und ebenso *des Pflanzenreiches*,[355] zwei Bände, die ich aus Österreich mitgebracht hatte, für das botanische und zoologische Vokabular und dessen poetischen Gehalt interessiert, doch sehe ich keinen Zusammenhang; daß *Brehms Tierleben* zu seinen Lektüren zählte, wußte ich damals noch nicht.[356] Diese Episode fiel, dessen bin ich gewiß, in die Zeit der großen Anfechtungen. Sehr wohl könnte sie also mit dem auf den 13. Dezember 1961 zu datierenden, als »Gegenlicht« bezeichneten Aphorismus mit dem Titel »Faire mouche« (Ins Schwarze treffen) zu tun haben, der von der äußerst aggressiven und beleidigenden Doppelbezeichnung »Schmeiß- und Judenfliege« ausgeht. In diesem Text lese ich heute, daß die Fliege »auf das behutsamste aufgespießt« und »katalogisiert« ist; an ihr »weiß man die smaragdenen Flügel zu bewundern«.[357]

War es zur selben Zeit, als er verschiedene Dinge als »zum Symbol herabgewürdigt« betrachtete? Daß er nichts mehr wissen wollte von dieser ganzen »Icherei«? War diese im Zusammenhang zu sehen mit dem »Ich-Gefängnis«, dessen ich mich in einem meiner letzten Briefe aus dem Jahr 1962 bezichtigte?[358] Oder weist es hin auf den Gegensatz zwischen dem »Fremden« und dem »Eigenen«, der in der Büchner-Preis-Rede thematisiert ist, indem gezeigt wird, daß nicht die Künstlichkeit der Kunst, sondern allein die Dichtung das »Ich«, die Person, mit ihrem Schicksal und ihrem Ort, »freisetzen« kann?[359] Oder zielte der Ausspruch gar auf »das hundert- / züngige Mein- / gedicht, das Genicht«?[360] Oder zurück auf frühere selbstkritische Sprachbezeichnungen – »den Bettel der Worte zu Füßen«, und »mein Mund / spie seinen Schotter [...]«?[361] Es gibt auch eine wahrhaft bittere Anmerkung vom 26. Februar 1962 auf dem Titelblatt seines Exemplars von Hilde Domins gerade erschienenem Lyrikband *Rückkehr der Schiffe*, auf dem in großer Schrift der durchgestrichene Titel durch »Aus der Welt der Ich-losen, der Ich-Diebe« ersetzt ist, darunter die gravierende Ergänzung »une singerie« (»eine Äfferei«)[362] – ist auch diese in den Zusammenhang der ausschließlichen Bestimmung des Ich durch erlebte Wirklichkeit zu setzen? Wie diese Beispiele zeigen: Was mir im Gedächtnis verblieben ist, sind nur fragmentarische, von jedem Kontext losgelöste Bilder und Aussagen; sie gehören jedoch zu den wenigen Sätzen, die ich mir, ohne sie aufzuschreiben, wortwörtlich gemerkt habe, woraus man schließen darf, daß ich ihnen schon damals mehr als anderen Bedeutung zumaß.

Gewiß ist es zu bedauern, daß jedes Gedächtnis so durchlöchert ist. Heute, im Verlauf von rückblickenden Gesprächen mit Bertrand Badiou, tauchen noch diese oder jene Erinnerungspartikel auf. Aber auf immer wird das Wesentliche unserer so lang geheimgehaltenen Begegnung verborgen bleiben. Das »Geheimnis« war indessen möglicherweise weniger gut gehütet, als ich annahm: Bei meiner Heirat im Jahr 1963 soll mein Bruder den Ausspruch getan haben: »Aber was wird denn da der Celan sagen?« Diese Bemerkung hat mich sehr erstaunt, wie auch der Umstand, daß meine Familie mehr zu wissen schien, als mir lieb war, aber wenn ich es recht bedenke, so muß ich annehmen, daß Celan selbst es gewesen war, der ihn eingeweiht hatte. Mein Bruder und ich haben, obwohl ich ihn jedes Jahr einmal wiedersah, darüber nie in aller Offenheit gesprochen.

Wenn man mich nun fragen wollte, was das Besondere an dieser Beziehung gewesen sei, warum sie mich mehr als andere geprägt habe, dann könnte ich folgenden Erklärungsversuch wagen: Ich habe beobachtet, daß der Drang zu *besitzen* in fast alle zwischengeschlechtlichen und sogar, ganz allgemein, zwischenmenschlichen Beziehungen hineinragt, sie gewissermaßen verunreinigt und von ihrem eigentlichen Ziel, der Begegnung, abbringt; lange Zeit hindurch war unsere Liaison davon frei. Auch die Last des Alltags blieb ihr völlig fremd. Man könnte dies als eine seltene Konstellation, eine Art von Glück, bezeichnen.

Darüber hinaus ist dieses Besondere vor allem Paul Celans Persönlichkeit und ihrer außerordentlichen Überzeugungskraft zuzuschreiben, überzeugend und anziehend über alle Gegensätzlichkeiten hinweg und bis ins Abwegige hinein. Es ging eine Strahlkraft von ihm aus, die schwer zu beschreiben ist: Celan war offen und verschlossen in einem, gleichzeitig hellhörig und erbarmungslos, wissend und dennoch verloren, frei und getrieben wie sonst niemand. Im Spannungsfeld der Gegensätze lag wohl das Geheimnis seines Wesens, das ihn so anziehend machte; von dem auch seine Dichtung lebte. Sogar im Zustand äußerster Bedrängnis war es wie ein Sog, dem man sich kaum zu entziehen vermochte; dem man, wehrte man sich nicht, auf Gedeih und Verderb ausgeliefert war.
Und dennoch: Auch wenn ich alle Einzelheiten seines Lebens kennen würde, seine Sprache, sein Schweigen und seine Widersprüche ganz verstünde, so bliebe mein Blick, als etwas notwendig Äußeres, immer noch beschränkt; das Wesentliche bliebe verborgen, während ich nur erzählen kann, was mir am Rande seines Lebens widerfahren ist, während all der Jahre, die ich gleichzeitig sehr nahe und sehr weit von ihm entfernt verbracht habe.
Beim Erwerb von *Die Niemandsrose*, als jede Beziehung zwischen Celan und mir längst abgebrochen war, konnte ich darin, im Gedicht »À la pointe acérée«,[363] dem Wort vom »Unwiederholbaren« begegnen, und auch jenem, das den Blick des Lesers auf das Bild vom »Kreidestern« vor einer Tür lenkt:

> Tür du davor einst, Tafel
> mit dem getöteten
> Kreidestern drauf.

Auf dieser Tafel stand und steht der Davidstern. Trotzdem bin ich versucht, den anderen Kreidestern, der meine Worte bis hier begleitete, hineinzulesen.

Anmerkungen

1 Hans-Georg Gadamer, *Wer bin Ich und wer bist Du? Ein Kommentar zu PCs Gedichtfolge »Atemkristall«*, Frankfurt am Main, Suhrkamp Verlag, 1976; Peter Szondi, *Celan-Studien*, Frankfurt am Main, Suhrkamp Verlag, 1980 (8. Auflage).

2 Siehe die verschiedenen bei Suhrkamp in Frankfurt am Main erschienenen Werke. Alle Hinweise erscheinen in der Folge unter ihren Siglen.

3 Herausgeber, in Deutschland und in Frankreich, verschiedener Briefwechsel und nachgelassener Schriften (siehe Liste der »Siglen«). Er betreut, zusammen mit Eric Celan, den Nachlaß des Dichters. Übersetzer des Gedichtbandes *Lichtzwang* (mit Jean-Claude Rambach), Paris, Éditions Belin, 1989, wie auch des Briefwechsels von Paul Celan und Ilana Shmueli, Paris, Éditions du Seuil, 2006; die Übersetzung der Korrespondenz mit Ingeborg Bachmann ins Französische ist in Vorbereitung. Das Manuskript der deutschsprachigen Ausgabe dieser Korrespondenz konnte ich schon während der ersten Niederschrift meiner Erinnerungen einsehen und mit meinen Daten vergleichen. – Die Paul-Celan-Forschungsstelle (Unité de recherche Paul Celan) wurde im Jahr 1999 gegründet, dank der Initiative Celans ehemaligen Schülers Jean-Pierre Lefebvre, der ebenfalls als Übersetzer der bei Suhrkamp erschienenen *Gedichtauswahl* (*Choix de poèmes*, Paris, Gallimard, 1999) und der Gedichtbände *Atemwende* und *Schneepart* (*Renverse du souffle* und *Partie de neige*, Paris, Éditions du Seuil, 2003 und 2007) bekannt ist.

4 Paul Celan, *Der Meridian*, GW III 196.

5 Eine der großen Sozialreformen der Ersten Republik, 1919 durchgeführt von dem sozialistischen Wiener Stadtschulrat Otto Glöckel, der zufolge eine gleiche, umfassende Schulbildung für alle, ohne Unterschied des Geschlechts und der sozialen Lage, gewährleistet war; keine Schulklasse durfte zudem mehr als zwanzig Kinder umfassen.

6 Georg Ritter von Schönerer, deutsch-nationaler, antikirchlicher und radikal antisemitischer Führer der »Alldeutschen« in Österreich, eines der frühen Vorbilder Adolf Hitlers.

7 Gustav Stresemann, bedeutender Politiker der Weimarer Republik, Vertreter der »Verständigungspolitik« mit den Siegermächten auf der Basis der nach dem Ersten Weltkrieg geschaffenen Friedensordnung.

8 PC/GCL, Zeittafel, 25.3.1970, dort nach Gerhart Baumanns *Erinnerungen* (Frankfurt am Main, Suhrkamp Verlag, 1986) zitiert.

9 »Blubo«, spöttisch für »Blut und Boden«.

10 Ein vom Radio ausgestrahlter Slogan anläßlich des Hitler-Stalin-Paktes im August 1939, der den Wechsel der sowjetischen Außenminister betraf.

11 Dieses Programm wurde schon im Dezember 1933 Staatsgesetz und verpflichtete jeden einzelnen. Laut Paragraph 4 durfte nur Staatsbürger sein, »wer Volksgenosse ist«, also »deutschen Blutes« ... »Kein Jude kann daher Volksgenosse sein«; laut Paragraph 5 fielen alle Nicht-Staatsbürger unter die »Fremdengesetzgebung« – Punkte, die dann in den »Nürnberger Gesetzen« durchgeführt wurden, »zur Reinigung und Reinerhaltung des Volkes in rassischer Hinsicht«, wie in den jährlich neu aufgelegten und in vielen Haushalten ständig verfügbaren *Deutschen Beamten-Kalendern* zu lesen ist. Alle Beamten waren, über die allgemeine Verpflichtung hinaus, persönlich durch einen Eid an diese Gesetze gebunden.

12 Darüber berichtet die zweibändige Monographie von Verena Wagner, *Jüdisches Leben in Linz. 1849-1943*, Linz, Wagner Verlag, 2008.

13 Bezeichnung für »Jungvolk«, die 10-14jährigen innerhalb der Hitlerjugend, der alle Jugendlichen laut Gesetz angehören mußten.

14 Egbert Bernauer, *St. Florian in der NS-Zeit*, Linz, Wagner Verlag, 2005, S. 121, und Willibald Katzinger, »Vom Widerstand in Enns«, in *Geschichte von Enns*, hrsg. von der Gemeinde Enns, 1996, S. 368-371. Der Bericht selbst dürfte schwer zugänglich sein.

15 Die vielzitierte »Moskauer-Deklaration« der drei alliierten Mächte vom 30.10.1943 bezeichnet zwar das »freie Österreich« der Ersten Republik als »erstes Opfer der Angriffspolitik Hitlers«, erinnert Österreich aber auch daran, »daß es für die Teilnahme am Kriege an der Seite Hitler-Deutschlands eine Verantwortung trägt, der es nicht entrinnen kann, und daß anläßlich der endgültigen Abrechnung Bedachtnahme darauf, wieviel es selbst zu seiner Befreiung beigetragen haben wird, unvermeidlich sein wird«. Stalins Ziel war es vor allem, auch in Verbindung mit den im Moskauer Exil lebenden österreichischen Kommunisten, den inneren Widerstand zu stärken.

16 Paris, Éditions Jean-Michel Place, 1986ff.

17 Paris, Presses universitaires de France, 1996.

18 Siehe auch hier Anm. 20, 24 und 32.

19 Siehe Dok. 1-27.

20 Lichtenberg war vorhanden mit *Aphorismen*, Jean Paul mit seinem *Wuz*; das Bändchen von Baudelaire hieß *Gedichte in Prosa* und entsprach aller Wahrscheinlichkeit nach dem *Spleen von Paris* mit sei-

ner »pointe acérée de l'Infini« (siehe auch hier Anm. 243). – Der Wiener Professor für Seelenheilkunde Ernst von Feuchtersleben war als Autor von »Zur Diätetik der Seele« (1838) lange Zeit bekannt und beliebt; mein Bruder las auch noch später gerne darin. – Klabund vermittelte mir durch seine Nachdichtungen einen Eindruck vom chinesischen Dichter Li tai-pe (1916). – Zu Cesare Lombroso siehe Angaben S. 136 f. – Albert Ehrenstein, geboren in Wien, verarmt und unbekannt gestorben in New York, war der Autor der sehr reizvollen Erzählung *Tubutsch*. Er wird gewöhnlich zum Wiener Expressionismus gezählt, gehört aber eher der dadaistischen Strömung und pazifistischen Tendenzen an.

21 Diesen von 1947 bis 1954 existierenden Club hat PC im Jahr 1948 in Wien frequentiert.

22 Paul Hindemith hatte 1936 freiwillig und aus Protest dem »Tausendjährigen Reich« den Rücken gekehrt und war emigriert.

23 Mein dortiger Lehrer war ein durch die Kriegsläufe nach Linz verschlagener Balte, der behauptete, vermutlich um mich zu beeindrucken, daß ich der Freundin Majakovskijs (Lili Brik?), die er gekannt haben wollte, ähnlich sähe. Ihm zufolge sei der Dichter, um zu provozieren, nackt durch die Straßen Moskaus gelaufen.

24 Ich glaube nicht, daß PC damals bekannt war, daß mein Bruder von 1943 bis 1944 einer in der Normandie stationierten Panzerdivision der SS angehört hatte – bei seiner Einberufung von den Bänken des Gymnasiums weg zog er diese der gewöhnlichen Fußtruppe und den Fallschirmjägern vor, anderes stand nicht zur Wahl. Er war alles andere denn eine Kämpfernatur. Er war sogar naiv genug, sich die Panzer als weniger lebensgefährlich vorzustellen. So wenigstens hat er es mir berichtet. In seinen Kriegsjahren war er der Versorgung zugeteilt, machte den Rückzug aus der Normandie auf dem Kotflügel eines Lastwagens schlafend mit und wurde schließlich nahe Saarbrücken bei einem Saufgelage genügend schwer verwundet, um den Rest des Krieges in Lazaretten zuzubringen. – PC sagte mir irgendwann einmal, daß er für meinen Bruder große Sympathie empfände. Mein eigenes Verhältnis zu ihm – dem großen Bruder der Kinderzeit – war nicht durchaus ungetrübt; häufig waren wir anderer Meinung – auch in politischen Belangen.

25 Die Versammlung fand statt zwischen dem 21. und 23. 5. 1952; PCs Aufenthalt in Deutschland dauerte bis zum 6. 6.: siehe PC/GCL, Zeittafel, 1952. Über PCs Lesung in Niendorf findet man genauere Angaben in den Briefen an seine Frau: siehe PC/GCL 13 und 14.

26 KG 34 f.

27 Otto Basil hatte die Zeitschrift *Plan* schon 1937 gegründet; zwischen 1938 und 1945 wurde sie verboten, um nach 1945 für drei

Jahre wieder aufzuleben. Zu Heft 6 der zweiten Folge aus dem Jahr 1948, welches PCs Gedichte enthielt, siehe Kommentar zu »Schlaflied«, KG 14.

28 Um die damalige Zeit zu charakterisieren, ist anzumerken, daß dieses Kleid aus einem UNRRA- (oder CARE-) Paket stammte, wie sie die Damen der höheren amerikanischen Gesellschaft in das verarmte Europa sandten. Manchmal handelte es sich um durchaus extravagante Modelle der New Yorker Modesalons, den Bedürfnissen der Flüchtlinge und DPs, denen sie eigentlich zugedacht waren, wenig entsprechend. Die Verteilung war einer Nonne, Mater Raphaela, im Ursulinenkloster und Studentenheim in Linz anvertraut, wo ich ein Zimmer bewohnte. Dieser Orden war in der NS-Zeit aus Österreich vertrieben worden, die verlassenen Zellen dienten als Gefängnis.

29 Siehe PC/GCL, Zeittafel, 9.-10. 11. 1938.

30 Pointe du Vert-Galant: Die mit Bäumen bepflanzte westliche Spitze der Insel de la Cité, beim Pont Neuf, wo angeblich der unverwüstliche, das heißt bis ins hohe Alter immer noch »grüne« König Heinrich IV. sich zum galanten Stelldichein einfand. Ob PC die Überlieferung aus alten Zeiten kannte, der zufolge ein Teil dieser Inselspitze abgetrennt war und Judeninsel (»L'Île aux Juifs«) hieß? Heute ist der unheilige Ort zum Square umgebaut und weiterhin eine beliebte Promenade für Liebespaare. – Das alte Gebäude, in dem Chagall wohnte, ist von dort aus zu sehen.

31 KG 45.

32 Mein Bruder lebte damals in Hamburg als freier Mitarbeiter beim Nordwestdeutschen Rundfunk, wo er nicht nur der Lesung von dreizehn Gedichten am 28. 5. 1952 beigewohnt haben dürfte, sondern PC zwischen dem 26. und 28. 5. 1952 noch einmal getroffen und vielleicht Einblick in seine Gedichte gewonnen hat.

33 »Antwort auf eine Umfrage der Librairie Flinker«, Paris 1958, siehe GW III 167, und »Anwort auf eine Umfrage der Librairie Flinker«, Paris 1961, siehe GW III 175. – Der aus Czernowitz stammende und aus Wien vertriebene Martin Flinker betrieb seine »Librairie« (68, Quai des Orfèvres) seit 1947 und gab, wie schon in Wien, einen Almanach heraus, in dem die »Umfragen« wie auch Texte bedeutender Autoren wie Thomas Mann veröffentlicht wurden.

34 Es gab dort einen zweijährigen Sonderkurs, teilweise in Verbindung mit der damals für Franzosen reservierten Vorbereitung auf das Lehramt (das sogenannte Certificat d'aptitude au professorat de l'enseignement du second degré oder CAPES), eine Ausbildung, die dazu diente »Professeurs du Français à l'Étranger« heranzubilden und zu perfektionieren.

35 Fritz Moldovan, damals sehr bekannter Wiener Maler und Zeichner; mir von Wien her, aus dem in den 1950er Jahren florierenden Art-Club und dessen Lokal in der Loos-Bar am Kärntnerring bekannt. Ob Moldovan PC schon in Wien und vielleicht sogar im Art-Club getroffen hatte, ist mir nicht bekannt.

36 Dort wohnte das Ehepaar Celan seit Juli 1953 in einer kleinen Wohnung in einem der Familie gehörenden Stadthaus (»hôtel particulier«), in nächster Nähe zum Bois de Boulogne, bis zur Übersiedlung im nächsten Jahr in die Rue de Montevideo – eine Adresse, die ich dann ebenfalls in mein Adreßbüchlein eingetragen habe mit dem Vermerk »poste restante«, das heißt »postlagernd«. In dieser Straße befand sich nicht nur PCs Wohnung, sondern auch ein Postamt, und dorthin habe ich ihm in der Folge gelegentlich Botschaften zugesandt, die indessen nicht erhalten sind.

37 Die von mir erhaltenen Briefe im DLA Marbach stammen (obwohl undatiert) aus den Jahren 1960-1962. Alle vorhergehenden – es waren nicht viele –, also auch diese Botschaft, hat PC nicht aufbewahrt, nicht zuletzt, um die Spuren unserer Beziehung auszulöschen.

38 PC rauchte viel; er hatte die Gewohnheit, eine Zigarette nur zur Hälfte zu rauchen und den großen Rest sodann mit einer ihm eigentümlichen Geste auszudrücken.

39 KG 72.

40 Stuttgart, Deutsche Verlags-Anstalt, ^{2}1954. Der mir übergebene Band enthält keine Widmung.

41 Es ist im NPC, außerhalb des unter meinem Namen registrierten Konvoluts, ein Brief von mir (anonym und undatiert) erhalten, in dem ich die Ankunft meiner Schwester ankündige sowie das notwendige Einziehen des »weißen Tüchleins«, der »Fahne«: Siehe Dok. 2.

42 Zum »Nu« siehe auch das Gedicht »Entteufelter Nu« in *Fadensonnen*, KG 241. Das Wort findet sich auch im Gedicht »Der Frühlingsregen weint« von Jessenin, GW V 191.

43 Siehe IB/PC 92, Brief vom 21. 7. 1958.

44 Herbert Eisenreich, »Luftballons, um sie auszulassen«, *Merkur* Nr. 72, 8. Jg., 2. Heft, Februar 1954, S. 161-171.

45 »Elemente des Zwischenmenschlichen«, ebd., S. 112-127.

46 Stuttgart, Deutsche Verlags-Anstalt, 1955; »Chanson einer Dame im Schatten« war 1948 im Band *Der Sand aus den Urnen* publiziert, siehe KG 35 f.: »Es ist einer, der hat, was ich sagte. / Er trägts unterm Arm wie ein Bündel. / Er trägts wie die Uhr ihre schlechteste Stunde. / Er trägt es von Schwelle zu Schwelle, er wirft es nicht fort«.

47 Es war mir bekannt, daß PC zu diesem Zeitpunkt mit Frau und Kind die Rue de Lota verlassen hatte und in die ehemalige Wohnung seiner Schwiegermutter übergesiedelt war – 29 bis, Rue de Montevideo, ebenfalls im 16. Bezirk; keine dieser Wohnungen habe ich je gesehen. Siehe auch hier Anm. 36 und, für den Gedichtzyklus, KG 71-79, das Gedicht selbst KG 74.

48 KG 78.

49 KG 467.

50 Der Coïtus interruptus war die damals allgemein geübte, aber, wie man weiß, nicht immer verläßliche Verhütungspraxis.

51 Siehe Details zu diesem Aufenthalt in Genf in PC/GCL, Zeittafel, 2. 1. - 30. 4. 1956.

52 *Akzente, Zeitschrift für Dichtung*, 4, 1956, S. 300-302; wieder veröffentlicht in *Sprachgitter* mit leicht geänderten Titeln: »Mit Brief und Uhr«, »Unter ein Bild«, »Heimkehr«, siehe KG 93 f.

53 Siehe GA 198 f.

54 Jean Cayrol, *Nacht und Nebel.* Kommentar zum Film von Alain Resnais, 1956, GW IV 76-99. Siehe auch PC/GCL, Zeittafel, 10. 12. 1956.

55 *Wort in der Zeit*, 2. Jahr, Nr. 7, 1956, S. 425-427. Siehe auch IB/PC 57, Kartengruß vom 7. 1. 1955, von Ingeborg Bachmann mit unterschrieben.

56 Siehe Abb. 6.

57 Meine Mutter, Elisabeth Eisenreich, war trotz ihrer grundsätzlich christlich-konservativen Haltung auch allem Modernen gegenüber auf erstaunliche Weise offen.

58 Komponist, Gründer des »Mouvement sensationniste«, der Texte von Breton, Cocteau, Picasso, Ionesco, Supervielle, Artaud vertonte; er war lange Zeit im französischen Rundfunk als Musik-Produzent tätig.

59 Arthur Rimbaud, *Bateau ivre. Das trunkene Schiff.* Übertragen von Paul Celan, Wiesbaden, Insel-Verlag, 1958. Siehe GW IV 103 ff.

60 Brief vom 1. 8. 1957, zitiert aus Schwerins Erinnerungen (1997) nach den »Erläuterungen« zum Briefwechsel mit Rudolf Hirsch, siehe PC/RH 224.

61 Siehe Abb. 10.

62 KG 102: Siehe dort die Bestätigung des Zusammenhangs mit dem Sagenkreis um König Artus.

63 Die Vintler haben sich in Bozen seit dem 13. Jahrhundert niedergelassen; Hans Vintler war der Dichter des Lehrgedichts »Die Pluemen der tugent« (1411, Erstdruck 1486). Meine Mutter war angeblich eine entfernte Verwandte der allerletzten Nachkommen des inzwischen ganz verarmten Geschlechts.

64 Siehe GA 533. – Ergänzend zu dieser sprachlichen Merkwürdigkeit könnte man erwähnen, daß auch das Russische den Doppelsinn »Materie/Eiter« kennt.

65 *Holzwege*, Frankfurt am Main, Vittorio Klostermann, 1957, 3. unveränderte Auflage, S. 237. Siehe Abb. 7 für die Widmung.

66 Ebd., S. 243.

67 Siehe z. B. in PhB die Widmungen in *Platons Lehre von der Wahrheit* (1954) wie auch in kleinen Schriften von 1954 und 1956, und dann wieder in *Unterwegs zur Sprache* (1959), in *Nietzsche* (1961), *Wegmarken* (1968) und *Die Kunst und der Raum* (1970), S. 371, 385, 370, 410 und 339. Für die in PCs Exemplar angestrichenen Stellen, dort allerdings mit leicht variierendem Wortlaut, siehe PhB 360 und 362.

68 In seinem Brief vom 7. 9. 1959 an Ingeborg Bachmann bezeichnet PC Friedrich Georg Jünger im Zusammenhang mit seinem zunächst geplanten, dann aber verweigerten Beitrag zu einer Heidegger-Festschrift als »auch nicht gerade einen der schönsten ...« (IB/PC 121).

69 Das aus *Gedanken und Merkzeichen* (Frankfurt am Main, Vittorio Klostermann, 1949 und 1954) stammende Zitat begleitet die biographische Darstellung von Friedrich Georg Jüngers Leben und Werk im Jünger-Haus in Wilflingen.

70 Bis 1955 hatte PC den Status von staatenlosen Ausländern, denen jedwede politische Betätigung verboten war. Angeblich überwachte die Polizei diese auch nach ihrer Einbürgerung, die, im Fall von unliebsamen politischen Verbindungen, rückgängig gemacht werden konnte.

71 Siehe *Der Meridian*, GW III 190.

72 PC/FW 143, Brief vom 29. 4. 1968.

73 Siehe im Gedicht »Hinausgekrönt« V. 32: »Und wir sangen die Warschowjanka«, KG 154.

74 Siehe den unter dem Titel »Die Wahrheit, die Laubfrösche, die Schriftsteller und die Klapperstörche« bekanntgewordenen Text, PN 216 (Nr. 304), sowie besonders die Erläuterungen dazu, 937 ff.

75 KG 137.

76 Zu diesem Ausruf PCs siehe S. 72 und Dok. 14 (Paragr. 6 f.).

77 PC/GCL 194, Brief vom 17. und 18. 1. 1965; die zitierte Übersetzung ist von Eugen Helmlé (der zweite Teil des Satzes ist von mir neu übertragen). Im Originaltext: »Par moments, ces dernières années, j'ai cru devoir vivre selon une autre loi; mais je suis, très profondement, foncièrement votre mari«.

78 Siehe IB/PC, insbesonders 60-67, Briefe aus dem Herbst 1957 und Dok. 27.

79 Siehe Dok. 14.
80 Siehe Abb. 4.
81 KG 91.
82 KG 146.
83 Die Verwendung dieser Sternchen könnte darauf hindeuten, daß die beiden Gedichte eine Einheit bilden. »Engführung« (KG 113 ff.) beginnt mit einem Sternchen, welches den Anschluß zu den durch Sternchen unterteilten »Stimmen« herstellt, bei deren letzter aber, die *»Keine / Stimme«* heißt, das Sternchen sinngemäß *fehlt*.
84 Siehe Dok. 2. Die kleine Schiefertafel diente im Verlauf der Jahre auch dazu, kurze Nachrichten zu hinterlassen, siehe deren Erwähnung in Briefen von mir: Dok. 5 und 11.
85 In der Zeittafel in PC/GCL ist die Übersiedlung in diese Wohnung mit dem 19. 11. 1957 angegeben; für weitere Angaben siehe den Kommentar zu Brief 86.
86 Ein Etablissement »Poccardi« wird von GCL in der Korrespondenz, in einem Brief aus Rom vom 20/21. 1. 1965, erwähnt: die in den Anmerkungen (PC/GCL 202/3) angegebene Adresse einer »Brasserie Poccardi« – 9 Boulevard des Italiens – ist mir nicht bekannt; es ist möglich, daß das kleine »Café Poccardi« sich in späteren Jahren vergrößert hat und auf die Boulevards übergesiedelt ist.
87 Er sprach also zu mir von dieser Verbindung zur »Prinzessin«, wie sie im Briefverkehr mit Ingeborg Bachmann genannt wird; siehe IB/PC 69, Brief vom 9. 11. 1957; schon am 5. 10. 1957 als »Fürstin« in meinem Notizbüchlein gennant. Marguerite Caetani, amerikanischer Herkunft, durch ihre Ehe mit Roffredo Caetani, Prinz zu Bassiano und später gefürstet, zum italienischen Hochadel gehörend, schon für die Zeitschrift *Commerce* (1924-1932) als Mäzenin hervorgetreten, inspirierte und finanzierte die allen Sprachen offenstehende Zeitschrift *Botteghe Oscure* für Dichtung (1948-1960). René Char, mit dem PC seit 1954 in Verbindung stand, war an dieser Gründung beteiligt.
88 KG 84, 82 und 88. Die Wendung »droben im Weltgestänge« befindet sich allerdings nicht in *Von Schwelle zu Schwelle*, sondern im etwa zur selben Zeit, am 19. 9. 1957 entstandenen Gedicht »Nacht« in *Sprachgitter*, ohne »die Neuen« zu nennen, siehe KG 101.
89 Siehe Abb. 8 die Seite in meinem Notizbuch, wo der Titel des Gedichts »Schuttkahn« (KG 103) mit 7. 10. 1957 datiert ist. In den Kommentaren dazu ist der 5.-6. 10. 1957, also der Vortag zum Besuch bei mir, als Entstehungsdatum angeführt, also durchaus mit dem Datum der Mitteilung mir gegenüber vereinbar. Siehe auch Abb. 9.

90 Siehe KG 93, 97, 98 f., 99 f., 100, 101, 102.
91 Zu diesem zentralen Begriff siehe S. 53 f., 123, 134, 153, 214 f.
92 PC/GCL 66.
93 IB/PC 61 und KG 105.
94 IB/PC 58-60; siehe auch KG 98, 103 (unter dem Titel »Schuttkahn«), 104 und 105 (unter dem Titel »In Mundhöhe«).
95 IB/PC 60, Brief vom 23. 10. 1957.
96 IB/PC 62-65, Briefe vom 28. und 31. 10. – 1. 11. 1957.
97 IB/PC 66, Brief vom 2. 11. 1957; siehe auch KG 107.
98 IB/PC 65, Brief vom 31. 10. 1957: »Weißt Du, daß ich jetzt wieder sprechen (und schreiben) kann?«
99 Siehe IB/PC 59 und KG 103. Der »braune Seelenfortsatz« könnte sehr wohl das männliche Glied bezeichnen.
100 Siehe IB/PC 66 und 61 sowie KG 107 und 105, mit den Entstehungsdaten 1.-4. 11. 1957 und 26.-27. 10. 1957 angegeben, also etwa zwei Wochen vor den von mir vermerkten Daten.
101 IB/PC 70.
102 IB/PC 73.
103 *Notes sur la peinture d'aujourd'hui*, Paris, Éditions du Seuil, 1953, und *Notizen zur Malerei der Gegenwart*, Frankfurt am Main, S. Fischer Verlag, 1959.
104 PC/RH 8, 11, 14. Die Übersetzung entsprach in der Tat PCs erstem, schon im Juli 1957 unterzeichneten Verlagsvertrag beim S. Fischer Verlag, in Erfüllung eines Übereinkommens aus dem Jahr 1954, erschien aber erst nach *Die Zwölf* von Alexander Block. – Die von PC übersetzten Romane von Georges Simenon heißen *Hier irrt Maigret* und *Maigret und die schrecklichen Kinder*, beide 1955 bei Kiepenheuer & Witsch erschienen und mehrfach wiederaufgelegt (siehe dazu FN 235-249).
105 Die Briefe meiner Mutter aus dieser Zeit sind ebenfalls verlorengegangen, mit Ausnahme einer Karte vom 17. 4. 1957, die den Isenheimer Altar darstellt und die mich an den »Charfreitag« erinnern soll! PC hat diese Postkarte damals gesehen. Siehe auch hier Anm. 8.
106 IB/PC 66, Brief vom 5. 11. 1957. Siehe GW V 376 f.
107 Siehe *Der Meridian*, GW III 197; ein ähnlicher Ausdruck – »unter dem Neigungswinkel seiner Existenz« – findet sich auch im Text über »Die Dichtung Ossip Mandelstamms«, siehe PN 197 (Nr. 300), sowie in der ersten Flinkerschen Umfrage von 1958, GW III, 168.
108 »Oblik« und »paralel« sind in der Wiedergabe von PCs Brief in IB/PC 66 nicht hervorgehoben; sind es aber in der Penguin-Ausgabe. – Eine andere, schon auf 1962 zurückgehende autorisierte

Übersetzung dieses Gedichts stammt von Werner Vordtriede, unter dem Titel »Begriffsbestimmung der Liebe« wiederaufgenommen in der zweisprachigen Ausgabe *Geh, fang einen Stern der fällt. Gedichte von John Donne, George Herbert und Andrew Marvell*, hrsg. von Wolfgang Kaußen, Frankfurt am Main, Insel Verlag, 2001, S. 177 und 179 (insel taschenbuch 2791). Für das englische Original siehe S. 176 und 178, von der von PC zitierten Fassung in einigen Punkten abweichend (Groß- und Kleinschreibung der Substantiva, »parallel« anstatt »paralel«). Diese Übersetzung lautet: »VII. / Wie Linien könnten Lieben wohl / In schrägem Winkel sich berühren. / Doch unsre, wahrhaft parallel / Ohn End, wird nichts zusammenführn. / VIII. / Drum ist die Liebe, die uns band / Und die das Schicksal nur hält fern, / Der Geist, in gleiche Bahn gebannt, / Doch Stern in Gegenbahn zu Stern«.

109 Siehe z. B. IB/PC 62 f., Brief vom 28.-29. 10. 1957.

110 KG 51. In Wirklichkeit heißt es im Gedicht »Landschaft«: »Ich sah dich, Schwester, stehn in diesem Glanze«.

111 KG 92.

112 Lesungen beim Süddeutschen Rundfunk Stuttgart und in Tübingen, Aufenthalt in München bei Ingeborg Bachmann sowie in Frankfurt vom 2. bis zum 11. 12. 1957; ferner vom 23. bis zum 29. 1. 1958 in Köln, Bremen, Hamburg und wiederum in München (siehe PC/GCL, Zeittafel).

113 Siehe IB/PC 74 f.

114 Zum Ausdruck »Flaschenpost-Gedicht« siehe auch PN 107 (Nr. 178). Er soll laut einer Notiz vom 10. 10. 1957 auf den Beitrag von Hans Mayer zur Tagung des Wuppertaler Bundes zurückgehen.

115 PC/RH 18.

116 Siehe hier Anm. 114.

117 Osip Mandel'štam, »O sobesednike« (»Über den Gesprächspartner«), in *Sobranie sočinenij*, New York, Izdatel'stvo Imeni Čehova, 1955, S. 331-336. Der Name des Autors und die bibliographische Angabe erscheinen in den Anmerkungen sowie an einigen anderen Stellen in meinem Bericht in der üblichen wissenschaftlichen Transliterationsweise des kyrillischen Alphabets. In allen anderen, nicht-russischen Hinweisen auf die drei von PC übersetzten Dichter – Mandelstamm, Block und Jessenin – wird die von ihm verwendete Schreibweise aufrechterhalten.

118 München, R. Piper & Co., 1957 (zweite Auflage).

119 München, R. Piper & Co., 1957 (Wiederabdruck, 5. Tausend).

120 Der Kommentar zu einem ergreifenden Brief von GCL vom 23. 1. 1958 (PC/GCL 92/3) enthält Auszüge aus ihrem unveröffentlich-

ten Tagebuch, die die Schwierigkeit der Situation für sie und ihr Eheleben widerspiegeln. Siehe die Wiedergabe anderer Auszüge hier im Anhang (Dok. 27.2 und 3.). Aus einem zweiten Brief, den GCL am selben Tag an Ingeborg Bachmann sandte, geht hervor, wie sehr sie sich bemüht, die Dichterin zu verstehen und ihr entgegenzukommen (IB/PC 182).

121 IB/PC 86 und 87, Briefe vom 8. 2. und 17. 2. 1958. Für einen Teil der Übertragung von Valérys *La Jeune Parque*, die erst im Jahr 1959 entstehen wird, hat PC ebenfalls das Urteil von Ingeborg Bachmann eingeholt, siehe IB/PC 121-123, Briefe vom 7., 22. und 28. 9. 1959. Die Bemerkung mir gegenüber zeigt an, daß er schon ein Jahr zuvor mit dem Gedanken daran spielte.

122 *Le Geste et la Parole. 1. Technique et langage; 2. La mémoire et les rythmes*, Paris, Albin Michel, 1964, 2 Bde. Dt. Übersetzung: *Hand und Wort. Die Evolution der Technik, Sprache und Kunst*, Frankfurt am Main, Suhrkamp Verlag, 1980; auch als Taschenbuch publiziert.

123 Siehe Dok. 24.1 und 24.3, »Bittgang« und »Worte«. PCs »Sommerbericht« (KG 111) ist am 18. 8. 1958 entstanden, »Aber« (KG 106) am 30. 12. 1957, »Judenwelsch, nachts« (KG 459) am 20. 5. 1961, »Ein Wurfholz« (KG 148) am 30. 7. 1961 in Kermorvan. (Das war in den Tagen, da ich ihm klagende, letzte Gedichte zusandte; siehe Dok. 20.) Aus allen genannten Beispielen ist ersichtlich, welche zentrale Stelle das »Schwirren der Wurfhölzer« in seinem poetischen Vokabular einnahm. Zum »Lichtknecht« siehe Dok. 24.6 und KG 142, am 25. 5. 1961 entstanden.

124 »Traum von Gipfelkalmen«, mit zwei anderen Gedichten veröffentlicht in *Botteghe Oscure*, Rom, 19. Jg., Früjahr 1957, S. 455-459.

125 Hrsg. von Max Ebert, Berlin, Verlag Walter de Gruyter, 15 Bde., 1924-1932.

126 Siehe Dok. 24.5 und 24.6.

127 Es war die Freundin, die mir 1956 zur Adresse einer Klinik in Berlin verholfen hatte, siehe S. 45.

128 Der interessante Ort, wo einst die bedeutendsten Familien des französischen Hochadels ihre Stadtpaläste besaßen, bei welchen Mozart sich aufgehalten und gespielt hatte, war für mich auch aus anderen Gründen anziehend: Im dortigen Schloß war am 10. 9. 1919 der »Vertrag von St. Germain« unterzeichnet worden, welcher die Auflösung der »österreichischen Reichshälfte« Österreich-Ungarns besiegelt und den Zusammenschluß »Deutsch-Österreichs« mit der »Republik Deutschland«, entgegen dem Volkswillen, verhindert hat. Die Bukowina wurde durch *diesen* Vertrag Rumänien zugesprochen.

129 Das erste datierte Dokument zu »Engführung« stammt, laut HKA 5.2, 296 H^6, vom 20.4.1958. Die lange Entstehungsgeschichte (21.7.1957-3.11.1958) ist in KG 667 erläutert.
130 Im Zyklus »Von einem Land, einem Fluß und den Seen«, IX, V. 20, München, R. Piper & Co., 1957, S. 19.
131 »Blaue Himmelsschüssel«, siehe GW V 171; die Übertragung ist laut RUB 57f. (Nr. 123) auf den 26.4.1958 datiert, also zwei Tage vor dem Besuch bei mir.
132 Es handelt sich bei dieser Reise, abgesehen vom Besuch bei Ingeborg Bachmann, um Lesungen in Düsseldorf und Wuppertal: siehe PC/GCL, Zeittafel, 1958.
133 KG 103.
134 Siehe *Slavische Rundschau*, Jg. 11, Nr. 7, Juli 1930, S. 491.
135 Siehe Auszüge dieses Tagebuchs und den Traum im Anhang, Dok. 27.1-5, sowie weitere Einzelheiten in Anm. 120.
136 Im Gedicht »Leuchten« in *Von Schwelle zu Schwelle*, KG 64. Auf dieses Gedicht und seine Sinngebung weist auch Ilana Shmueli in ihrem Bericht über PC hin: siehe PC/IS, »Nachwort«, S. 167.
137 »Die hellen Steine« in *Die Niemandsrose*, KG 147.
138 Die erschöpfend genaue Darstellung dieser Verleumdungskampagne verdanken wir Barbara Wiedemann, der Herausgeberin des Bandes *Paul Celan – Die Goll-Affäre. Dokumente zu einer »Infamie«*. Siehe *Siglen*, GA.
139 Siehe das schon erwähnte unveröffentlichte Tagebuch aus dem NGCL, Dok. 27.1-5.
140 Siehe Dok. 4.
141 GW IV 76-99 und 800-803.
142 Diese fand Ende April bis Anfang Mai 1956 statt. Eine Teilnehmerin soll in einem Gespräch den Ausspruch getan haben: »Ich kann Juden nicht riechen«. Schon dort soll PCs Reaktion auf die Angriffe der Witwe Goll für übertrieben gehalten und als Verfolgungswahn eingestuft worden sein. Siehe GA 829 in »›Es ist eine lange, unglaubliche, bitter-wahre Geschichte‹. Claire Golls Angriffe auf PC: Gründe und Folgen. Ein Essay« von Barbara Wiedemann.
143 Lesung am 17.11.1958: Siehe PC/GCL, Zeittafel: Um den 21.11.1958 erfuhr er, daß man in Bonn über sein »Pathos« gewitzelt hatte. Die Karikatur mit der antisemitischen Darstellung des Prototyps eines gebückten Juden trug die Inschrift: »Hosiannah dem Sohne Davids« (Matth. 21,9).
144 Siehe GA 198f.
145 Siehe GA 202-209 und *passim.*
146 Pinthus war mit Claire Goll in ziemlich enger Verbindung. Im

Vorwort heißt es: »Es wird viel getraklt, gebennt und gegollt«; die jüdische Herkunft Golls wird verschwiegen, die Bibliographie und das neue Vorwort enthalten falsche oder irreführende Angaben. In PCs Nachlaßbibliothek befindet sich die Erstausgabe (1920), in einem Konvolut zur Goll-Affäre die Neuausgabe ([2]1959); zur Erstausgabe siehe GA 224, zur Neuausgabe GA 359.

147 Siehe verschiedene Dokumente in GA 631-648, die Kritiken der von Yvan Golls Witwe herausgegebenen postumen Dichtungen, S. 729-749, und insbesonders den »Essay« von Barbara Wiedemann, S. 820-860.

148 Ossip Mandelstamm, der seit seiner ersten Verhaftung im Jahr 1934 zuerst in den Ural und dann in die Ukraine verbannt worden war, starb an den erlittenen Entbehrungen in einem Lager Sibiriens in der Nähe von Wladiwostok.

149 *Gedichte.* Aus dem Russischen übertragen von Paul Celan, Frankfurt am Main, S. Fischer, 1959. (Siehe GW V 49-161.) Die als Nachwort angehängte »Notiz« (S. 65 f.) ist in *meinem Exemplar* an einer Stelle, in der Mitte des vorletzten Absatzes, (mit schwarzer Tinte) wie folgt durch PC ausgebessert: »Der geistesgeschichtliche Kontext der Dichtung Ossip Mandelstamms, an der neben Russischem auch Jüdisches, Griechisches und Lateinisches teilhat, die in *ihr* mitsprechende religiöse und philosophische Gedankenwelt«, anstelle von »die in *ihnen*«. Als Datum steht der »9. Mai 1959«, allerdings streicht PC später den Tag in seinem Band und in den Bänden, die er verschenkt. Siehe PC/RH 258; für das Widmungssternchen siehe Abb. 11.

150 Osip Mandel'štam, *Sobranie sočineniij*, Izdatel'stvo Imeni Čehova, New York, 1955 (mit einleitenden Artikeln von Gleb. P. Struve und Boris A. Filippov).

151 IB/PC 90.

152 IB/PC 92 und 134.

153 Die Anstreichungen entsprechen den Titeln folgender übertragenen Gedichte: »Der Tannen weihnachtliches Leuchten«, »Man gab mir«, »Keine Worte«, »Silentium«, »Das horchende, das feingespannte Segel«, »Der Schritt der Pferde«, »Die Muschel«, »O Himmel, Himmel«, »Dein Gesicht«, »Nein, nicht den Mond«, »Diebsvolk, nachts«, »Die Luft – vertrunken«, »Es tilgen Feuerzungen«, »Schlaflosigkeit. Homer«, »Petropolis«, »Diese Nacht«, »Die Priester«, »Ihr Schwestern«, »Venedigs Leben«, »Das Wort bleibt ungesagt«, »Nachts, vorm Haus«, »Meine Zeit«, »War niemands Zeitgenosse«. Hinzu kommt das unveröffentlicht gebliebene Gedicht »Nicht Triumph«. Diese Titel entsprechen nicht immer den Titeln der endgültigen Ausgabe; ich hatte Zugang zum

Typoskript; vgl. IB/PC 297 und 299 sowie GW V 51, 53, 55, 57, 59, 63, 67, 69, 73, 75, 79, 81, 87, 91, 93, 95, 101, 109, 111/113, 115, 125, 127/129 und 151.

154 Siehe PN 196-206; die zitierten Sätze befinden sich S. 825 und 827. Zu Mme Izard siehe weitere Details in Anm. 182 und 227.

155 Siehe Dok. 2

156 *Slavische Rundschau*, 2. Jg., Nr. 7, Juli 1930, S. 481-495 (vermutlich der Bibliothek der École normale supérieure entliehen). PC benutzte diesen Text als Quelle nicht nur für die kleine biographische »Notiz« zu Mandelstamm von Mai 1959 (GW V 623 f.), sondern auch zur Vorbereitung der Radiosendung »Die Dichtung Ossip Mandelstamms«, 1960, siehe PN 196-206 (Nr. 300).

157 Die unvollständige Maschinenabschrift des Artikels von Jakobson (S. 1 bis 7) findet sich in der Anthologie von A. A. Bogolepov, *Russkaja lirika ot Žukovskogo do Bunina* (Die russische Lyrik von Žukovskij bis Bunin), Izdatel'tvo imeni Čechova, New York, 1952, eingelegt: siehe RUB 116 (Nr. 323). – Meine Abschrift zählte insgesamt 17 maschinengeschriebene Seiten; wie ich durch den Vergleich mit dem mir verbliebenen Durchschlag feststellen konnte, sind die fehlenden Seiten (8-17), ohne Titel und Nennung des Verfassers, in dem unter *meinem* Namen in Marbach archivierten Konvolut unter der Signatur D 90. 1. 2721 registriert.

158 *Slavische Rundschau*, ebd., S. 482.

159 Aus dem Russischen übertragen von Paul Celan, Frankfurt am Main, S. Fischer Verlag, 1958. Die Übertragung erfolgte vom 2. bis zum 4. 2. 1958. (Siehe GW V 11-45.)

160 Siehe Dok. 5.

161 Frankfurt am Main, S. Fischer Verlag, 1959.

162 *Der Meridian*, GW III 199.

163 Siehe Anm 52; der hier zitierte Wortlaut von »Heimkehr« unterscheidet sich teilweise von der später in *Sprachgitter* veröffentlichten Fassung.

164 Eine ähnliche Landschaftsbeschreibung findet sich in PCs Übersetzung von *Nacht und Nebel* von Jean Cayrol: »Auch ruhiges Land, / auch ein Feld mit ein paar Raben drüber, mit Getreidehaufen und Erntefeuern, / [...]« (GW IV 77).

165 Siehe zu der Zeitschrift *Akzente* Anm. 52. Dort (S. 302) noch mit dem vollen Titel, »Unter ein Bild von Vincent van Gogh«; das Gedicht entstand am 29. 7. 1955.

166 »Ein Holzstern«, entstanden 30.-31. 8. 1958, KG 111.

167 Besonders der Zyklus IV, der mit »Köln, Am Hof« beginnt, KG 104-108.

168 IB/PC 102, Brief vom 8. 2. 1959.
169 Die Erzählung erschien in *Die Neue Rundschau*, Heft 2, 1960 (GW III 169-173).
170 In den Vorarbeiten zur Büchnerpreis-Rede spricht PC vom »schon im Titel jüdelnde[n]« Gespräch im Gebirg. Etwas Krummnasiges [...], eine Krummnasigkeit zweiten Grades, ein erworbener Atavismus.« Siehe TCA/M 129 (Nr. 406).
171 Notiz von PC in seinem Taschenkalender vom 13. 4. 1960; siehe auch PC/GCL, Zeittafel.
172 TWA/PC 177-202.
173 *Erzählungen*, Frankfurt am Main, S. Fischer Verlag – Lizenzausgabe von Schocken Books, New York, 1946, S. 315 f.
174 Siehe Dok. 3 und 23.
175 Brief von H. Leippe vom 9. 1. 1959, der sich bereit erklärt, wahrscheinlich auf die Empfehlung von PC hin, meine Gedichte zu lesen. Leippe hatte mich gebeten, ihm für den Schünemann-Verlag interessante französische Neuerscheinungen anzuzeigen, wofür ich mit einigen Büchern des Verlags entlohnt wurde.
176 In NPC unter Kennzeichnung: »Eisenreich, Brigitta, Konvolut Gedichte, 1958-1961 u. o. D., 60 Bl.«
177 Eines der schon zuvor von mir selbst in *Wort in der Zeit* veröffentlichten Gedichte hieß »Nomos«. Ich bekam daraufhin eine Zuschrift von Carl Schmitt, der mich bat, das kleine Gedicht als Motto seinem gleichnamigen Werk voranstellen zu dürfen. Da ich schon längst über Carl Schmitts Rolle im Zusammenhang mit den Nürnberger Gesetzen informiert war, habe ich diesem Wunsch *nicht* stattgegeben, das heißt, ich habe die Anfrage kurzerhand nicht beantwortet. Ein derartiges Erlebnis aber bestärkte mich in meiner Abwehrhaltung.
178 PN 118 (Nr. 200.6).
179 PC/RH 189.
180 PN 578 (Nr. 200.6). Auch daß mein Bruder, Herbert Eisenreich, wie hier vermutet wird, PC schon in Wien, also vor ihrer Begegnung in Niendorf, kennengelernt haben könnte, erscheint mir unwahrscheinlich.
181 IB/PC 174.
182 Siehe die von PC an GCL nicht am 14. 10. 1961, wie in PN irrtümlich vermerkt, sondern am 23. 10. 1961 diktierte Tagebuchnotiz (NPC D 90. 1. 3262a), wo es heißt: »[...] la revue L'Homme (Chiva, Brigitte [...]. Le groupe d'études de Bretagne dont fait partie Izard (= Chiva, Brigitte) [...]«). Es dürfte hier eine Verwechslung PCs oder sogar GCLs vorliegen; weder mit der von Lévi-Strauss im Jahr 1961 gegründeten Zeitschrift *L'Homme* noch

mit dem gigantischen, pluridisziplinären Feldforschungsprojekt in Plozévet (Finistère) hatte ich das geringste zu tun. Allerdings wurde dieses bis zu hundert Forschern mobilisierende und fünf Jahre, von 1961 bis 1965 währende Unternehmen von den Anthropologen Robert und Monique Gessain vom Musée de l'Homme geleitet; und Monique Gessain war die Schwester von Gisèle Celan-Lestrange ... Mir war nur bekannt, daß das Ganze aus politischen Gründen sehr umstritten war. Von Robert Gessain erzählte man, daß er zu Pétains Zeiten dessen Jugendformationen angehört hatte. – Zur Eintragung von PC am 8. Juni 1961 siehe seinen Notizkalender (NPC D 90. 1. 3261 a) sowie PN 118 (Nr. 200.7) und die Erläuterungen dazu, 578 f. Dort ist die Anmerkung »Brigitta Eisenreich hatte mit Chiva und Leiris gemeinsame berufliche Interessen« wie folgt zu verbessern: Michel Izard, Schüler und später Mitarbeiter von Claude Lévi-Strauss, war ursprünglich vorgesehen, die neue Arbeitsgruppe für afrikanistische Dokumentation, der auch Brigitta Eisenreich angehörte, zu leiten, übertrug die Verantwortung aber dann auf seine Frau, Françoise Héritier. Isac Chiva frequentierte ebenso wie das Ehepaar Izard das für die Entstehung der strukturalistischen Anthropologie wichtige Seminar von Lévi-Strauss und wurde in der Folge dessen engster Mitabeiter. Chiva und ich waren einander nur von dorther, vom Sehen her bekannt, sowie durch Erzählungen PCs, der ihn mir gegenüber als seinen besten und hilfreichsten Freund bezeichnete. Michel Leiris, der bekannte Schriftsteller, hatte als Ethnologe ein Büro im Musée de l'Homme und arbeitete selbständig. Siehe auch hier Anm. 229.

183 Siehe KG 51 und 109 f. sowie Dok. 25.1. – zum oben erwähnten Prosawerk siehe PN 578 (Nr. 200.6).

184 In meiner Vorstellung handelte es sich keineswegs um »Wetterfahnen«, wie gerne gelesen wird, sondern um das der Wirklichkeit abgelauschte Phänomen, daß naß aufgehängte Stoffe, Leintücher, bei großer Kälte zu Eis erstarren und dann, werden sie vom Wind bewegt, ein merkwürdiges Geräusch hervorbringen. Auf keinen Fall sah ich in Hölderlins »Fahnen« nationale Symbole; vielleicht bestanden Bezüge zum alten, auch heute noch in Baden-Württemberg und im alpinen Raum geübten Brauch des »Fahnenschwingens«. – Zur Bedeutung »Wetterfahnen« siehe Friedrich Hölderlin, *Sämtliche Werke.* Große Stuttgarter Ausgabe, hrsg. von F. Beissner, Stuttgart, Kohlhammer, 1951, Band 2.2: »Gedichte nach 1800, Lesarten«, S. 666. – Siehe, zur Erläuterung, einige meiner Gedichte im Anhang: Dok. 24 und 25.

185 Formulierung aus dem langen, hier nicht wiedergegebenen Gedicht »Schiefer«.

186 Ins Deutsche übertragen von Paul Celan, Wiesbaden, Insel-Verlag, 1960. Siehe GW IV 115-163.
187 Siehe GW III 167 f.
188 Siehe FN 50-55.
189 Siehe Dok. 26.1.
190 *Selected Poems and Letters of Emily Dickinson*, New York, Doubleday & Company, 1959, mit dem für Dickinsons Poesie so charakteristischen Motto: »This is my letter to the world, / That never wrote to me ...«
191 Siehe die Angaben im Kommentar zu GN 71. Der Grabspruch, zitiert nach KG 672, steht in Zusammenhang mit PCs Entwürfen zur »Walliser Elegie« und sogar mit der Wahl des Buchtitels *Die Niemandsrose.*
192 *Sternverdunkelung*, Amsterdam, Bermann-Fischer Verlag, 1949; *Und niemand weiß weiter. Gedichte*, Hamburg und München, Verlag Heinrich Ellermann, 1957.
193 Id., 1949, S. 16.
194 Siehe PN 111 f. Zur »Todesfuge« siehe KG 40 f.
195 Siehe Dok. 5 und 14.1, sowie für das zitierte Gedicht KG 156.
196 Gedichttitel und Stellen aus den Gedichten »Les Globes«, »Kolon« (das letzte Gedicht im Zyklus III), »Es ist alles anders«, »Was geschah?« und »Hinausgekrönt«, KG 152-155 und 162.
197 »Unbekanntes über Paul Celan«, *Baubudenpoet*, 5, 1960; wieder abgedruckt und erläutert in GA 251-257.
198 Siehe TCA/M 139 (Nr. 475).
199 *Der Meridian. Rede anläßlich der Verleihung des Georg-Büchner-Preises, Darmstadt, am 22. Oktober 1960*, Frankfurt am Main, S. Fischer Verlag, 1961, auch GW III 187-202.
200 Darmstadt, 1961, S. 74-88, ergänzt durch den als Verteidigung gedachten Aufsatz von Reinhard Döhl, S. 101-132.
201 »Entgegnung«, in *Die Neue Rundschau*, Heft 3, 1960, S. 547-549; mit Erläuterungen wieder abgedruckt in GA 280-289.
202 *Forvm*, Wien, Januar 1961, S. 23. Wieder abgedruckt und erläutert in GA 320-325.
203 Mit 2 Originallithographien von Edgar Jené, Wien, Verlag A. Sexl, 1948 (nicht numeriertes Exemplar von »fünfhundert gedruckten und numerierten Exemplaren«). Siehe KG 11-23 (dort mit Ausnahme der in *Mohn und Gedächtnis* wiederaufgenommenen Gedichte).
204 Eine der Lithographien von Edgar Jené verblieb, gegenüber der Titelseite, in diesem Exemplar. Ob diese Seiten, gemeinsam mit der Lithographie von Jené, von PC selbst herausgerissen worden waren, kann ich nicht beschwören. Jedenfalls hege ich den Ver-

dacht, daß deutsche Jugendliche, Schulkollegen meiner Tochter, die ich in meinem Landhaus in der Normandie beherbergt hatte, an diesem Vandalismus schuld waren. Es fehlen in dieser unnumerierten Ausgabe »Gesang zur Sonnenwende« (S. 43) und der letzte Teil der in *Mohn und Gedächtnis* wiederaufgenommenen Gedichte, das heißt alle von »Das Gastmahl« bis zur »Todesfuge« einschließlich (S. 44-60).

205 Das Original, mitsamt einem Begleitbrief, befindet sich im Deutschen Literturarchiv Marbach, siehe hier Dok. 6 und 6.1; Erstdruck mit Erläuterungen in GA 270-272.

206 GA 234, Hervorhebung von mir.

207 *Mein Gedicht ist mein Messer. Lyriker zu ihren Gedichten*, hrsg. von Hans Bender, München, Paul List Verlag, 1961. Hervorhebungen von mir. Der kleine Band enthält PCs Text »Ein Brief« vom 18. 5. 1960, S. 86-87 (GW III 177 f.), aber nicht nur diesen; Hans Egon Holthusen wiederholt dort, in seinem Beitrag »Vollkommen sinnliche Rede«, seine bösartigen Äußerungen von 1954 über »surrealistische Genitivmetaphern« (S. 52). Das Buch ist in PCs Nachlaßbibliothek *nicht* vorhanden.

208 Siehe Dok. 7.

209 Brief vom 28. 2. 1961, auch zitiert in GA 324/20. Siehe Dok. 8.

210 Siehe Dok. 9 und Abb. 12 für die handschriftliche Wiedergabe dieses Briefes.

211 PC/GCL 137, deutsche Übersetzung von Eugen Helmlé.

212 Österreichischer Schriftsteller, bekannt für seine freskenartigen Romane über die österreichische Gesellschaft. Er trat 1933 der NSDAP bei und stand deshalb von 1945 bis 1947 unter Publikationsverbot. Erfolg hatte er, als Gegenpol zur Trümmerliteratur, in den folgenden Nachkriegsjahren. Mein Bruder stand in dieser Zeit völlig unter seinem Einfluß.

213 Siehe KG 239 und den Kommentar dazu, der auf einen Brief PCs vom 4. 1. 1967 verweist (PC/GCL 474). PCs Gedicht reagiert auf den Bericht von Hilde Spiel in der FAZ vom 4. 1. 1967.

214 IB/PC 23 und 27, Brief von Juni 1951 und Brief vom 7. 7. 1951.

215 Siehe Dok. 10 und Abb. 14 sowie KG 138: Das Gedicht ist am 15. 4. 1961 entstanden, den Titel erhielt es am 19. 5. 1961.

216 *Gedichte.* Ausgewählt und übertragen von Paul Celan, Frankfurt am Main, S. Fischer Verlag, 1961. Siehe auch GW V 165-277.

217 Siehe PC/GCL 145.

218 Siehe das vierte Gedicht im Zyklus »Inonien«, GW V 213, und das handschriftliche, nicht namentlich signierte Dokument, aufbewahrt im DLA, D 90. 1. 2719.

219 PC/RH 150 f. und 160; siehe auch GW V 189.

220 *Vom jüngsten Tag. Ein Almanach neuer Dichtung*, Leipzig, Kurt Wolff, 1916; siehe auch meine Übersetzung, Dok. 26.2.

221 Ossip Mandel'štam, »Stichi o russkich poetach« (Moskau, Mai 1932), in *Vosdušnye puti. Al'manach, II*, New York, 1961, S. 28.

222 Siehe eines dieser Gedichte, Dok. 26.3.

223 Nabrosok pervyj Tipografija »Politika«, Prag, 1921.

224 S.-Ž. Pers, *Anabazis*. Übersetzt durch Georgij Adamoviè und Georgij Ivanov, Paris, Verlag Ja. E. Povolotskij, 1926, mit einer Vorrede von Valeri Labro, numerierte Ausgabe (Nr. 613), nicht aufgeschnitten. PCs Exemplar (Nr. 727), aufgeschnitten, aber ohne Annotationen, wurde erst spät aufgefunden und konnte deshalb in RUB nicht registriert werden. Zu PCs Gedicht gleichen Namens, »Anabasis«, geschrieben in Kermorvan, den 27.-28.7.1961, siehe KG 147.

225 Dieser Titel bedeutete damals ein abgeschlossenes Hochschulstudium, das allerdings nicht der Franzosen vorbehaltenen »Licence d'enseignement« entsprach und folgerichtig nicht zum Unterrichten an französischen Mittelschulen und Gymnasien befähigte. Es bestand aus vier frei gewählten Fächern: in meinem Fall Ethnologie, Soziologie, Allgemeine Linguistik, deutsche Kulturkunde.

226 Dieses Institut hatte einen guten Ruf, vermittelte aber in drei oder vier Jahren Studium nur sehr formelle Kenntnisse – die Literaturgeschichte beschränkte sich auf Puschkin und Tolstoi. Meinen Kollegen, von denen manche parallel dazu die »Agrégation« vorbereiteten, waren die von PC übersetzten Dichter völlig unbekannt, von Symbolismus, Futurismus oder Akmeismus hatten sie nie etwas gehört.

227 J.-C. Gardin war Professor (Directeur d'études) an der EPHE, VI. Sektion; zu Françoise Héritier, heute emeritierte Professorin am Collège de France, siehe auch hier Anm. 154 und 182.

228 Clemens Heller, gebürtiger Wiener mit amerikanischer Staatsbürgerschaft, nach dem Krieg Begründer des Salzburger Seminars »Marshall Plan of the Mind«, in Frankreich etabliert seit 1949, enger Mitarbeiter und Freund des Historikers Fernand Braudel, der im Rahmen der VI. Sektion der EPHE den Forschungs- und Dokumentationsrahmen »Aires culturelles« im Sinne von Margaret Mead ins Leben rief und später, mit Hilfe von Geldern der Rockefeller und Ford Foundation, die Maison des sciences de l'homme aufbaute. Clemens Heller war der Sohn von Hugo Heller, dem bekannten Buch- und Kunsthändler in Wien, bei dem Martin Flinker, später Inhaber der deutschsprachigen Librairie in Paris, seine Laufbahn begonnen hatte. Bei »Hellers«, in der

Rue Vaneau, wohnte auch Ingeborg Bachmann, wenn sie, zeitweise, nach Paris kam; siehe IB/PC 40, Brief vom 26. 1. 1952.

229 In PCs Tagebuch (NPC D 90.1.32.94) findet man die Notiz vom 30. 12. 1961, GCL in die Feder diktiert. Nach der ausführlichen Wiedergabe eines Gesprächs voller Mißtrauen mit Peter Szondi in Lausanne heißt es: »Dîner avec Ariane. Son service de la rue de la Baume est transféré à Vincennes. (Au printemps dernier déjà, Brigitte Eisenreich m'avait raconté qu'elle allait travailler à Vincennes. Alors qu'elle avait prétendu n'avoir aucun rapport de travail avec les Chiva ...)«. Die Bezeichnung »Vincennes« entspricht dem Gebäude des Musée des Colonies, siehe S. 125. – Die erwähnten Aussagen von Ariane Deluz und die Mitteilung der Widmung in *Atemwende*, die an die beiden ersten Verse darin erinnert: »*Du darfst* mich getrost / mit Schnee bewirten«, KG 175, basieren auf ihrem Vortrag während der von der Pariser Celan-Gesellschaft organisierten Tagung *Rencontres celaniennes* in der ENS, Paris, vom 24. November 2007. – Zum »Abschiedsbrief« siehe Dok. 21.

230 Siehe Dok. 14, 15, 18 und 21, sowie Abb. 21.

231 Siehe Dok. 17 und 18 sowie Abb. 20 und 21. Ungeachtet der wieder aufgefundenen schriftlichen Zeugnisse kann ich mich an diese beiden Briefe PCs nicht erinnern. Die Originale habe ich, wie so manche andere, verloren. Für die Briefstelle in der Korrespondenz mit Ingeborg Bachmann siehe IB/PC 146, Brief vom 17. 11. 1959.

232 Im Unterschied zur Eintragung vom 21. 6. 1961 in PCs Notizkalender (NPC D 90. 1. 3261 a), die der Einladung in die Rue de Longchamp entspricht (»Brigitta bei uns –«), ist der gemeinsam verbrachte Abend am seinerzeit beliebten Treffpunkt Place de la Contrescarpe nicht vermerkt. – Die Tische der dortigen Cafés waren damals im Freien, auf dem Platz selbst aufgestellt, rund um einen zentral befindlichen Baum, eine Paulownia, unter der sich auch halbbetrunkene Clochards hinlagerten. So mancher später berühmt gewordene Chansonnier hat dort seine Laufbahn begonnen. Diese traten auch in anderen Nachtlokalen auf, wie z. B. L'Écluse (Quai des Grands Augustins, Place Saint Michel) und Le Cheval d'or (Rue Descartes), in denen auch ich mitunter die Abende verbrachte. Die mir bekannten Jazz-Keller hingegen (Club Saint-Germain, Le Caméléon, La Cigale – damals noch eine Geheimadresse unter Liebhabern) dürfte PC nicht besucht haben.

233 Siehe KG 160 f.; PC selbst ist im Jahr 1948, am Vortag dieses Nationalfeiertags, in Paris eingetroffen.

234 Es dürfte sich um den in die Bretagne nachgesandten Brief mit Poststempel vom 8. 7. 1961 handeln; siehe Dok. 19.
235 »Petite composition« (das Exemplar der Radierung indiziert diesen Titel nicht), »Épreuve d'artiste«, signiert »Celan-Lestrange 1958«; siehe die Abbildung in PC/RH 95.
236 Zitat einer Notiz aus PCs Reisetagebuch 1960 (Pariser Nachlaß), wohl am 9. 9. 1960. – Zum Aphorismus siehe PN 100 (Nr. 163.9).
237 Siehe Dok. 21 sowie 14 und Dok. 22.
238 Siehe PC/GCL, Zeittafel, 20. 4. 1970: Als PC in den Tod ging, lag auf seinem Schreibtisch aufgeschlagen das Buch *Das Leben Friedrich Hölderlins* von Wilhelm Michel, in dem ein Zitat Clemens Brentanos hervorgehoben ist: »*Manchmal wird dieser Genius dunkel und versinkt in den bitteren Brunnen seines Herzens*«.
239 *Empedokles.* Trauerspiel, hrsg. mit einer Einleitung von Friedrich Seebaß, Leipzig, Verlag Philipp Reclam jun., 1944 (Reclams Universal-Bibliothek Nr. 7500), auch in PCs Nachlaßbibliothek. Die zitierten, mit Bleistift leicht angestrichenen Stellen befinden sich auf S. 127, 77 f., 75 und 86.
240 Siehe Abb. 23. Nicht nur mein im Kapitel »Wie machst du das, du, mit deiner Seele« wiedergegebenes Notizbuch von 1957/1958 weist auf diese Treffpunkte hin, sondern auch manche meiner Briefe (siehe z. B. Dok. 11).
241 Es gab damals eine konservative, im Juni 1945 gegründete *Monatsschrift für österreichische Kultur*, *Der Turm*, die sich ausdrücklich auf ihn berief.
242 »Der Dichter und diese Zeit. Ein Vortrag«, in: *Ausgewählte Werke in zwei Bänden*, Bd. II: *Erzählungen und Aufsätze*, hrsg. von Rudolf Hirsch, Frankfurt am Main, S. Fischer Verlag, 1957 (Sonderausgabe Europäischer Buchklub), S. 451 f. Wie es der Zufall will: ich finde die entsprechenden Stellen in meiner eigenen von Rudolf Hirsch besorgten Hofmannsthal-Ausgabe wieder – dieselbe, die auch PC benützte und mit Anstreichungen versah.
243 Ebd. S. 464: Der Ausdruck »im Sturz des Daseins« stammt aus dem den Vortrag beschließenden Satz. – »Ein Brief« [an Lord Chandos] befindet sich in demselben Band S. 337 f., die Stelle aus »Andreas oder Die Vereinigten« S. 140: Das in KG 693 angeführte Zitat, von PC angestrichen, ist nicht vollständig. Es endet mit dem Satz, [Andreas] »fühlt diesen ungefühlten Schmerz, ohne zu wissen, daß er in diesem Augenblicke *liebt*«. – Im *Spleen de Paris* schreibt Baudelaire: »il n'est pas de pointe plus acérée que celle de l'Infini ...« (siehe »Le *Confiteor* de l'Artiste« in *Œuvres complètes*, Paris, Gallimard, 1961, S. 232). Zum Gedicht »À la pointe acérée« siehe KG 146.

244 Siehe insbesonders TCA/M 90 und 203 (Nr. 137, 138 und 876).
245 Klinikaufenthalt vom 31.12.1962 bis zum 17.1.1963, siehe PC/GCL, Zeittafel.
246 Frankfurt am Main, S. Fischer Verlag, 1963. In der von mir erworbenen Neuauflage (4.-6. Tausend) ist der Druckfehler im zweiten Vers des Gedichts »Mit allen Gedanken«, S. 19 – »das warst du« anstelle von »da warst du« – noch nicht getilgt, aber das überflüssige »s« von unbekannter Hand (KG 130) durchgestrichen.
247 KG 137-146. Siehe auch Dok. 10, 12 und 13.
248 Frankfurt am Main, S. Fischer Verlag, 1967.
249 Diese Klagen findet man auch zu wiederholten Malen in seiner Korrespondenz mit Ilana Shmueli: PC/IS 31, 39 und 41.
250 Auch im Brief an Franz Wurm vom 7.11.1969 beklagt sich PC über das »Gelärm« der Avenue Emile Zola: PC/FW 222.
251 Über seine Einstellung zu Israel in späteren Jahren gibt die Korrespondenz PC/IS vielfache Auskunft. Die Reise nach Israel hatte vom 30. 9. bis zum 17.10.1969 stattgefunden.
252 Eine Beschreibung der Ablehnung seiner Poesie durch die »Neo-Realisten« findet sich schon am Anfang seiner Korrespondenz mit Gisèle de Lestrange, seiner zukünftigen Frau, nach dem Treffen der Gruppe 47 in Niendorf im Mai 1952: siehe PC/GCL 14.
253 Zürich, Manesse Verlag, 1949.
254 Sadagora, 8 km von Czernowitz entfernt, ist heute als Stadtteil eingegliedert.
255 KG 135 f.
256 In *Paul Celan. Eine Biographie seiner Jugend* von Israel Chalfen wird dieser Umstand als eine »unerforschbare Czernowitzer Überlieferung« bezeichnet (Frankfurt am Main, Suhrkamp Verlag, 1983, S. 30).
257 In dem Lied »Wir zogen in das Feld«, das von den Landsknechten des Kaisers Karl V. gesungen wurde, heißt die dritte Strophe: »Wir zogen nach Friaul, da hättn wir allesamt groß Maul« (zit. nach *Singende Jugend*, Salzburg, O. Müller Verlag, 1948, S. 183). Eine viel seltenere Version fügt hinzu: »Wir zogen nach Triest, da hättn wir allesamt die Pest« (so in verschiedenen Volkslieder-Sammlungen und -Archiven, die auf die Sammlung *Frische Teutsche Liedlein* von Georg Forster zurückgreifen).
258 Am 16.2.1961 entstanden, am 7.11.1962 um den Passus *»Envoi«* (siehe HKA 6.2., 113, H^3) erweitert und zuletzt, in der Endfassung, erschienen in der *Neuen Rundschau* (74. Jg., 1963, Heft 1, S. 56), um die Verse »steht gegen / *die Pest*« ergänzt. Aller Wahrscheinlichkeit nach wurde mir eine frühe Fassung bekannt (siehe z. B. PC/GCL 133).

259 Siehe die Kopie des Umschlags, Abb. 16.
260 KG 145.
261 Siehe die Wiedergabe der Handschrift, Abb. 15. Der 11.5.1961 scheint auch im Kommentar zu KG 140 als Entstehungsdatum auf.
262 Leipzig, Insel-Verlag, 1921 (veränderte Neuausgabe). Vielleicht war es sogar sein eigenes Exemplar, denn dieser Titel fehlt unter den zahlreichen Werken Bubers, die er besaß. Siehe dazu PhB 467 f.
263 Urfassung/Studienfassung. Im Auftrag der Bayerischen Akademie der Schönen Künste hrsg. von Max Stefl, Augsburg, Adam-Kraft-Verlag, o.J.: in PCs Nachlaßbibliothek vorhanden.
264 Vgl. KG 140, Abb. 15 und Dok. 12.
265 In der Nähe meiner Heimatstadt Enns stießen die Rote Armee (die sich dann über die Enns zurückzog) und die amerikanischen Kampftruppen aufeinander und setzten am 5.5.1945, nach Abzug der letzten SS-Einheiten und im Einverständnis mit den zwar zahlreichen, aber kriegsmüden Wehrmachtsangehörigen und mit den örtlichen Widerstandsgruppen, dem Krieg ein Ende. Seit jeher, seit den Römern, war Enns, bzw. Lauriacum, eine Grenzbastion, entweder Teil des Limes oder Stützpunkt gegen aus dem Osten anstürmende Reitervölker. Merkwürdig erscheint die Tatsache, daß man in Enns im Jahr 1421 einen Hostienschändungsprozeß gegen die mittelalterlichen Judensiedlungen im Herzogtum Österreich angestrengt hat und dieselben daraufhin vernichtet wurden.
266 Das Städtchen Mauthausen ist nur etwa vier Kilometer von Enns entfernt. Jedoch ist es davon durch die schon sehr mächtige Donau getrennt und war nur mit einer alten Fähre erreichbar oder über die eigentlich zum Überqueren des Stromes nicht geeignete Eisenbahnbrücke. Dazwischen liegt auch, am rechten Ufer der dort vielarmigen Donau, also auf der Enns zugewendeten Seite, das Überschwemmungsgebiet der sogenannten Auen, eine damals nur spärlich bewohnte Gegend, die ich PC einmal beschrieben habe. Immer schon war es auf der anderen Seite der Donau wegen der Sprengungen verboten, den außerhalb Mauthausens gelegenen Granitsteinbruch (und somit das spätere Konzentrationslager) zu betreten. Von der Existenz der dazugehörenden unterirdischen Waffenfabrik »Gusen II und III«, von der es nur wenig Überlebende gibt, wußte niemand in meiner Umgebung. Auch von dem Einsatz von ungefähr 2000 Häftlingen in Enns als Außenkommando des KZ Mauthausen, die noch in den letzten Kriegstagen, vom 10. bis zum 19.4.1945, von SS-Truppen angetrieben, letzte

Bunker, die sogenannte »Enns-Stellung«, errichten sollten, erfuhr ich nichts. Siehe das Standardwerk von Hans Maršalek: *Die Geschichte des Konzentrationslagers Mauthausen. Dokumentation*, Wien, Edition Mauthausen, 4. Auflage 2006, ferner das *Mauthausen-Memorial* und über den »Todesmarsch« die neuesten Arbeiten von Eleonore Lappin vom Institut für jüdische Geschichte in St. Pölten, von Szabolcs Szita (1999), Florian Freund und Bertrand Perz (2007).

267 Der Bericht stammt von Frau Dr. Hermine Roth (Offenburg). Über den »Todesmarsch« in der von ihr bezeichneten Gegend berichtet auch Egbert Bernauer, *St. Florian in der NS-Zeit*, Linz, Wagner Verlag, 2005, S. 111 f. Zu den Gedenksteinen (siehe Abb. 17) und die vom OÖ. Landesarchiv herausgegebene Schrift *Oberösterreichische Gedenkstätten für KZ-Opfer*, redigiert von Siegfried Haider und Gerhart Marckhgott, Linz, Landesverlag, 2001, mit zahlreichen Abbildungen. Eine Ansicht des Gedenksteins von dem von Enns nach Linz umgebetteten Massengrab befindet sich dort S. 155.

268 Siehe das Gedicht »Tenebrae« in *Sprachgitter*, KG 97. – Soweit ich mich zu erinnern glaube, hat PC diesem auch »Dunkel- oder Trauermetten« genannten katholischen Ritus in der Bretagne einmal beigewohnt. Vielleicht aber hat er nur Berichte darüber, z. B. von seiner Frau, oder Lektüren zum Thema in sein Gedicht eingeführt. Ihm könnte auch bekannt gewesen sein, daß die Tenebrae-Gesänge, welche auf Psalmen und die Klagelieder Jeremias' zurückgehen, sich auch auf einen jüdischen Fast- und Trauertag (»Tishna B'Av«) beziehen, an welchem alle über das jüdische Volk je hereingebrochenen Tragödien beweint werden.

269 Die Wurzel Jesse ist ein in der christlichen mittelalterlichen Ikonographie häufig vorkommendes Symbol. Jesse, der Vater Davids, erscheint dort als die Wurzel, von der sich die Genealogie Christi ableitet. Das alte, immer noch gesungene Weihnachtslied »Es ist ein Ros entsprungen« bezieht sich mit »von Jesse war die Art« ausdrücklich auf die zugrundeliegende Prophezeigung Isaias.

270 *Die Sagen der Juden. 1° Von der Urzeit. 2° Die Erzväter*, Frankfurt am Main, Literarische Verlagsanstalt Rütten & Loening, 2. Ausgabe, 1919. Diese beiden Bände sind in PCs Nachlaßbibliothek ebenfalls vorhanden.

271 Zürich, Rhein-Verlag, 1960: »Die Vorstellungen vom Golem, in ihren tellurischen und magischen Beziehungen«, S. 209-259 – ebenfalls ein Exemplar in PCs Nachlaßbibliothek.

272 KG 142; dort ist als Entstehungsdatum der 23. 5. 1961 genannt, also zwölf Tage nach »Radix, Matrix« – ein Anhaltspunkt für den Tag der Niederschrift des Gedichts bei mir.

273 Siehe Abb. 19.

274 München-Planegg, Otto-Wilhelm-Barth-Verlag GmbH, 1956 (Neuauflage der ersten Edition, Prag, 1923, die unter dem Titel *Die Erotik der Kabbala* erschienen war). Dasselbe Buch in der Ausgabe von 1956 ist in PCs Nachlaßbibliothek ebenfalls erhalten. Es ist in München, im Eugen Diederichs Verlag, im Jahr 1989 neu aufgelegt worden. Eine französische Übersetzung erschien 1990. Der sowohl vom Chassidismus als auch von Freuds Psychoanalyse stark beeinflußte deutsch-jüdisch-tschechische Georg (oder Jiří Mordechai) Langer war ein Korrespondent Kafkas, vielleicht einer seiner Lehrer im Hebräischen. Kafkas Tagebücher erwähnen den Besuch, in Begleitung von Georg Langer und Max Brod, bei einem galizischen »Wunderrabbi« am 15. 9. 1915. – Zum »Sephirot-Baum« siehe das Titelblatt mit dessen Darstellung (1516), Abb. 18.

275 PC/GCL, Zeittafel, zur Lehrtätigkeit an der ENS siehe 30. 6. und 25. 9. 1961, zum Sommeraufenthalt in der Bretagne Anfang Juli bis 5. September.

276 Zum zitierten Brief siehe Dok. 4, S. 199. – Die Briefe entsprechen teils handschriftlichen Blättern, in Marbach registriert unter »Eisenreich, Brigitta, an Paul Celan, vor 1961 und 1961«. Ich vermute, daß diese Briefe, eigentlich undatiert, von PC in der ENS in Mappen gesammelt, nach seinem Tod vorgefunden wurden. Sie sind hier im Anhang wörtlich wiedergegeben. Das fast systematische Nicht-Datieren meiner Briefe, an dem PC nie – wie eigentlich zu erwarten gewesen wäre – etwas auszusetzen fand, gehörte wohl zu den »kleinen Geheimnissen«, die unserer Beziehung eigentümlich waren, ein Wort, das ich dem Gedicht »Es ist alles anders« entnehme (KG 162, V. 3).

277 Siehe Dok. 14.1.

278 Siehe Dok. 14.

279 Siehe Dok. 4.

280 KG 456, V. 39-44.

281 Der kurze Text über das »Problem der Zweisprachigkeit« (siehe hier Anm. 33) ist in GA 408 ebenfalls angeführt und erläutert.

282 »Leichtfertige Vorwürfe gegen einen Dichter«, *Die Zeit* vom 9. 6. 1961, mit Erläuterungen wiedergegeben in GA 365-375. In seinem Notizkalender (siehe hier Anm. 232) vermerkt PC am 8. 6. 1961, daß er einen vielleicht »letzte[n]« Brief an Walter Jens sende. – Zu N. Mandelstamm siehe FN 354 f.

283 *Gedichte. Eine Auswahl*, Frankfurt am Main, S. Fischer Verlag, 1962 (S. Fischer Schulausgaben. Texte moderner Autoren).

284 Ortschaft in der östlichen Normandie (Eure), nicht sehr weit von Paris entfernt.

285 *Sinn und Form. Neue Deutsche Literatur*, hrsg. von Peter Huchel, 14 (6), 1962, S. 729-731. Die Übersetzung erschien gleichzeitig im *Almanach* des S. Fischer Verlags auf das 76. Jahr, 1962 (GW V 280-287).

286 »Walliser Elegie«, GN 71-74, mit Anmerkungen 379-385, die spätere Fassung 314-317.

287 Siehe auch KG, V. 45-48, 467 und Anmerkung zur »Tausendstiege« in Verbindung mit Mauthausen, 931. Es sei denn, wie der Kommentar in GN 381 vorschlägt, daß die »Tausendstiege« von Odessa im Film »Panzerkreuzer Potemkin« von Eisenstein gemeint ist. Die »Todesstiege« in Mauthausen zählte 186 Stufen.

288 Siehe Dok. 21 und 22. In denselben sehr großen Büroräumen an der Porte Dorée arbeitete damals auch Isac Chivas Frau, Ariane Deluz, mit der ihn seit Ende 1961/Anfang 1962 ein Verhältnis verband und der gegenüber PC sich über seine Liebesbeziehung zu mir eröffnet, wahrscheinlich auch von den Schwierigkeiten zwischen uns gesprochen hat. Davon aber habe ich erst viel später in Andeutungen erfahren.

289 IB/PC 158 f., Brief vom 21. 9. 1963; siehe zur Bezeichnung der *Bitterkeit* der Gedichte die Erläuterung zu *Die Niemandsrose* in KG 672, die auf einen Brief an PCs Verleger Gottfried Bermann Fischer vom 4. 12. 1962 hinweist.

290 GA 539.

291 Im »Gedicht vom Ende« der Marina Tsvetaeva heißt es im übrigen: »In dieser überchristianisiertesten aller Welten sind die Dichter – Jiden«, entsprechend der russischen abwertenden Bezeichnung »židy«. PC benutzte eine verallgemeinernde Formel, »*Alle* Dichter sind Jiden«.

292 KG 164 f.

293 TCA/M 199 (Nr. 846).

294 KG 145.

295 PC/GCL 300 und 133/1.

296 PC/GCL 133/1 und 219/2. Im Französischen heißt die Stelle: »J'ai été si touché [...] que vous nous comptiez dans cette communauté juive qui n'est pas celle du rite, mais celle du cœur. [...] Car qu'est-ce que le Judaïsme sinon une forme de l'Humain, qu'est-ce que la Poésie sinon une forme de ce même Humain«.

297 Siehe PN 37 (Nr. 47.3).

298 Siehe dazu die Korrespondenz mit Max Frisch in IB/PC 163-177, besonders den Kommentar zur Widmung von »Andorra« vom Dezember 1961, IB/PC 350 f.

299 Die Erläuterungen zu diesem Text in PN 360 (Nr. 47.3) weisen ebenfalls auf diese mögliche Verknüpfung hin.

300 IB/PC 351; in diesem Kommentar ist »salaud« mit »Dreckskerl« übersetzt.

301 Ebd. 165-171, Briefe von Oktober und November 1959.

302 Ebd. 156, nicht abgesandter Brief vom 27. 9. 1961; siehe auch KG 457.

303 Das Buch erschien im Claassen Verlag in Hamburg. PC dürften die einzelnen, in der Zeitschrift *Die Wandlung* (1945-1949) erstmalig erschienenen, dann zum Buch zusammengefügten Artikel eventuell bekannt gewesen sein, da er ja dort 1949, durch die Vermittlung von Marie Luise Kaschnitz, zum ersten Mal in Deutschland Gedichte veröffentlichen konnte. Daß der Literaturkritiker W. E. Süskind aber auch ein Autor der von Goebbels geförderten Zeitung *Das Reich* gewesen war, hatte PC schon seit 1959 ausfindig gemacht. In jenen Jahren war Süskind auch als Übersetzer des berühmt-berüchtigten Weltbestsellers von Alexis Carrel hervorgetreten, *Der Mensch, das unbekannte Wesen*, Stuttgart und Berlin, Deutsche Verlagsanstalt, 1936. Das Vorwort zur deutschen Ausgabe singt das Lob der »energischen Maßnahmen« in Nazi-Deutschland »gegen die Vermehrung der Minderwertigen, Geisteskranken und Verbrecherischen« – ein Vorwort, das in den Nachkriegsausgaben weggelassen wurde; im Text selbst befürwortet Carrel den Vorschlag, Schwerverbrecher in »kleinen Anstalten für schmerzlose Tötung, wo es die dazu geeigneten Gase gibt«, auszumerzen – Sätze, die in den DVA-Neuauflagen bis 1955 unkommentiert nachgedruckt und auch – bis zum 45. Tausend 1957! – im List-Verlag *nicht* getilgt wurden. Die unveränderte Haltung des Darmstädter-Akademie-Mitglieds Süskind wird deutlich in seinem am 24. 10. 1960 in der *Süddeutschen Zeitung* veröffentlichten Bericht über die Preisverleihung an PC: »›Das Gedicht ...‹ – aber Celan spricht von *seinem* Gedicht, und wer den leicht schultergebeugten, dabei alterslosen Mann mit dem manchmal an japanische Masken erinnernden Gesicht und dem dunkelglänzenden Talmudistenauge seine Worte setzen sah, mußte ihm die Verallgemeinerung nachsehen«.

304 Siehe TCA/M 130 (Nr. 415), 130 f. und 199 (Nr. 417 und 847), 131 (Nr. 418), 130 und 172 (Nr. 411 und 680), sowie 79 (Nr. 84).

305 Siehe TCA/M 156 (Nr. 580). – Das bekannteste Buch von Theodor Lessing ist *Der jüdische Selbsthaß* (1930), andere hießen *Geschichte als Sinngebung des Sinnlosen* (1919), *Die verfluchte Kultur* (1921) oder *Europa und Asien* (1923); er soll schon früh das Bild von der »Flaschenpost« verwendet haben: Der Titel einer rezenten Ausstellung in Hannover, »Ich warf eine Flaschenpost in das unermeßliche Dunkel«, entspricht einem Zitat aus Lessings

postumer Autobiographie *Einmal und nie wieder*, Prag, Orbis-Verlag, 1935. (Seine Schriften, erst seit kurzem wieder neu aufgelegt, sind in der Bibliothek PCs nicht katalogisiert. Auch in öffentlichen Bibliotheken in Paris sind die Erstausgaben kaum vorhanden.)

306 Siehe z. B. die auf den 14. 2. 1961 datierte »Gebrauchsanweisung«: »Man nehme: / einen noch lebenden Juden mittleren (Juden-)Alters, mittleren (Juden-)Wuchses, unverheiratet, nach Möglichkeit kinderlos, beschnitten. / [...]«, PN 28 (Nr. 42), oder den »Zorn der Nichtjuden, wenn du als Jude das Wort ›Jud‹ gebrauchst: auch das betrachten sie als *ihr* Privileg. [...]«, PN 34 (Nr. 46.30); »Die Nepp-Zeit der deutschen Nachkriegsliteratur« wird am 25. 3. 1962 angeprangert: »Aufgejudetes in nordischer Zwangsjacke«, PN 42 (Nr. 54.2). Siehe auch hier Anm. 297 und 357 für weitere Beispiele.

307 Als Erstdruck aufgenommen in GA 551-554, das Zitat S. 551; siehe auch TWA/PC 192 ff.

308 Go'el – Erlöser, im jüdischen Achtzehngebet (Tefillah) verwendet, in der Kabbala in Verbindung mit dem Streben zur Verbesserung der Welt im Diesseits (Tikkun).

309 Siehe Dok. 15.

310 Zitat aus PCs Tagebuch (NPC D 90. 1. 3304); zum Mordversuch PCs an seiner Frau siehe PC/GCL, Zeittafel, 21.-27. 10. und 24. 11. 1965.

311 GA 837 und 820-860.

312 *Der Meridian*, GW III 190.

313 Arthur Rimbaud, Brief an Georges Izambard vom 13. 5. 1871, einer der »Lettres du Voyant [Briefe des Sehers]«, *Œuvres complètes.* Édition établie, présentée et annotée par Antoine Adam, Paris, Gallimard, 1979, S. 268. Brief an Paul Demeny vom 15. 5. 1871, der berühmteste unter den »Lettres du Voyant«, ebd. S. 270. Das »Bateau ivre« ist im selben Jahr entstanden.

314 IB/PC 173-175, zwei im übrigen nicht abgesandte Briefe PCs, und vor allem GA 377-381, Text von Rolf Schroers, mit Erläuterungen.

315 PC/RH 188, Brief aus Kermorvan vom 11. 7. 1961.

316 KG 161.

317 In Anlehnung an das Gedicht »Sprachgitter«, KG 99.

318 Siehe Dok. 24.4, Fragment »Sottes chansons«, das im Manuskript »Stundenspur« enthalten war.

319 KG 135, V. 14.

320 PN 137 (Nr. 250.1), 24 (Nr. 27.1), und, z. B., TCA/M 112 (Nr. 299). Der Text stammt aus *Des Knaben Wunderhorn*, gehört aber zum auch später gern gesungenen Liederschatz – ich selbst habe das Lied in der Schule gelernt.

321 KG 166.
322 KG 162, V. 17-19 (Hervorhebungen von mir).
323 Julij Margolin, »Pamjati Mandel'štama« in *Vozdušnye puti. Al'manach, II*, New York, 1961, S. 102 f. Die beiden Verse von Mandelstamm sind von mir übersetzt (»Kto ja? [...] / Dvurušnik ja, s dvojnoj dušoj / [...]«). Zu Margolins »Brat moj Osip« (»Ossip, mein Bruder«), Seite 106, siehe auch Barbara Wiedemann, »Eine Flaschenpost auf Atemwegen. Paul Celans zweite Begegnung mit Ossip Mandelstamm«, in *SprachKunst*, 1, 2005, S. 69 f.
324 KG 138-139. Das Entstehungsdatum ist der 30. 4. 1961.
325 *Handwörterbuch des deutschen Aberglaubens*, hrsg. von E. Hoffmann-Krayer und H. Bächtold-Stäubli, Berlin, Verlag Walter de Gruyter, 10 Bde, 1927-1942.
326 In der Ethnologie hatte ich für den europäischen Kulturkreis optiert. Während meiner Ausbildung arbeitete ich im Musée de l'Homme (Völkerkunde-Museum) über altertümliche Lebkuchenformen, über traditionnelle Techniken der Bienenzucht, über mit der Honigherstellung verbundene Glaubensvorstellungen. Mein damaliges, nie durchgeführtes Vorhaben war, mich in der Ethnographie slawischer Randgebiete zu spezialisieren. Als Hilfsangestellte im Musée des Arts et Traditions populaires (Volkskunde-Museum) bei Marie-Louise Tenèze gedachte ich auch kurzfristig mich der Analyse von legendären Überlieferungen zu widmen – dies ohne Erfolg, da diese Forschungsrichtungen sich damals keines mondänen Prestiges erfreuten und deshalb auch keiner entsprechenden Investitionen. Auch bereitete ich ein »Certificat d'histoire des religions« vor, unter der Leitung von Roger Bastide, das jedoch an der Sorbonne nicht institutionalisiert wurde. In allen drei Richtungen war ich eine Einzelgängerin.
327 Die zwei Bände von Julius von Negelein sind in Berlin bei Walter de Gruyter & Co. 1931 und 1935 erschienen.
328 F. L. K. Weigand, *Deutsches Wörterbuch*, Gießen, Töpelmann, 5. Auflage, 1909, 2 Bde.
329 Übersetzt von Thesi Mutzenbecher unter Mitwirkung von Ernst Schnabel, Hamburg, Rowohlt, 1958 (Erste Auflage 1956).
330 Homer, *Die Odyssee.* Übersetzt in deutsche Prosa von Wolfgang Schadewaldt, Hamburg, Rowohlt, 1958. Ein anderes Exemplar befindet sich in PCs Nachlaßbibliothek (am 20. 3. 1959 in Frankfurt erworben, wo er auch den Band für mich erstanden haben dürfte).
331 *Gedichte.* Italienisch und deutsch. Übertragung und Nachwort von Ingeborg Bachmann, Frankfurt am Main, Suhrkamp Verlag, 1961, und *Das verheißene Land. Das Merkbuch des Alten.* Deutsch

von Paul Celan, Frankfurt am Main, Insel Verlag, 1968 (zweisprachig); siehe GW V 423-539. Zu Bachmanns Übersetzungen von Ungaretti siehe IB/PC 150 f.

332 *Wir sind. Neue Gedichte*, 3. neu durchgesehene Auflage, Leipzig, Kurt Wolff Verlag, 1917 (erste Auflage 1914).

333 *Bertolt Brechts Hauspostille. Mit Anleitungen, Gesangsnoten und einem Anhange*, Berlin, Propyläen-Verlag, 1927.

334 PC/GCL 114: »c'est une fois de plus, la voix de l'anti-humain, indéchiffrable. Si l'on pouvait penser avec ses dents!«

335 Germaine Alazard, die Wirtin des Café Tournon.

336 Karl Emil Franzos, *Halb-Asien* [Auszüge aus verschiedenen Schriften]. Mit einer Einleitung von Prof. Dr. E. J. Görlich, Graz und Wien, Stiasny-Verlag, 1958. PC hat dieselbe Ausgabe dann auch selbst erworben. Das zugrundeliegende, 1876 erstmals veröffentlichte zweibändige, immer wieder aufgelegte und in fünfzehn Sprachen übersetzte Buch hieß: *Aus Halb-Asien. Culturbilder aus Galizien, der Bukowina, Südrußland und Rumänien*, Leipzig, Verlag Duncker & Humblot.

337 Ebd. S. 5. Siehe auch das zitierte Werk von Erwin Hanslik, *Österreich. Erde und Geist*, Wien, Institut für Kulturforschung, 1917. Der deutsch-polnische Kulturhistoriker, der ein Vorkämpfer der Völkerverständigung gewesen war, soll 1940 einer nationalsozialistischen Euthanasie-Aktion zum Opfer gefallen sein.

338 Der Ausdruck stammt aus *Der Meridian*, GW III 197.

339 Siehe hier Anm. 336.

340 Das Buch von Milo Dor, *Auf dem falschen Dampfer. Fragmente einer Autobiographie*, Wien, Zsolnay Verlag, 1988, enthält einige PC gewidmete Seiten, die in der Zeitschrift *Das jüdische Echo* (Jg. 39, Oktober 1990, S. 183-190) wieder abgedruckt sind unter dem Titel »Auf der Suche nach der verlorenen Heimat. Erinnerungen an Paul Celan«.

341 Aus der Korrespondenz mit Rudolf Hirsch geht hervor, daß die Beziehung schon Anfang 1960 von PC abgebrochen wurde, nachdem Grass sich anscheinend abfällig über das »Gespräch im Gebirg« geäußert hatte: PC/RH 97 f. Ein anschauliches Bild der Beziehung gibt wohl die sehr gute und genaue Arbeit von Arno Barnert: »Eine ›herzgraue‹ Freundschaft. Der Briefwechsel zwischen Paul Celan und Günter Grass«, *Textkritische Beiträge*, Heft 9, 2004, S. 65-127.

342 IB/PC 11, Brief vom 24. 6. 1949.

343 KG 165, V. 51-56: »Von der Brücken- / quader, von der / er ins Leben hinüber- / prallte, flügge / von Wunden, – vom / Pont Mirabeau«.

344 »Das Urteil. Eine Geschichte«, in *Erzählungen*, New York, Lizenzausgabe von Schocken Books, 1946, S. 68.

345 Siehe PC/GCL, Zeittafel, 1946. Jessica Sperber war die Frau von PCs rumänisch-deutsch-jüdischem Dichterfreund und Mentor Alfred Margul-Sperber, in dessen Nachlaß in Bukarest viele frühe Texte von PC aufbewahrt sind.

346 Siehe PC/GCL 242/1.

347 Geboren 1895 in einer jüdischen Familie in Bukarest, gestorben 1960 in Brüssel.

348 Vgl. GA 323 und 809 f.; siehe dort die deutsche Übersetzung, vermutlich von Ende Mai 1961, der ersten sechs Verse der Ballade: »Was sind sie, die mir nah, geworden, / die Freunde hier und mancherorten, / so nah, so lieb? / Nicht dicht gesät sind sie gewesen / und schlechte Saat ist es gewesen / nichts, das da blieb«.

349 Siehe KG 141 und PC/RH 99 für den französischen Text von Rutebeuf, 273 für PCs Übersetzung; auch GA 760 f.

350 Es handelt sich um Lucien Bernot, später Professor am Collège de France, mit dem ich befreundet war und der mich in meinem Fach, der Ethnologie, unterstützte. Léo Ferré hat das Lied »Que sont mes amis devenus« zum ersten Mal bei seinem Auftreten im Jahr 1955 im Olympia-Saal in Paris gesungen. Von der Firma »Odéon« wurde er nur bis 1959 betreut, wodurch die in meinem Besitz befindliche Platte zwischen 1955 und 1959 zu datieren ist. Ferré verwendete auch Texte von Apollinaire, Baudelaire, Rimbaud, Verlaine, Aragon und Villon und hat so bedeutende Dichter einem breiteren Publikum zugänglich gemacht.

351 Die am Gebäude der Rue Mirabeau Nr. 17, Paris 16e, angebrachte Tafel lautet im vollen Wortlaut: »ICI / LE 15 JUIN 1943 / LE FRANC-TIREUR ET PARTISAN AUTRICHIEN / ERNEST / RÉSISTANT DU GROUPE MANOUCHIAN / FUT MORTELLEMENT BLESSÉ PAR LES NAZIS / IL EST MORT POUR LA FRANCE ET POUR LA LIBERTÉ / *SOUVENONS-NOUS*«.

352 Siehe z. B. »Schibboleth« in *Von Schwelle zu Schwelle*, KG 83, und »In eins« in *Die Niemandsrose*, KG 153, das auf »Schibboleth« zurückgreift.

353 Siehe Dok. 5.

354 Das Musée national d'histoire naturelle in Paris besitzt eine der weltweit größten Sammlungen dieser artenreichen Ordnung in der Klasse der Insekten. Siehe PN 36, 47.2.

355 Erschienen 1900 in Wien und Prag, Verlag von F. Tempsky, in 21. und 25. Auflage.

356 *Brehms Tierleben in vier Bänden.* Völlig neu bearbeitet von Walter Rammner, Leipzig und Jena, Urania, 1956 (3. unveränderter Nachdruck der 2. Auflage), in PCs Nachlaßbibliothek vorhanden.

357 Siehe PN 36 (Nr. 47.2).
358 Siehe Dok. 22.
359 *Der Meridian*, GW III, besonders 191-193 und 196-198.
360 V. 4-6 von »Weggebeizt« in *Atemwende*, KG 180 f. Der Kommentar hierzu, mit dem Entstehungsdatum vom 30. 12. 1963, erläutert jedoch eine ganz andere Sinndeutung.
361 »Mit Äxten spielend« in *Von Schwelle zu Schwelle*, KG 65; Matière de Bretagne« in *Sprachgitter*, KG 102, V. 17 f.
362 *Rückkehr der Schiffe*, Frankfurt am Main, S. Fischer Verlag, 1962.
363 »À la pointe acérée«, in *Die Niemandsrose*, KG 146.

Bildteil

Abb. 1

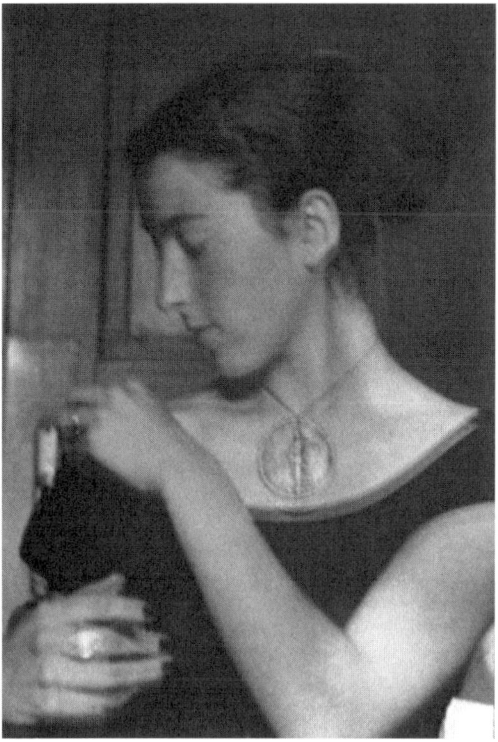

Abb. 2

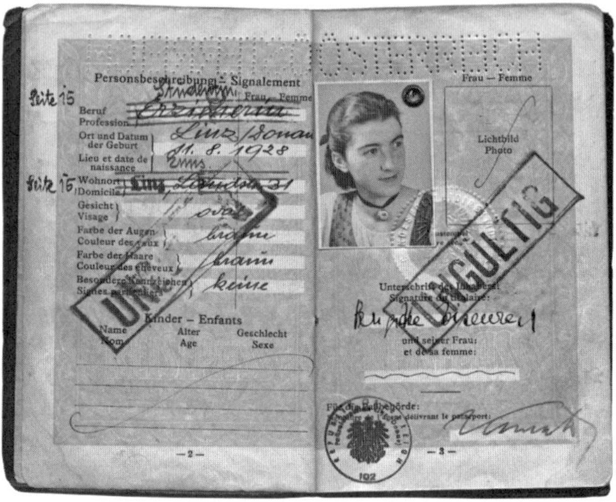
Personsbeschreibung – Signalement
Frau – Femme
Beruf
Profession
Ort und Datum der Geburt
Lieu et date de naissance
Linz/Donau
11. 8. 1928
Wohnort
Domicile
Gesicht
Visage
Farbe der Augen
Couleur des yeux
Farbe der Haare
Couleur des cheveux
Besondere Kennzeichen
Signes particuliers
keine
Kinder – Enfants
Name
Nom
Alter
Age
Geschlecht
Sexe
—2—
Frau — Femme
Lichtbild
Photo
UNGÜLTIG
Unterschrift des Inhabers:
Signature du titulaire:
und seiner Frau:
et de sa femme:
Für die Paßbehörde:
Autorité délivrant le passeport:
102
—3—

Abb. 3

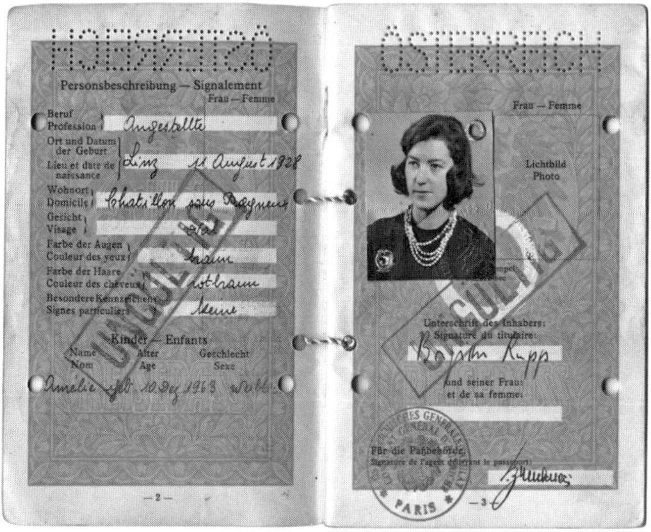

ÖSTERREICH

Personsbeschreibung — Signalement

Frau — Femme

Beruf / Profession: Angestellte

Ort und Datum der Geburt / Lieu et date de naissance: Linz 11 August 1928

Wohnort / Domicile: Chatillon sous Bagneux

Gesicht / Visage: oval

Farbe der Augen / Couleur des yeux: braun

Farbe der Haare / Couleur des cheveux: rotbraun

Besondere Kennzeichen / Signes particuliers: keine

UNGÜLTIG

Kinder — Enfants

Name / Nom	Alter / Age	Geschlecht / Sexe
Amélie	geb. 10. Dez. 1963	weibl.

— 2 —

ÖSTERREICH

Frau — Femme

Lichtbild / Photo

UNGÜLTIG

Unterschrift des Inhabers: / Signature du titulaire: Brigitte Rupp

und seiner Frau: / et de sa femme:

Für die Paßbehörde / Signature de l'agent délivrant le passeport:

PARIS

— 3 —

Abb. 4

Abb. 5

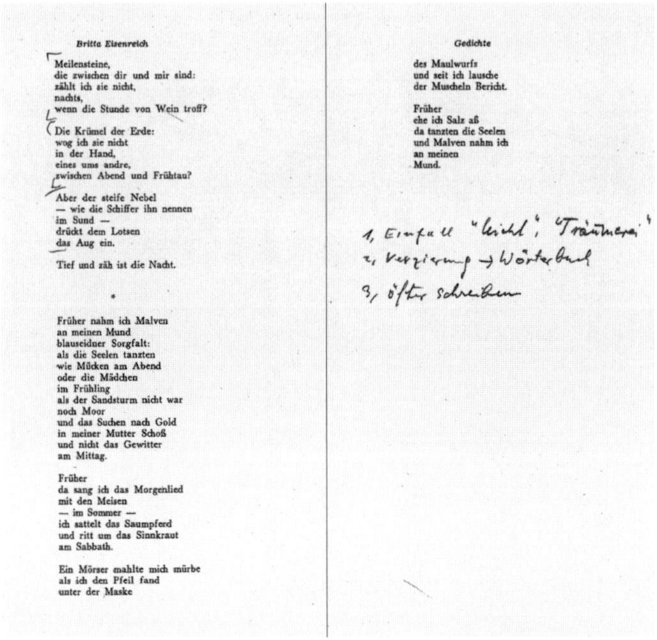

Britta Eisenreich

Meilensteine,
die zwischen dir und mir sind:
zählt ich sie nicht,
nachts,
wenn die Stunde von Wein troff?

Die Krümel der Erde:
wog ich sie nicht
in der Hand,
eines ums andre,
zwischen Abend und Frühtau?

Aber der steife Nebel
— wie die Schiffer ihn nennen
im Sund —
drückt dem Lotsen
das Aug ein.

Tief und zäh ist die Nacht.

*

Früher nahm ich Malven
an meinen Mund
blauseidner Sorgfalt:
als die Seelen tanzten
wie Mücken am Abend
oder die Mädchen
im Frühling
als der Sandsturm nicht war
noch Moor
und das Suchen nach Gold
in meiner Mutter Schoß
und nicht das Gewitter
am Mittag.

Früher
da sang ich das Morgenlied
mit den Meisen
— im Sommer —
ich sattelt das Saumpferd
und ritt um das Sinnkraut
am Sabbath.

Ein Mörser mahlte mich mürbe
als ich den Pfeil fand
unter der Maske

Gedichte

des Maulwurfs
und seit ich lausche
der Muscheln Bericht.

Früher
ehe ich Salz aß
da tanzten die Seelen
und Malven nahm ich
an meinen
Mund.

1, Einfall „leicht", „Träumerei"
2, Verzierung → Wörterbuch
3, öfter schreiben

Abb. 6

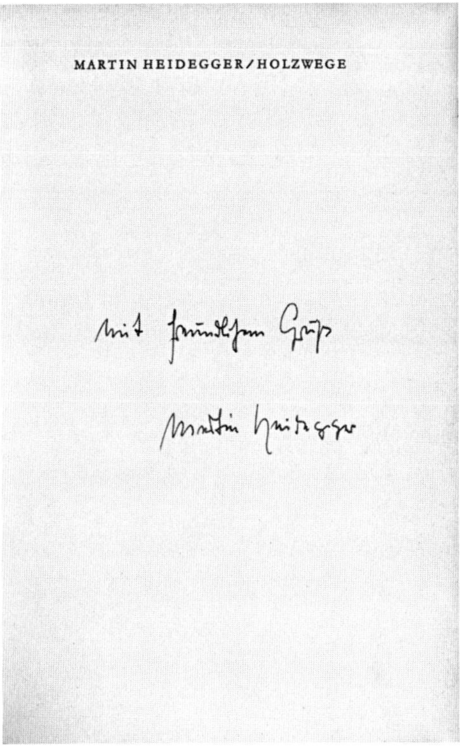
MARTIN HEIDEGGER / HOLZWEGE

Mit freundlichem Gruß

Martin Heidegger

Abb. 7

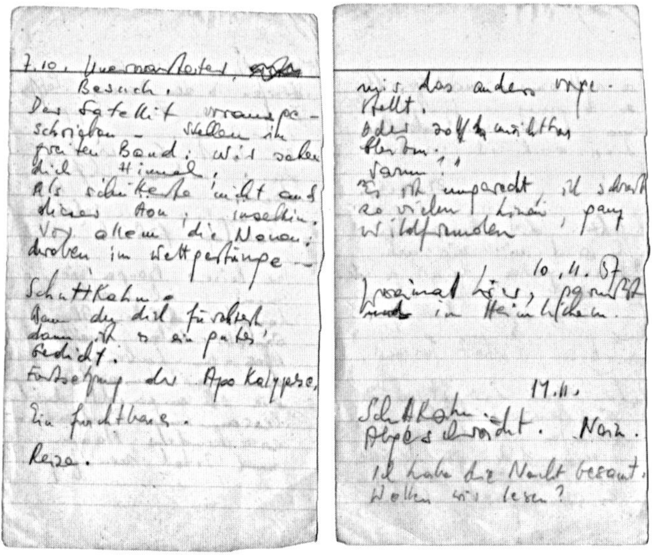

7.10. [illegible] [illegible]
Besuch.
Das Satellit [illegible] geschrieben – Stellen im zweiten Band: Wir sahen dich Himmel;
Als schickte [illegible] nicht auf diesen Ton; [illegible].
Vor allem die Neuen: droben im [illegible] –
[illegible].
Wenn du dich fürchtest dann ist es ein gutes Gedicht.
Fortsetzung der Apokalypse.
Ein furchtbares.
Reise.

wie das andere vorgestellt.
Oder soll [illegible] unsichtbar bleiben.
Warum?!
Es ist ungerecht, ich schreibe so vielen Leuten, ganz Wildfremden!

10.4.87
Zweimal hier, [illegible] im Heimlichen.

17.11.
[illegible] [illegible]. Nein.
Ich habe die Nacht [illegible].
Wollen wir lesen?

Abb. 8

Abb. 9

Und ich sah Inselsterne, sah Archipele ragen,
darüber Fieberhimmel – das Tor der Wanderschaft!
– Hats dich dorthin, ins Nächtige und Nächtigste verschlagen,
du goldnes Vogeltausend, du künftige, du Kraft?

Doch wahr, genug des Weinens! Der Morgen muß enttäuschen.
Ob Nacht-, ob Taggestirne, keins, das nicht bitter wär:
ich schwoll von herber Liebe, erstarrt in Liebesräuschen –
O du mein Kiel, zersplittre! Und über mir sei, Meer!

Und gäb es in Europa ein Wasser, das mich lockte,
so wärs ein schwarzer Tümpel, kalt, in der Dämmernis,
an dem dann eins der Kinder, voll Traurigkeiten, hockte
und Boote, falterschwache, und Schiffchen segeln ließ'.

Abb. 10

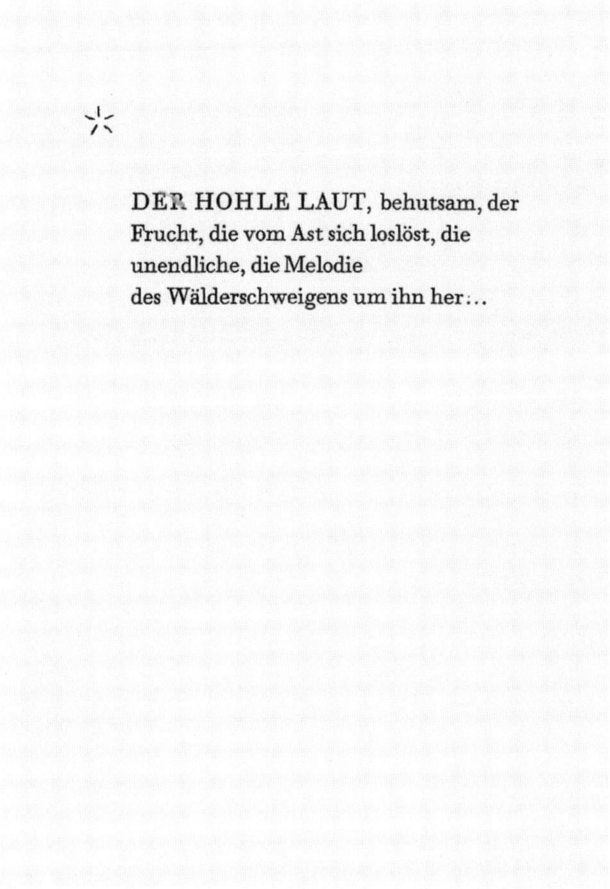
DER HOHLE LAUT, behutsam, der
Frucht, die vom Ast sich loslöst, die
unendliche, die Melodie
des Wälderschweigens um ihn her:..

Abb. 11

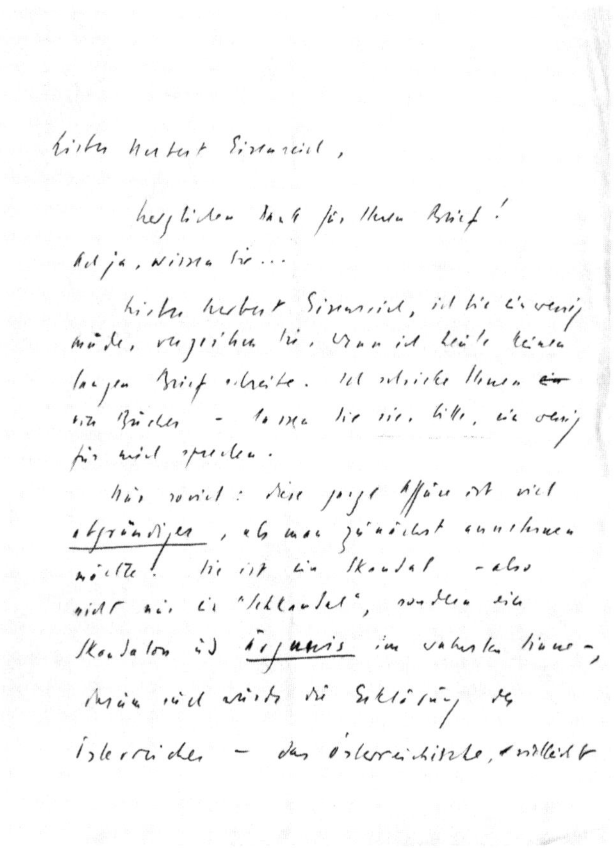
Lieber Herbert Eisenreich,

herzlichen Dank für Ihren Brief!

Ach ja, wissen Sie...

Lieber Herbert Eisenreich, ich bin ein wenig müde, verzeihen Sie, wenn ich heute keinen langen Brief schreibe. Ich schicke Ihnen ~~ein~~ ein Büchlein – lassen Sie es, bitte, ein wenig für mich sprechen.

Nur soviel: diese ganze Affäre ist viel abgründiger, als man zunächst annehmen möchte! Sie ist ein Skandal – also nicht nur ein „Schlamassel", sondern ein Skandalon und Ärgernis im wahrsten Sinne –, Kann ich nicht die Erklärung des Österreichischen – das Österreichische, vielleicht

Abb. 12

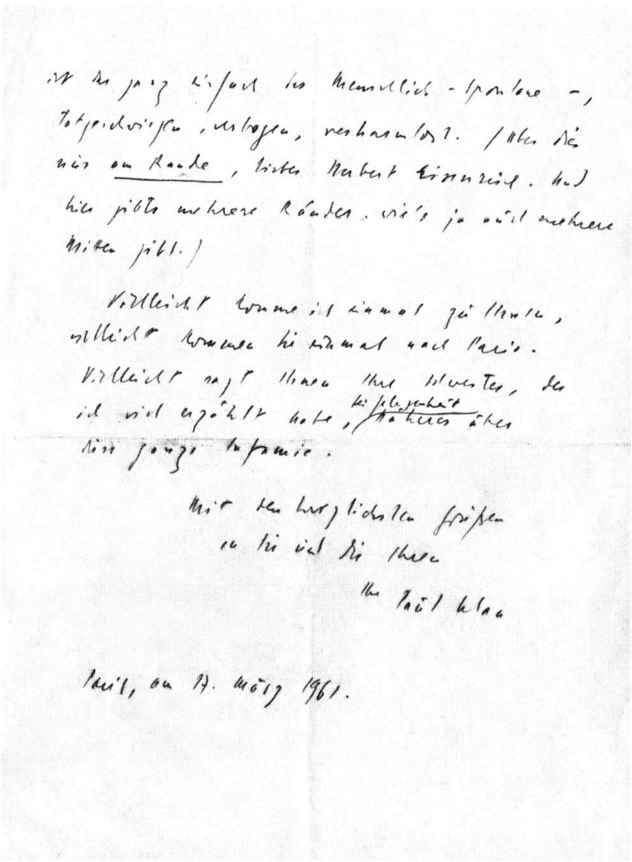
ist das ganz Einfach des Menschlich-Spontane –, totgeschwiegen, verlogen, verleumdet. (Aber Sie sind am Rande, lieber Hubert Huppert. Und hier gibts mehrere Ränder, wie's ja auch mehrere Mitten gibt.)

Vielleicht komme ich einmal zu Ihnen, vielleicht kommen Sie einmal nach Paris. Vielleicht sagt Ihnen Ihre Schwester, der ich viel erzählt habe, bei Gelegenheit ~~Näheres~~ über diese ganze Infamie.

Mit den herzlichsten Grüßen an Sie und die Ihren

Ihr Paul Celan

Paris, am 17. März 1961.

Abb. 13

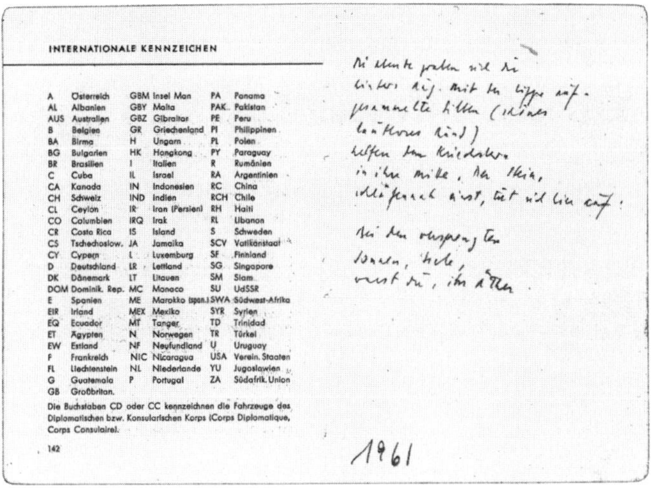

INTERNATIONALE KENNZEICHEN

A	Österreich	GBM	Insel Man	PA	Panama
AL	Albanien	GBY	Malta	PAK	Pakistan
AUS	Australien	GBZ	Gibraltar	PE	Peru
B	Belgien	GR	Griechenland	PI	Philippinen
BA	Birma	H	Ungarn	PL	Polen
BG	Bulgarien	HK	Hongkong	PY	Paraguay
BR	Brasilien	I	Italien	R	Rumänien
C	Cuba	IL	Israel	RA	Argentinien
CA	Kanada	IN	Indonesien	RC	China
CH	Schweiz	IND	Indien	RCH	Chile
CL	Ceylon	IR	Iran (Persien)	RH	Haiti
CO	Columbien	IRQ	Irak	RL	Libanon
CR	Costa Rica	IS	Island	S	Schweden
CS	Tschechoslow.	JA	Jamaika	SCV	Vatikanstaat
CY	Cypern	L	Luxemburg	SF	Finnland
D	Deutschland	LR	Lettland	SG	Singapore
DK	Dänemark	LT	Litauen	SM	Siam
DOM	Dominik. Rep.	MC	Monaco	SU	UdSSR
E	Spanien	ME	Marokko (span.)	SWA	Südwest-Afrika
EIR	Irland	MEX	Mexiko	SYR	Syrien
EQ	Ecuador	MT	Tanger	TD	Trinidad
ET	Ägypten	N	Norwegen	TR	Türkei
EW	Estland	NF	Neufundland	U	Uruguay
F	Frankreich	NIC	Nicaragua	USA	Verein. Staaten
FL	Liechtenstein	NL	Niederlande	YU	Jugoslawien
G	Guatemala	P	Portugal	ZA	Südafrik. Union
GB	Großbritan.				

Die Buchstaben CD oder CC kennzeichnen die Fahrzeuge des Diplomatischen bzw. Konsularischen Korps (Corps Diplomatique, Corps Consulaire).

142

Die Abende graben sich dir
hinters Aug. Mit den Lippen auf-
gesammelte Silben (schönes
lautloses Rund)
helfen dem Kriechstern
in ihre Mitte. Der Stein,
schläfennah einst, tut sich hier auf:

Bei den versprengten
Sonnen, Seele,
warst du, im Äther.

1961

Abb. 14

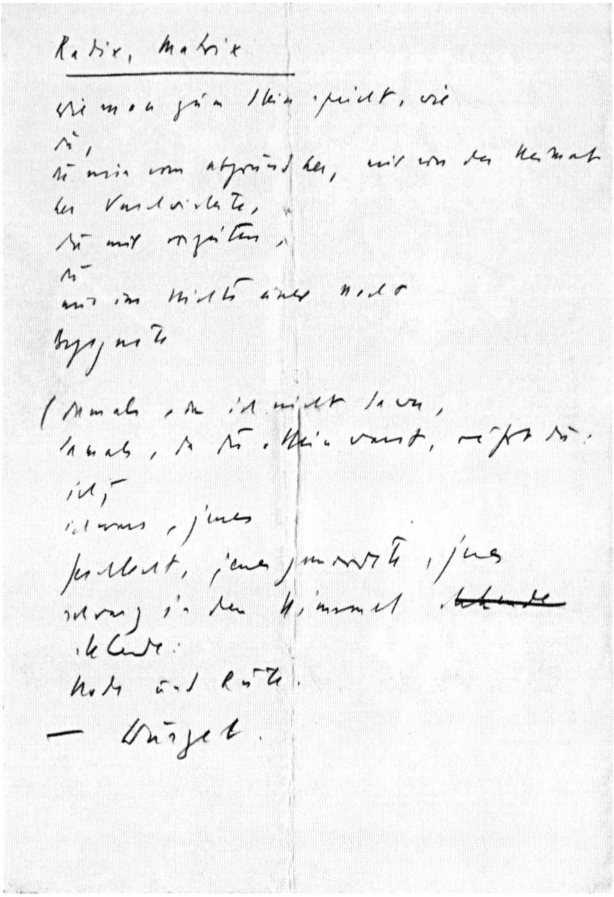

Abb. 15

wiegt Abrahams, wiegt Jesses, Niemands
Wiege – o
über.) –

Ja,

wie man grünen Stein greift, wie
du
mit mir [illegible] und ins Nichts greifst, so
ist, was hier ist:

<u>dieser</u>
frühblühenden Mandel,
<u>diese</u>
Mandel
ist Niemand.

Für Dich, Brigitta, am 11.5.1961.

Paul.

CHANTS
YIDDISH
Charles DENNER, basse baryton
Léa KNOUT, contralto
Basia RETCHITZKA, soprano
Orchestre sous la direction de
Robert CORNMAN
LE CHANT DU MONDE
LDY-4087

Abb. 16

HIER RUHEN
31 KZ HÄFTLINGE
EHRET DAS ANDENKEN
DIESER OPFER
DES TODESMARSCHES
IM APRIL 1945

Abb. 17

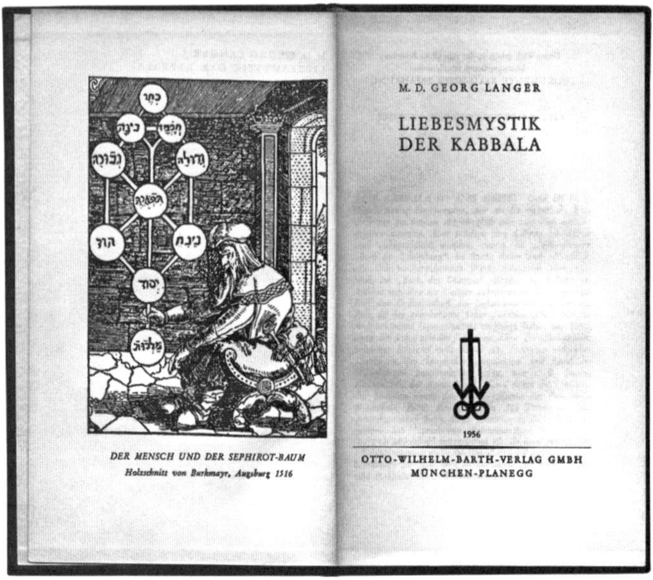
DER MENSCH UND DER SEPHIROT-BAUM
Holzschnitt von Burkmayr, Augsburg 1516
M. D. GEORG LANGER
LIEBESMYSTIK
DER KABBALA
1956
OTTO-WILHELM-BARTH-VERLAG GMBH
MÜNCHEN-PLANEGG

Abb. 18

MANDORLA

In der Mandel - was steht in der Mandel?
Das Nichts.
Es steht das Nichts in der Mandel.
In der Mandel, da stehet das Nichts.
Da steht es und steht.

~~Judenlocke, wirst nicht grau~~

~~Dein Auge - wohin steht dein Auge?~~

Und im Nichts, wer steht da? Der König.
Im Nichts, da stehet der König.
~~Da steht und stehet der König.~~
Da steht er und steht.

Judenlocke, wirst nicht grau.

Dein Auge - wohin steht dein Auge?
Dein Aug steht der Mandel entgegen.
Dein Aug, es stehet zum König.
So steht es und steht.

Judenlocke, wirst nicht grau.

Leere Mandel, königsblau.

Abb. 19

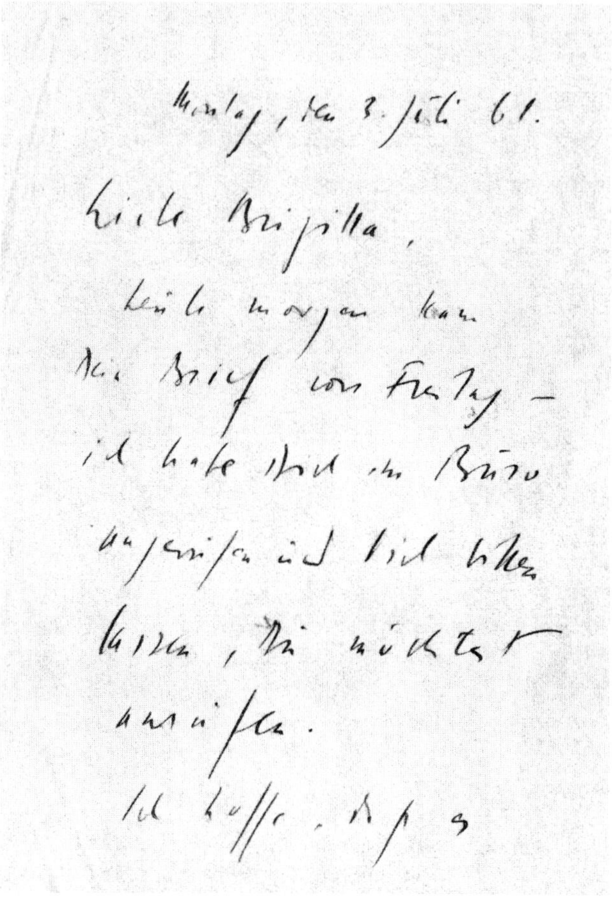
Montag, den 3. Juli 61.

Liebe Brigitta,

heute morgen kam Dein Brief vom Freitag – ich habe Dich im Büro angerufen und Dich bitten lassen, Du möchtest anrufen.

Ich hoffe, daß

Abb. 20

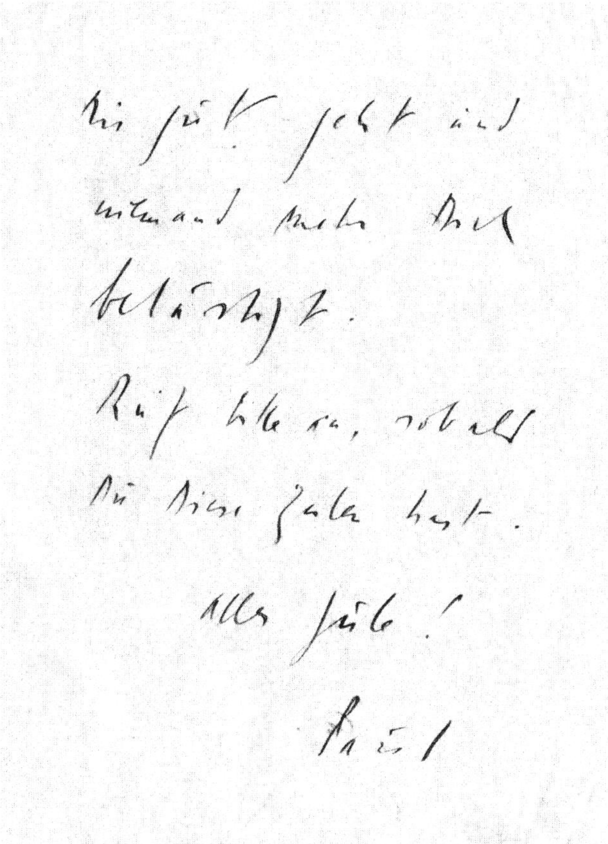
Dir gut geht und
niemand mehr Dich
beschäftigt.
Ruf bitte an, sobald
Du diese Zeilen hast.

Alles Gute!

Paul

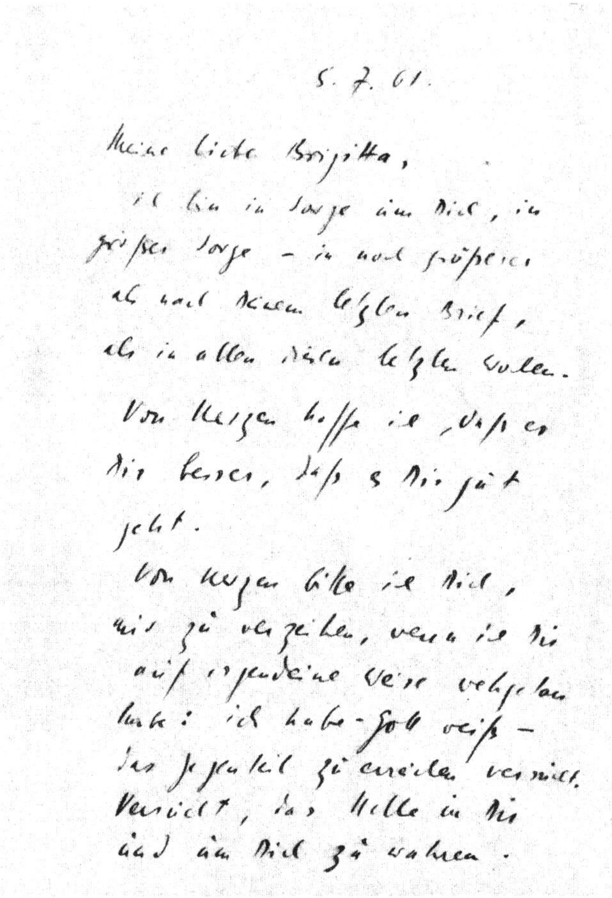

5. 7. 61.

Meine liebe Brigitta,

ich bin in Sorge um Dich, in großer Sorge – in noch größerer als nach deinem letzten Brief, als in allen diesen letzten Wochen.

Von Herzen hoffe ich, daß es Dir besser, daß es Dir gut geht.

Von Herzen bitte ich Dich, mir zu verzeihen, wenn ich Dir auf irgendeine Weise wehgetan habe: ich habe – Gott weiß – das Gegenteil zu erreichen versucht. Versucht, das Helle in Dir und um Dich zu wahren.

Abb. 21

Du weißt es, Du weißt es ja.

Ruf bitte noch einmal an –

Von Herzen Dein Paul

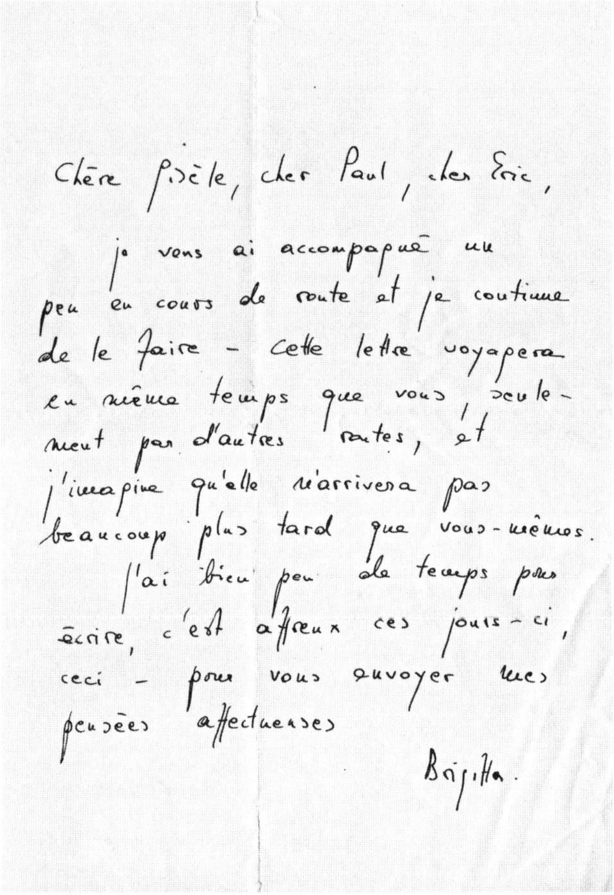

Chère Gisèle, cher Paul, cher Eric,

je vous ai accompagné un peu en cours de route et je continue de le faire – cette lettre voyagera en même temps que vous, seulement par d'autres routes, et j'imagine qu'elle n'arrivera pas beaucoup plus tard que vous-mêmes.

J'ai bien peu de temps pour écrire, c'est affreux ces jours-ci, ceci – pour vous envoyer mes pensées affectueuses

Brigitta.

Abb. 22

Abb. 23

Dokumente
Briefwechsel und Texte

Dokumente

Die hier zusammengestellten Dokumente beziehen sich ausschließlich auf die in meiner autobiographischen Einleitung und im berichtenden Erinnerungstext angeführten unveröffentlichten Archivquellen. Sie sind nicht als selbständige Publikation aufzufassen, sondern als zusätzliches Material zur genaueren Orts- und Zeitbestimmung des Dargestellten.
Bei den Dokumenten aus dem Zeitraum von 1953 bis 1962 handelt es sich, jeweils in möglichst chronologischer Anordnung, zum einen um drei Briefe Paul Celans, dreizehn von mir verfaßte Briefe und zwei von Herbert Eisenreich, ergänzt durch Aufzeichnungen einiger Träume; zum zweiten um eine Auswahl von dreizehn meiner Gedichte und um drei Übersetzungsversuche; zum dritten um Auszüge aus dem unveröffentlichten Tagebuch von Gisèle Celan-Lestrange, darunter mich betreffende Träume. Der Inhalt eines Notizbüchleins hingegen, in dem Aussagen Celans aus den Jahren 1957 und 1958 aufgezeichnet sind, wurde im Kapitel »Wie machst du das, du, mit deiner Seele?« des Berichts verarbeitet (S. 55); zwei Seiten davon sind im Bildteil aufgeführt (siehe Abb. 8).
Der Großteil der Dokumente wird als »Nachlaß Paul Celan« im Deutschen Literaturarchiv Marbach am Neckar aufbewahrt, andere liegen im Nachlaß Gisèle Celan-Lestrange, im Besitz von Eric Celan, einige befinden sich in meinem Privatarchiv wie auch im Nachlaß Herbert Eisenreich bei Frau Christine Fritsch in Wien.
Die Erstellung der Chronologie wurde dadurch erschwert, daß fast alle meine Briefe undatiert vorliegen und die entsprechenden Briefumschläge zum Großteil nicht aufbewahrt wurden. Die zeitliche Abfolge mußte daher teilweise aus dem Inhalt der Briefe gefolgert, teilweise im Vergleich mit bekannten Daten und mit eigenen Erinnerungen als wahrscheinlich angenom-

men werden. Die aufbewahrten Briefumschläge stammen, bis auf eine Ausnahme, aus der Zeit nach Juni 1961, aus der Zeit also, die mit dem Aufgeben der zuvor geübten Anonymität zusammenfällt (siehe S. 54, 60 und den Kommentar zu Dok. 16). Die Autorschaft meiner häufig ohne Anrede und Unterschrift überlieferten Briefe ergibt sich aus der Tatsache, daß sie, gemeinsam mit zahlreichen Gedichten, im NPC in einem Konvolut unter meinem Namen gesammelt, aufbewahrt sind. Da die letzten meiner an Celan übersandten Gedichte Briefcharakter haben, wurde eines von diesen als Beispiel in die Reihe der wiedergegebenen Briefe aufgenommen (siehe Dok. 20).

Der jeweilige Einzelkommentar vermerkt gegebenenfalls die Archivsignatur und gibt eine Beschreibung des Objekts, jedoch ohne Angabe von Papierformat – in der Regel 21 × 27 cm – und, bei handschriftlichen Briefen, Tintenfarbe – fast immer schwarz (Abweichungen werden erwähnt). Die Faltungen der Gedichtmanuskripte Celans werden jeweils genau beschrieben, da diese Fassungen in der HKA unbekannt sind. Derartige Faltungen meiner Gedichtmanuskripte werden nur angezeigt, wenn man daraus schließen kann, auf welchem Wege Celan das Gedicht zugekommen ist – durch persönliche Übergabe oder als Zusendung mit der Post. Die unterschiedliche Schreibung von ß/ss in hand- bzw. maschinenschriftlichen Dokumenten wird originalgetreu wiedergegeben. Hypothetische Datierungen werden nach Möglichkeit erläutert.

Die Mehrzahl meiner Briefe ist nicht oder nur mit der oft handschriftlichen Abkürzung »B.« signiert, ein einziger mit dem Vornamen »Britta«. Zumindest seit dem 11.5.1961, dem Tag der Widmung des Gedichts »Radix, Matrix« (siehe Dok. 12 und Abb. 15), nannte Celan mich mit dem vollen Namen »Brigitta«, den in der Folge auch ich verwendete. Dieser Unterschied wird nur hier als allgemeiner Sachverhalt, aber nicht in den einzelnen Kommentaren zu den verschiedenen Briefen wiederholt angezeigt.

Die hier dokumentierte Korrespondenz zwischen Paul Celan

und mir ist unvollständig: Einige meiner Briefe, die vor dem Herbst 1959 – das heißt vor seiner Berufung an die ENS in der Rue d'Ulm – teilweise postlagernd an Celan gerichtet wurden, hat er mit Ausnahme eines einzigen in seinen Papieren falsch eingeordneten Blatts (Dok. 2) vernichtet; erhalten blieben die an seine berufliche Adresse und, seit Juni 1961, an die Privatadresse in Paris, Rue de Longchamp, sowie in die Bretagne, nach Trébabu, adressierten Sendungen. Eine Reihe an mich gerichteter Briefe Celans, darunter ein gutes Dutzend Rohrpostbriefe, ist mir im Lauf der Zeit abhanden gekommen. Zwei hier dokumentierte Briefe Celans sind dank der von ihm angefertigten Ds. in seinem Nachlaß erhalten. Celans Notizkalender für 1961 (NPC D 90. 1. 3261 a) wurde lediglich für die Datierung einiger meiner Briefe zu Rate gezogen.

Briefwechsel und Texte

1 Herbert Eisenreich an Paul Celan, Hamburg, 12. 8. 1953

Herbert Eisenreich
Hamburg 13, Sofienterrasse 3 am 12. 8. 1953

Lieber Herr Celan!
Zuerst einmal und vor allem anderen habe ich Ihnen zu gratulieren zu Ihrer Hochzeit (spät erst hab ich's durch meine Schwester erfahren), und zu Ihrem Gedichtband mitsamt der guten Aufnahme, die er fast überall findet. Empfangen Sie, bitte, meine allerbesten Glückwünsche!
Ich war verreist, und daher komme ich erst jetzt dazu, auf eine Karte zu reagieren, die mir der mir persönlich unbekannte Klaus Demus am 15. 7. geschrieben hat. Ich habe nur ganz wenige Gedichte, aber von diesen wenigen lege ich hier also einige bei.

Und zwar:

Die Evolution der Sprache	ungedruckt
Erinnerung an gute Orte/	
Rhythmische Variation	ungedruckt
Sonett	1 × gedruckt
Traumgeburt	ungedruckt
Herbst um Oberneukirchen	ungedruckt
Von den drei Leiden des Menschen	ungedruckt

Bei den letztgenannten müßten, wenn Ihre Wahl zufällig darauf fiele, zwei kleine Passagen geändert werden: das Wort »Brillenmädchen« auf Seite 2 ersetzt, und der Beginn der Schlußpassage verändert, zwei Zeilen nur. Ich tät' es fallweise rasch, wenn sie mich dazu auffordern sollten.

Aber auch wenn Ihnen gar nichts davon zusagt, bin ich Ihnen sehr dankbar für Ihre liebenswürdige Einladung.
Und hier noch Biographisches: Geboren zu Linz am 6. 2. 25, aufgewachsen in der dortigen Landschaft und dann in Wien, später wieder in und um Linz. Militärdienst und Gefangenschaft, nachher wieder Wien. Kurzes Studium, Brotberufe, daneben erste Publikationen in Zeitschriften und Anthologien. Seit 1952 meist in Deutschland, hier freier Mitarbeiter mehrerer Sender und Zeitschriften, wohnhaft in Hamburg.
Buchpublikationen: »Einladung, deutlich zu leben«, Erzählung, Jungbrunnen-Verlag, Wien 1951. In Vorbereitung beim Marion von Schröder Verlag, Hamburg: »Auch in ihrer Sünde«, Roman, und »Die eine und die andere Seite«, Erzählungen.
Ich schreibe: Lyrik, erzählende Prosa, Essays und Aufsätze, Dialogische Arbeiten. Momentane Arbeit: Ein neuer Roman, und eine politische Schrift.

Ich hoffe, das genügt!

Von Herzen alles Gute! Ihr
Herbert Eisenreich

NPC D 90. 1. 3108: masch. Brief, Kuvert fehlt. Ein Ds. des Briefs befindet sich im Nachlaß von Herbert Eisenreich. Nicht publizierte Beilage: sechs Gedichte (darunter ein Zyklus – »Herbst um Oberneukirchen« –, der aus zwölf »kleinen Gedichten« besteht, Vierzeilern, die Haikus nicht unähnlich sind). Zu Herbert Eisenreich, der zur Zeit dieses Briefes als freier Mitarbeiter des Nordwestdeutschen Rundfunks in Hamburg lebte und PC bei der Tagung der Gruppe 47 in Bad Niendorf kennengelernt hatte, siehe S. 29 und 34 sowie die Briefe von und an Celan, Dok. 8 und 9.
zu Ihrer Hochzeit] *Über die Heirat von PC und Gisèle de Lestrange habe ich meinem Bruder wohl anläßlich meines Besuchs bei ihm in Hamburg im Sommer 1953 berichtet. Ich selbst habe davon vermutlich durch einen gemeinsamen Bekannten, vielleicht den österreichischen Schriftsteller Herbert Zand erfahren.*

Demus [...] Gedichte] *PC hatte die Absicht, eine »Anthologie österreichischer Lyrik« herauszugeben. Zu diesem nicht verwirklichten Vorhaben siehe IB/PC 54 und 56. Sein Freund, der Kunsthistoriker Klaus Demus (der auch mit Ingeborg Bachmann befreundet war), spielte in diesem Kontext den Vermittler.*

2 *Brigitta Eisenreich an Paul Celan, Paris, vor Juni 1957*

Lieber Paul.
Ich muss Dir leider mitteilen, dass der Arzt mich für krank befunden hat, es ist nicht weiter schlimm, aber lästig. Ausserdem bin ich wirklich sehr müde. Ich sollte so viel als möglich liegen, aber es geht nicht.
Ich fürchte so, dass ich kommenden Mittwoch nicht zur Stelle werde sein können, meine Schwester hat sich auch angesagt, den genauen Tag ihrer Ankunft weiss ich nicht, sobald sie da ist, nehme ich das weisse Tüchlein vom Fenster weg. Hoffentlich geht es Dir gut. Wenn wir einander nicht mehr sehen sollten, so wünsche ich Dir jetzt schon eine schöne Reise, eine schöne schöne Reise. Lass es Dir bitte so gut gehen als es nur möglich ist.
Alles Liebe ***

NPC D 90. 1. 3292: masch. Brief, drei kleine, masch. Sternchen als Unterschrift, Kuvert fehlt. Undatiert, im NPC aufgefunden, außerhalb des Konvoluts BE, eingelegt im sogenannten »Tagebuch 5«; siehe dazu PN 826 f.
Tüchlein] *Solange ich in der Avenue Kléber wohnte (bis Ende Juni 1957), zeigte ich meine An- und Abwesenheiten durch das Aushängen eines weißen Tüchleins bzw. einer Fahne an; siehe S. 41 und 82.*
Reise] *Es handelt sich vermutlich um PCs Reisen und Ferienaufenthalte in Deutschland, Österreich und in der Schweiz, Juni-Anfang Juli 1957 (siehe PC/GCL, Zeittafel).*

3 Brigitta Eisenreich an Paul Celan, »Ein Traum«, 27. 9. 1959

Ein Traum. 27. September 1959.

Wir befinden uns in einem Haus, das mir unbekannt erscheint. Es ist einfach, nüchtern, fast kahl, das Dach springt kaum vor, keinerlei architektonische Verzierungen wie Nischen oder Vorsprünge oder Fenstersimse zerstören seine eintönige Glätte, die nur von der regelmässigen Anordnung der Fenster, die alle geschlossen sind, unterbrochen, oder besser, ergänzt wird; es will nicht als schön gelten – es ist ein Haus. Es steht nah an einem Hang, zwischen dem Haus aber und dem Hang fliesst ein Bach, und wenn man aus der rückwärtigen Tür des Hauses, die der Eingangstür genau gegenüberliegt und durch einen dunklen Gang mit ihr verbunden ist, heraustritt, kann man über ein Brückchen über den Bach gelangen.
Ich liege in diesem Haus, in einem finstern Raum, ich soll ein Kind zur Welt bringen. Auch du bist da, es soll auch dein Kind sein, aber es ist da auch eine andere Frau, blond und etwas breithüftig, auf die du hörst. (Dieses Gehorsamsein erscheint nicht als Gegensatz, ich stelle keine Ansprüche in dieser Hinsicht, es ist nur so.) Auch ich bin ihr in meiner Lage anvertraut, und ein Gefühl der Sicherheit, des ruhigen Wissens geht von ihr aus. Sie regiert dort.
Die Geburt selbst geht ausserhalb meines Bewusstseins vor sich. Beim Erwachen – es scheint gegen Morgen zu sein – befällt mich sogleich der Gedanke: auch diesmal also war ich nicht dabei, ein Gedanke, dem sich aber der unausgesprochene Zweifel beimischt, dass Gebären im bewusstlosen Zustand ja nicht möglich sei. Ich suche zu erfahren, ob es lang oder kurz, Tage oder Stunden gedauert habe, ob es schwierig oder leicht gewesen sei, es scheint mir wichtig, und für mich von Bedeutung, wenigstens das zu wissen, aber niemand kümmert sich um meine Fragen. Es ist ein Mädchen, und es fällt mir ein, dass es einen Namen bekommen müsste. Daraufhin wird mir

sofort geantwortet, es hiesse – Drina. Drina, sage ich sehr erstaunt, das ist ein Fluss. Ja, der kleine Knabe (der aber nicht anwesend ist, er hat auch kein Gesicht) hätte das Kind so benannt, es war also nichts einzuwenden, obwohl ich besorgt denke: schon wieder ein Name auf -a auslautend, was wirst du dazu sagen.

Indessen befinde ich mich an einem anderen Ort ausserhalb des Hauses und es gilt, dieses zu erreichen. Es ist Tag, Du sollst mich begleiten. Du trägst deinen leichten braunen Rock. Die Strasse ist überaus glatt und steigt sehr stark an. Ich kann nur ganz langsam, Schritt für Schritt, vorwärtskommen. Das Gehen wird von einem Gefühl der Schwere, wie von einem Knoten, im Unterleib begleitet, und von der damit verbundenen Angst, die geringste Erschütterung könnte zu einem Blutsturz führen.

Du sprichst nicht mit mir, schliesslich gehst du rascher voran, lässt mich allein mich weitermühn. Deutlich sehe ich zu meinen Füssen die Glätte des etwas gesprenkelten Asphalts und fühle das Ansteigen der Strasse, das sich immer zu verstärken scheint, während du schon um eine Ecke biegst und meinen Augen entschwindest.

Schliesslich ist da ein anderes Haus, das aber zugleich ein offener Platz ist, auf dem Betten stehen, und neben einem der Betten eine Pritsche aus braunem Segeltuch, auf die ich mich fallen lasse, wobei die Pritsche nach einer Weile von kurzen heftigen Stössen geschüttelt wird, sodass ich Arges befürchte, das aber nicht eintritt. Auf allen Betten liegen Menschen, die ich aber nicht sehe, sondern um deren Gegenwart ich nur weiss, doch kümmere ich mich weder um sie noch sie sich um mich. Ich beschliesse, hier liegen zu bleiben, nicht in das Haus, das wir bewohnten, zurückzukehren.

Dann aber stehe ich wieder am Fenster und sehe aus nach dir, die blonde Frau, deren Alter von der Unbestimmbarkeit der Frauen um Vierzig ist, geht vorüber, ich sehe ihre stark blauen Augen, weiss, dass sie meinen Blick, wende ich ihn nicht rechtzeitig von ihr ab, spüren würde, was sich auch als richtig erweist. Sie richtet ihn auf mich und sagt: Ach, hier bist du ja. Ich werde in das erste Haus zurückgeführt. Dort heisst es, das Haus würde umgebaut werden, und zwar durch einen rückwärtigen Anbau, der auch jenseits des Baches noch seine Fundamente haben sollte, sodass also der Bach mitten durch das Haus fliessen und das Haus ihn gleichsam einhüllen würde, wobei die Brücke im Innern des Hauses weiterbestehen sollte.

NPC D 90.1.2720: Ts. (2 Bl.), persönlich übergeben. Der Text ist durch die handschriftliche Bezeichnung (wohl von PCs Hand) im linken oberen Eck gekennzeichnet, doppelt unterstrichen: »B. E.; siehe S. 84 sowie Dok. 23, einen anderen Traum betreffend. Eine gesprächsweise Analyse des Traums ist mir nicht erinnerlich.
leichten braunen Rock] *Dieses Detail entspricht der Wirklichkeit von PCs gebräuchlicher Kleidung: Es war eine sienabraune Jacke, nicht aus Tuch, sondern aus Wirkstoff. Nie habe ich ihn im Anzug, mit steifem Kragen und Krawatte gesehen. Doch war er dezent und sorgfältig gekleidet; nur in der Zeit der großen Verzweiflungen wirkte seine Kleidung leicht vernachlässigt und er selbst nicht so reinlich wie sonst.*

4 *Brigitta Eisenreich an Paul Celan, Paris, Herbst 1959 (?)*

Und trotz allem solltest Du diese Briefe nicht schreiben: sie gehn ins Leere, Du triffst Dich immer wieder nur selbst damit. Ich habe Angst, daß Du nun wieder sehr schlimme Dinge erleben mußtest, anders kann ich mir Dein langes Ausbleiben nicht erklären. Es muß sich doch jemand, einer finden, der es für Dich tut, aber ich fürchte, die, an die Du Dich wendest, die haben alle Angst um ihren eigenen Namen, den sie gern an der Oberfläche der deutschen Literatur schwimmen sehen, und den sie nicht gern aufs Glatteis der menschlichen Gerechtigkeit oder ihres Gewissens führen wollen, und in die Untiefen des Füreinander-Einstehens. Ich wollt, ich könnt es.

Ich weiß nicht, ob ich ein Recht habe, so zu reden, es klingt wie »ich – und die andern«, niemand kann sagen von sich, menschlicher als andere zu sein, man kann es nur werden, es versuchen zu werden, aber es will mir doch scheinen, daß dies alles entsetzlich zum Schämen ist, zum Schämen, weil Du Dich immer mit solchen Beleidigungen und neuen Nichtswürdigkeiten herumschlagen mußt. Ich weiß ja auch nichts anderes zu sagen, als daß es keinen Trost gibt als Verzweiflung, und keine Hoffnung außerhalb der Hoffnungslosigkeit, man muß sie nur annehmen, ganz, und für sich, ohne in diese Bitterkeit zu verfallen, die dann nur dazu führt, den wenigen Schmerzen zuzufügen, die es nicht verdient haben, und Dir selbst vor allem. Ich will nicht sagen, wie ich Dich habe sagen hören, Du seist so verbittert, das wäre eine leichte Ausrede, alles auf eine Schwäche des Charakters zu schieben, aber ich habe Angst vor der selbstzerstörerischen Kraft der Bitterkeit, die Dir, wenn sie Dich ganz überwältigt, von allen Seiten, von allen zurückgegeben werden wird, und schonungslos. Es ist nicht möglich, Menschlichkeit zu fordern, wenn es sie, irgendwo noch gibt, dann wird sie von selbst auf Dich zukommen, und es wird wie ein Wunder erscheinen. Es ist traurig genug, daß wir auf derlei Wunder angewiesen sind, um den Glauben an die Möglichkeit des Menschseins nicht ganz zu verlieren, aber da es nichts anderes zu geben scheint, muß man sich daran halten, so schwer und ausweglos es auch scheinen mag. Aber daß es möglich ist, das ist nicht wegzuleugnen, wie könnte man sonst selbst sich immerzu bemühen, ein Mensch zu werden? Und es scheint mir doch verwegen zu denken, daß man der einzige sei, der sich müht, und der den Glauben daran noch nicht wie aus der Mode gekommene Kleider abgelegt hat.

Ich rege mich so entsetzlich auf, wenn ich weiß, daß man es Dir so schwer macht, wahrscheinlich rede ich Unsinn, und erleichtere Dir gar nichts, im Gegenteil, wahrscheinlich rühre ich an schon ruhig Gewordenes, vielleicht hat sich auch je-

mand gefunden, der zu Dir hält, und ich rege Dich nur neuerdings auf. Verzeih es mir bitte, aber ich bin ja ganz im Ungewissen, und alles kann ich nicht erraten.
Ich rede auch nicht für die Gewöhnung, für die Routine im Ertragen des Üblen, des Boshaften, in die man zu verfallen geneigt ist, wenn man immerzu an der Grenze des Erträglichen, und so oft jenseits dieser Grenze leben muß, wie auf einem gestrafften Strick (und darauf kann keiner tanzen, das weiß ich) – und das Ausbleiben des Allerärgsten ist nicht das Gute. Aber ich rede gegen das Um-sich-Schlagen, denn es ist keine gute Waffe: es trifft meist nicht die Richtigen, vor allem trifft es einen selbst, und die, die gemeint sind, behalten weiter ihre glatten Gesichter, die sie über ihr totgeschwiegenes Gewissen gezogen haben. Und fühlen sich noch im Recht, denn sie können ja sagen »er ist eben so verbittert, so überempfindlich«. Warum ihnen neuen Anlaß zu solchen Bemerkungen geben? Sie werden es nie anders verstehen, wenn sie bis heute nichts verstanden haben.
Und dann: es ist bekannt, daß Du Dich auf die Kompromiße und Notlösungen (oder Notlügen) und Vergeßlichkeit der allgemein üblichen und gängigen Erfolgsjägerei nicht einlassen willst, da ist es, im Grunde, nicht verwunderlich, daß Du allein dastehst, und auch nicht, daß sie Dir deswegen übelwollen, denn Du bist nicht sehr bequem für sie. Aber es ist auch nicht gut, wenn sie sehen können, daß ihre Gemeinheiten so gut getroffen haben, sie freuen sich doch nur, wenn sie sehen, daß es Dich verwundet, es ist ja Wasser auf ihre Mühlen. Und das darf doch nicht sein, es ist mir unerträglich, es nur zu bedenken.
~~Bitte, schreib mir, wenn Du nicht kommen kannst, ein paar Zeilen wenigstens.~~

NPC D 90. 1. 1405/1: hs. Brief (7 Bl.), Kuvert fehlt. Undatiert, ohne Anrede und nicht unterschrieben, wahrscheinlich der erste an die Adresse der ENS, Rue d'Ulm, übersandte Brief. Der Brief steht vermutlich in Zu-

sammenhang mit PCs heftiger Reaktion auf die Rezension von »Sprachgitter« durch Günter Blöcker im Berliner Tagesspiegel *vom 11. 10. 1959; siehe S. 91 und 129f. Von welchen Briefen er gesprochen hat, welche er mir sogar gezeigt haben mag, ist mir nicht erinnerlich. Gewiß ist, daß PC mir immer wieder, im Verlauf der »Goll-Affäre, von den »Beleidigungen« und »Nichtswürdigkeiten« in diesem Zusammenhang berichtet hat, wie auch vom Gerede über seine angebliche »Überempfindlichkeit«. Siehe auch Dok. 6 und 6.1.*

5 Brigitta Eisenreich an Paul Celan, Paris, 7. (?) 7. 1960

Donnerstag

Lieber Paul, ich schriebe gern mit der Hand, aber so ist es besser. Ich danke Dir vielmals, vielmals, für die schöne Palme – wie hab ich mich gefreut – ganz verwandelt ist mein Zimmer, ganz südlich. Am schönsten daran ist die Überraschung.
Es tut mir so leid, dass wir fortwährend aneinander vorbeigelaufen sind in den letzten Tagen – ich hätte leicht da sein können jedesmal, hätt ich bloss gewusst, zu welchen Zeiten Du kommen kannst. Eigentlich wolltest Du am Dienstag kommen. Und dabei hab ich so gewartet, auch jetzt warte ich noch ein bisschen, gegen alle bessere Einsicht, und horche, ob nicht Schritte sind am Gang. Es sind aber immer die falschen. Ich fürchte aber, wir werden einander nicht mehr sehen vor Deiner Abreise. Lass es Dir gut gehen. Ob Dich mein Brief überhaupt noch erreicht. Mit meinen Ferien sieht es übel aus einstweilen, ich bin müde, es fällt mir nichts ein, und Geld hab ich auch keins mehr. Ich werde ja doch in der fosse commune landen, mitsamt meinen russischen Lorbeeren. Das ist an sich kein unangenehmer Gedanke, es sind schon bessere Leute dorthin gekommen, aber einstweilen ist es mühsam. Magst Du mir ein bisschen Geld schicken? Bitte. Ich bekomme den congé payé erst im Herbst, wenn überhaupt, und in diesem Monat habe ich sehr wenig verdient, wegen der Prüfungen, und weil ich krank war. Wenn ich bloss nicht so enttäuscht

wär, aber Dein letztes Kreidesternchen hab ich stehn gelassen. Und im August wird es auch wieder nicht anders sein, das sehe ich schon kommen. Muss es denn immer so sein? Ein Glück nur, dass die Palme so schön ist, ich sehe es ein, sie ist mit einem tönernen Topf zufrieden. Im Grunde ist es auch so gut, ich werde mich zusammennehmen. /B./

NPC D 90. 1. 1405/3: masch. Brief (1 Bl., hs. unterzeichnet: »B.«), Kuvert fehlt. Undatiert, aber dem Inhalt zufolge unmittelbar nach meiner Russischprüfung im Frühsommer 1960 an PCs berufliche Adresse (ENS, Rue d'Ulm) übersandt, wahrscheinlich am Donerstag, dem 7. 7. 1960 (Abreise des Ehepaars PC in die Bretagne am 10. 7. 1960: siehe PC/GCL, Zeittafel).
Ferien] *Ich selbst bin in diesem Jahr erst um den 20. August nach Enns (Oberösterreich) gefahren, um meine Mutter zu besuchen.*
fosse commune] *Kollektives Armengrab.*
congé payé] *Urlaubsgeld.*
Kreidesternchen] *Erste Erwähnung des Zeichens, das PC auf die Schiefertafel vor meiner Tür malte, um anzuzeigen, daß er während meiner Abwesenheit dagewesen war; siehe S. 56, 81, 82 und 153.*

6 *Brigitta Eisenreich an Paul Celan, Paris, nach dem 16. 11. 1960*

Freitag

Lieber Paul,
ich habe den Brief aufgesetzt, den ich beilege: wenn Du es willst, schicke ich ihn ab. Es wäre gut, wenn sie es von mehreren Seiten zu hören bekommen. Es müßte doch eigentlich gehn, wenn ich – wie Du siehst – meine österreichische Adresse darauf setze – und die Gründe, die Du dagegen anführen könntest – Du weißt schon, was ich meine – zählen dann nicht. Meine Schwester wird ihn für mich aufgeben, ich habe Gelegenheit, ihn ihr zukommen zu lassen, daß es sonst niemand erfährt, und wenn ich sie darum bitte, dann behält sie es auch für sich und fragt nicht lang, darüber bin ich gewiß. Bitte erlaube mir, ihn abzuschicken, oder sag mir wenigstens,

was ich daran ändern soll. Wenn Du nicht kommen kannst, schick es mir mit der Post, es macht nichts.

Alles Gute und Liebe B.

Wenn Du es nicht willst, so erlaube mir wenigstens, daß ich die Titelseite und das Inhaltsverzeichnis von »Sand aus den Urnen« photokopieren lasse, um sie an die Welt zur Veröffentlichung einzusenden. Das wäre vielleicht noch besser als jedes Wort, das für diese Leute zu viel ist.

6.1. Beilage: Brigitta Eisenreich, »Richtigstellung«

Ein seltsames Gesetz scheint im Menschen am Werke zu sein, das ihn dazu anhält, die Fehler, die er selbst begangen haben mag, die Schwächen seines Wesens, denen er zu entkommen ausserstande ist, mit viel Geschick anderen in die Schuhe zu schieben. Und so sehen wir ihn denn, den Menschen, der diesem Gesetz unterworfen ist, krumme Wege gehen.

Claire Golls Ausfälle gegen Paul Celan im Baubudenpoet sind solche. Da sie nun einmal, bedauerlicherweise, an die Öffentlichkeit gelangt sind, mögen sie auch vor der Öffentlichkeit in einem Aspekt gezeigt werden, der der Wahrheit näher steht als die auf beschämende Art und Weise breit getretenen Gefühle einer Frau, einem obskuren Literaturblättchen anvertraut. Wäre sie selbst das Sprachrohr dichterischer Aussage, als das zu gelten ihr scheinbar viel gilt, sie hätte mehr Ehrfurcht vor Worten, würde sie nicht als hinterhältige Waffen gebrauchen, um dort Klingen zu kreuzen, wo es zu kämpfen nicht gilt: im Innersten, im Herzstück der Dichtung.

Wäre es ein ehrlicher Zweikampf! Es geht jedoch um noch mehr, um menschliches – wenn Ehrabschneidung, billige Verleumdung als die Kehrseite der Menschlichkeit angesehen werden darf. So sei denn an einiges erinnert, das Claire Goll offenbar vergessen hat:

Paul Celans erstes Buch ist unter diesem Namen in Wien im Jahre 1948 erschienen: es befindet sich in meinem Besitz, und auch in Händen einiger anderer, obwohl es, seiner allzu leichtfertigen Drucklegung wegen, eingezogen werden musste. Paul Celan hat Yvan Goll im Oktober 1949 zum ersten Mal gesehen, wie Claire Goll selbst feststellt. Eine erste Tatsache, die für sich spricht. Die zweite, und bei weitem wichtigere: Seit dieser Zeit liegt uns Celans dichterisches Werk in drei Bänden vor, der erste, in Wien erschienene, nicht miteinbegriffen, und wurde, teilweise in mehreren Auflagen verkauft. Es ist nicht wohl anzunehmen, dass die tausende von Lesern, die Paul Celans Bücher kaufen, alle so brennend daran interessiert sind wie Claire Goll geistige Erbschaften festzustellen: das Werk genügt ihnen. Dazu treten die unvergleichlich schönen Übertragungen (Paul Valéry: Die junge Parze; Alexander Block: Die Zwölf; Ossip Mandelstamm: Gedichte; Arthur Rimbaud: Das trunkene Schiff), um nur die in Buchform erschienenen zu nennen, und die, wären Literaturkritiker nicht blind, wie sie es sind seit eh und je, schon längst als wahre Denksteine der deutschen Literatur begrüsst und bejubelt hätten werden müssen.
Wozu, angesichts eines Werks, das uns ergreift und dessen Intensität uns so weit über das gewöhnliche poetische Gemurmel dieser Zeit emporhebt, angesichts eines Werks, an dem viele gelernt haben und immer noch lernen, wozu noch Einzelheiten nennen – wozu erzählen, dass Paul Celan, als er Yvan Goll das erste Mal treffen sollte, sich in einer öffentlichen Bibliothek erst umsehen musste, um nicht zu einem Unbekannten zu gehen, wozu sich lang dabei verweilen, dass Frau Claire Goll die »als schlecht abgewiesenen« Manuskripte Paul Celans der Übertragungen der Gedichte ihres Mannes ins Deutsche später selbst eifrig benützt hat,.... um den also Betrogenen dann ungestraft einen »Plagiator« nennen zu dürfen – wozu das alles? Wer Gedichte zu lesen versteht, wird es begreifen, dass dies nicht not tut. Wer taub ist, wird es weiter bleiben,

und dennoch nicht aufhören, mit Vergnügen zuzusehen, wie einem Menschen, einem Dichter, das totgetreten wird, woher er uns beschenkt hat.
Ein Mythus ist schnell geschaffen; gläubiges Volk findet sich immer. Verleumdungen wandern schnell, und es fehlt nie an gelehrigen Mündern, sie nachzuplappern. Wir aber wollen sagen, was zu sagen uns eine Ehre und ein Auftrag ist: eine Stimme ist uns laut geworden in Paul Celan, und schamrot müssten wir werden, liessen wir sie allein in der Einöde des allgemein siegreichen Dunkelsinns, der sie entgegensteht; denn wir danken ihr viel.

NPC D 90. 1. 1405/8: hs. Brief (2 Bl.) und masch. Beilage (3 Bl.), Kuvert fehlt. Die Stellungnahme wurde vermutlich Ende 1960 konzipiert, als Antwort auf die Angriffe Claire Golls und die darauf folgende Pressekampagne, insbesonders in der »Welt«: siehe den Artikel von Rainer Kabel vom 11. 11. 1960, wieder abgedruckt und kommentiert in GA 259-269. Von Enzensbergers Stellungnahme in der »Welt« hat mir PC nichts mitgeteilt. Siehe auch den von Barbara Wiedemann kommentierten Erstdruck der »Richtigstellung« in GA 270-272, wobei sie aus dem Text und dem Begleitbrief richtig herausliest, daß meine Kenntnis der Fakten auf eingehenden Gesprächen mit PC beruhen muß. Die beiden schon von der Herausgeberin korrigierten Beziehungsfehler sind hier berücksichtigt. – PC hat den als Leserbrief abgefaßten, in vieler Hinsicht unzulänglichen Text nicht verwendet; siehe auch S. 95.
»Sand aus den Urnen«] *Die Erwähnung zeigt an, daß ich zu diesem Zeitpunkt schon im Besitz dieses Bändchens war; siehe S. 35 und 95.*

7 Brigitta Eisenreich an Paul Celan, Enns, 3. 1. 1961

Enns, Dienstag, 3. 1. 1961.

Lieber Paul,
ich habe meinem Bruder alles, was Du mir für ihn mitgegeben hast, gebracht und bei ihm gelassen – er hat nichts gefragt und es ging ganz gut – aber reden hab ich fast nichts können mit ihm – es war soviel Unruhe und Wirbel und gar keine

rechte Gelegenheit dazu. Vielleicht reden wir auch nicht mehr dieselbe Sprache – er will Dir selbst schreiben, vielleicht hat er es schon getan. Ich fürchte nur, daß Du richtig vorausgesehen hast: er braucht genauere Zitate, er spricht von Literatur. Ich würde ihm gern noch einiges sagen – nämlich meine Meinung – aber da Du ja nun wohl selbst mit ihm in Briefwechsel treten wirst, ist es vielleicht besser, ich tu es nicht, überlaß es ganz Dir (die ähnlichen Worte, ich weiß soviele von den Deinen, immer sind solche Besorgnisse dabei) – wenn's mir auch schwer fällt, still zu sein. Sobald ich zurück bin, werde ich Dir alles genau erzählen, nur wird es später sein, als ich gedacht hatte – meine Mutter ist gar nicht wohl seit ein paar Tagen, und so bleibe ich noch ein bißchen, wahrscheinlich bis zum 10.
Wie mag es Dir wohl gehen? Mir wird die Zeit zu lang und ich wünschte, ich wär schon wieder dort.
Alles Liebe, alles Gute
B.

Ich fahre nicht nach Wien.

NPC D 90. 1. 1405/9: hs. Brief (2 Bl.) an: »Monsieur / Paul Celan / Lecteur d'Allemand / École normale supérieure / Rue d'Ulm / Paris V^{e} / FRANKREICH«, Enns, 4. 1. 1961. Das mir mitgegebene Material habe ich meinem Bruder Herbert Eisenreich persönlich übergeben, entweder in Enns (Oberösterreich), wohin er für die Weihnachtstage gekommen sein könnte, oder – was noch wahrscheinlicher ist – in Sandl, seinem damaliger Wohnsitz, nicht weit von Enns, wo ich ihn mitunter besuchte. Siehe auch die Antwort meines Bruders (Dok. 8). Das Material selbst dürfte im Nachlaß meines Bruders nicht mehr vorhanden sein.
die ähnlichen Worte] *Die Bemerkung weist darauf hin, mit welcher Intensität die sogenannte »Goll-Affäre« in meine Beziehung zu PC hineingewirkt hat und wie sehr ich besorgt war, daß diese offenbar werden könnte.*

8 Herbert Eisenreich an Paul Celan,
Sandl (Oberösterreich), 28. 2. 1961

Herbert Eisenreich
Sandl, O. Ö. am 28. 2. 61

Lieber Herr Celan!
Zwei Tage, nachdem meine Schwester mir das Claire Goll-Material übergeben hatte, bat Torberg mich um meine (gern gegebene) Unterschrift für die Erklärung im FORVM. Damit war mein Plan, in dieser Zeitschrift zu schreiben, erledigt. Und ich war ganz froh darüber. Denn die Affäre ist derart lächerlich, daß mir jedes sachliche Wort darüber auf der Lippe erstürbe.
Wirklich wichtig wäre mir hingegen, Ihnen zu helfen, derartige Ärgernisse leichter zu tragen und womöglich ganz zu ignorieren. Ich höre Sie jetzt, nicht ohne kleine Verstimmung, sagen: »Der Eisenreich hat leicht reden!« Ja! Ich habe wirklich leicht reden, denn ich habe ähnlichen Ärger auch schon gehabt, mehrmals schon, und ich bin da schon abgebrüht. Auch mich hat man schon etliche Male – einmal sogar in einem Leitartikel einer Tageszeitung – ganz unehrenhafter Handlungen bezichtigt, und Sie dürfen mir glauben, daß es jedem von uns so ergeht. Warum aber darüber sich ärgern, solang man tut, was zu tun einem offenbar auferlegt ist? Wie auch immer ich lebe, was auch immer ich tue oder unterlasse: immer wird's einen geben, der mir daraus einen Strick drehen will. Und obendrein bitte ich zu bedenken, daß am Ende ja doch nicht die so genannte Öffentlichkeit uns richtet, sondern eine jenseitige Instanz. Lassen Sie Verleumdung wie Lobhudelei abrinnen wie Regenwasser von einem Gummimantel. – Mehr kann ich nicht sagen und raten.
Wenn Sie erlauben, behalte ich das Material noch eine Weile, für den Fall, daß sich noch etwas tut. Dann würde ich nicht mehr zögern, rabiat zu werden. Informieren Sie mich also von

neuen Dummheiten oder Unverschämtheiten sofort und möglichst genau. Und wenn Sie mir diesbezüglich schreiben müßten – was ich um Ihretwillen aber nicht hoffe –, dann versäumen Sie nicht, mit zwei Zeilen zu erwähnen, wie es Ihnen und Ihrer Familie geht privat und beruflich.

Herzlichst, Ihr
Eisenreich

NPC D 90. 1. 3108: masch. Brief (1 eng bedrucktes Bl., Name des Unterzeichneten in gotischen Lettern, Kuvert fehlt. Ein Ds. des Briefs befindet sich, ohne Unterschrift, im Nachlaß Herbert Eisenreich; siehe zu diesem Briefwechsel S. 96.
FORVM] *Die erwähnte, vom österreichischen Schriftsteller Friedrich Torberg initiierte »Erklärung« im* Forvm *mit dem Titel »In Sachen Paul Celan« (Wien, Januar 1961, S. 23) findet sich wiederabgedruckt und kommentiert in GA 320-325.*

9 Paul Celan an Herbert Eisenreich, Paris, 17. 3. 1961

Lieber Herbert Eisenreich,
herzlichen Dank für Ihren Brief! Ach ja, wissen Sie …
Lieber Herbert Eisenreich, ich bin ein wenig müde, verzeihen Sie, wenn ich heute keinen langen Brief schreibe. Ich schicke Ihnen vier Bücher – lassen Sie sie, bitte, ein wenig für mich sprechen.
Nur soviel – diese ganze Affäre ist viel abgründiger, als man zunächst annehmen möchte. Sie ist ein Skandal – also nicht nur ein »Schkandal«, sondern ein Skandalon und Ärgernis im wahrsten Sinne –, darum auch wurde die Erklärung der Österreicher – das Österreichische, vielleicht ist das ganz einfach das Menschlich-Spontane –, totgeschwiegen, verlogen, verharmlost. (Aber dies nur am Rande, lieber Herbert Eisenreich. Und hier gibts mehrere Ränder, wie's ja auch mehrere Mitten gibt.)

Vielleicht komme ich einmal zu Ihnen, vielleicht kommen Sie einmal nach Paris. Vielleicht sagt Ihnen Ihre Schwester, der ich viel erzählt habe, bei Gelegenheit Näheres über diese ganze Infamie.

Mit den herzlichsten Grüßen
An Sie und die Ihren
Ihr Paul Celan

Paris, am 17. März 1961.

Nachlaß Herbert Eisenreich: hs. Brief (2 Bl.), Kuvert fehlt. Ds. im NPC D 90.1.763; siehe auch Abb. 12. Laut einer handschriftlichen Variante des Briefentwurfs, ebenfalls vom 17.3.1961, heißt es im ersten Absatz: »Ich schicke Ihnen vier Bücher – die längst hätten bei Ihnen sein sollen –, vielleicht, nein hoffentlich sprechen sie ein wenig für mich«; Anstelle von »Affäre« heißt es dort »diese ganze Sache«, das Wort »verlogen« fehlt: Die Erklärung der Österreicher wurde »totgeschwiegen bzw. verharmlost«. Diese Variante schließt den Brief leicht verändert und ohne das Wort »Infamie« zu gebrauchen: »Vielleicht gibt Ihnen Ihre Schwester, der ich viel erzählt habe, ein Bild von all dem.«

vier Bücher] *Bei den vier Büchern handelt es sich um die drei damals veröffentlichten Gedichtbände (*Mohn und Gedächtnis, *1952, 4. Auflage, 1960;* Von Schwelle zu Schwelle, *1955, 2. Auflage 1960;* Sprachgitter, *1959) und die von Mandelstamm übertragenen* Gedichte *(1959). Sie sind im Nachlaß Herbert Eisenreich noch vorhanden; jedes der vier Bücher ist mit einer kurzen Widmung versehen: »Für Herbert Eisenreich, / Paul Celan«. In seinem Brief hatte PC zuerst geschrieben: »ein« Buch, mit dem wohl* Sprachgitter *gemeint war.*

nicht nur ein »Schkandal« sondern] *Nachträglich eingefügt. Das Wort meint die Wiener Sprechweise, um ein nicht sehr schwerwiegendes Abweichen von der sozialen Norm im Alltagsleben zu bezeichnen, eine nicht wirklich skandalöse Affäre.*

bei Gelegenheit] *Nachträglich eingefügt.*

10 *Paul Celan, für Brigitta Eisenreich verfertigte titellose Niederschrift aus dem Gedächtnis von »Erratisch«, Paris, am oder kurz nach dem 15. 4. 1961*

Die Abende graben sich dir
hinters Aug. Mit der Lippe auf-
gesammelte Silben (schönes
lautloses Rund)
helfen dem Kriechstern
in ihre Mitte. Der Stein,
schläfennah einst, tut sich hier auf:

bei den versprengten
Sonnen, Seele,
warst du, im Äther.

PBE: Gedichthandschrift auf einem Blatt in meinem Taschenkalender, später von mir herausgerissen und unten mit dem Vermerk versehen: »1961«, Bleistift, sehr blaß, sehr kleine Schriftzüge. Man darf annehmen, daß PC das Gedicht an seinem Entstehungstag, am 15. 4. 1961, oder kurze Zeit danach, bei einem seiner Besuche in meinen Kalender niedergeschrieben hat. Die Fassung entspricht keiner bisher bekannten; von der titellosen Fassung H[4] *vom 15. 4. 1961, zu der am 19. 5. 1961 der Titel »Erratisch« ergänzt wurde, unterscheidet sie sich nur durch* »hinters« *anstatt »unters« (in allen anderen Fassungen), die Varianten* »Der Stein« *anstatt »Ein Stein« (in allen anderen Fassungen) und* »den *versprengten« (anstatt »allen versprengten«), sowie durch die Interpunktion (HKA 6.2, 132). Die für die Datierung wichtigste Abweichung betrifft die noch nicht vollzogene Teilung des hier drittletzten Verses: »bei allen / versprengten / Sonnen [...]«. Siehe auch S. 97 und Abb. 14.*

11 Brigitta Eisenreich an Paul Celan, Paris, vor Mai 1961

Lieber Paul,
es tut mir so leid, ich kann Dich morgen nicht erwarten – auch an den anderen Vormittagen muß ich außer Haus, hingegen bin ich abends leicht anzutreffen (außer Donnerstag und Samstag), und auch am kommenden Sonntag und Montag und Dienstag früh.
Gestern – Montag – vormittag hab ich auch sehr auf Dich gewartet – das »Guten Abend« schien so vielversprechend, so freundlich –
Vielleicht kannst du mir auf das Täfelchen schreiben, wann Du kommen kannst, am liebsten zu einem Zeitpunkt, wo ich auch daheim sein kann? Wenn Du es aber nicht weißt, dann mache Dir bitte deswegen keine Sorgen – meine Wanderungen und Abwesenheiten in dieser Woche kennst Du nun ja.

Alles Liebe Britta

Hattest Du auch die Grippe? Meine war ganz abscheulich. Schreib mir, bitte, auch auf, ob es Dir gut geht. Es ist doch hoffentlich nicht wieder irgend etwas geschehen? Du läßt mich immer so in tausend Ängsten.

An den Nachmittagen bin ich gewöhnlich in der Nationalbibliothek.

NPC D 90. 1. 1405/6: hs. Brief (2 Bl.), Kuvert fehlt. Dienstag, undatiert, unterschrieben »Britta«, also jedenfalls vor Mai 1961, ehe PC begann, mich Brigitta zu nennen.
Das »Guten Abend« [...] Täfelchen] *Die Bezeichnung meint die Schiefertafel, vor meiner Türe angebracht, die als Kommunikationsmittel diente. Auch das »Guten Abend« war darauf vermerkt; siehe auch S. 56 und 81.*
kommen kannst] *Ursprünglich »kommen willst«, ausgestrichen und durch »kannst« ersetzt.*

Nationalbibliothek] *Es handelt sich selbstverständlich um das Gebäude in der Rue de Richelieu, das heute nur mehr eine Nebenstelle der neuerbauten Bibliothèque nationale de France am linken Seine-Ufer ist.*

12 Paul Celan, Brigitta Eisenreich gewidmetes Gedichtmanuskript von »Radix, Matrix«, Paris, 11.5.1961

Radix, Matrix

Wie man zum Stein spricht, wie
du,
du mir vom Abgrund her, mir von der Heimat
her Verschwisterte,
du mir vorzeiten,
du
mir im Nichts einer Nacht
Begegnete

(Damals, als ich nicht da war,
damals, da du allein warst, weißt du,
ich, –
ich wars, jenes
Geschlecht, jenes gemordete, jenes
schwarz in den Himmel
stehende:
Hode und Rute.

– Wurzel.
Wurzel Abrahams. Wurzel Jesse. Niemandes
Wurzel – o
unser.) –
                    Ja,
wie man zum Stein spricht, wie
du

mit mir dorthin und ins Nichts greifst, so
ist, was hier ist:
dieser
Fruchtboden klafft,
dieses
Hinab
ist die Krone.

Für Dich, Brigitta, am 11. 5. 1961.
Paul.

PBE: Gedichtmanuskript auf einem doppelseitig mit Bleistift beschriebenen, leicht vergilbten Blatt Maschinenpapier mit doppelter Kreuzfaltung (21 × 27; dasselbe Papier wie Dok. 13). Die Fassung entspricht keiner bisher bekannten, sie läßt sich eher, wenn auch nicht ganz eindeutig, nach der ebenfalls auf den 11. 5. 1961 datierten, aber noch titellosen Handschrift H^8 einordnen. Die Teilung der V. 14 und 15, die im vorliegenden Dokument nachträglich vorgenommen wurde (»stehende« ausgestrichen und in die nächste Zeile verlegt), ist dort schon vollzogen, die Streichung des Beistrichs in V. 22 nach »du« aber wie im vorliegenden Dokument nachträglich erfolgt; V. 3 der vorliegenden Fassung entspricht hingegen bereits der ersten Fassung mit Titel, H^7 (ebenfalls 11. 5. 1961, HKA 6.2, 146 f.). Am Anfang der zweiten Strophe ist die Groß- oder Kleinschreibung von »Damals« ungewiß. In der Widmung hat PC die irrtümliche Monatsangabe Juni (6.) korrigiert. Im März 1963 endgültig umgearbeitet, wird das Gedicht in Die Niemandsrose *im Oktober 1963 veröffentlicht werden. Siehe die Erläuterungen zum Vergleich zwischen dieser und der Endfassung, S. 116 f. und Abb. 15.*

13 Paul Celan, für Brigitta Eisenreich verfertigte Niederschrift aus dem Gedächtnis von »Mandorla«, Paris, nach dem 23. 5. 1961

MANDORLA

In der Mandel – was steht in der Mandel?
Das Nichts.
Es steht das Nichts in der Mandel.
In der Mandel, da stehet das Nichts.
Da steht es und steht.

Und im Nichts, wer steht da? Der König.
Im Nichts, da stehet der König.
Da steht er und steht.

Judenlocke, wirst nicht grau.

Dein Auge – wohin steht dein Auge?
Dein Aug steht der Mandel entgegen,
Dein Aug, es stehet zum König.
So steht es und steht.

Judenlocke, wirst nicht grau.

Leere Mandel, königsblau.

PBE: Gedichttyposkript auf einem vergilbten Blatt Maschinenpapier mit doppelter, unregelmäßiger Kreuzfaltung (dasselbe Papier wie Dok. 12), von PC selbst in meiner Anwesenheit, auf meiner Schreibmaschine, wahrscheinlich bald nach dem Entstehungsdatum (23. 5. 1961) verfertigt, undatiert. Die Fassung, die erhebliche Abweichungen von der Druckversion zeigt, läßt sich keiner der bekannten Fassungen zuordnen (HKA 6.2, 164-167). Das Blatt enthält mehrere maschinenschriftliche Ausbesserungen; V. 3: »Es stehet das Nichts in der Mandel«, durch einen schrägen Strich verändert zu »Es steht«. Zwischen Vers 5 und 6 sind zwei Zeilen durch x übertippt, und zwar die Verse, die dann als V. 9 und 10 vorgesehen sind; desgleichen ersetzt der V. 8 eine mit x übertippte Zeile: »Da stehet und stehet der König«. Siehe die Erläuterungen dazu S. 122, sowie Abb. 19.

14 Brigitta Eisenreich an Paul Celan, Paris, Juni 1961

Dies sieht der Einfachheit halber wie ein Manuskript aus – es ist aber ein Brief. Verzeih die Vereinfachung.

Ein anderer, wirklicher, übriggebliebener, liegt bei. Es ist gut, dass Du ihn mit zwei Wochen Verspätung bekommst, so ist er nur mehr ein wenig lächerlich, auf keinen Fall so absolut zu nehmen, wie er klingt. Obwohl es natürlich wahr bleibt, dass ich mich heillos verheddert habe, und darum bekommst Du ihn auch, so wie er ist, als eine aus einer langen Hilflosigkeit herausgerissene Seite.

In Wahrheit ist aber alles sehr einfach geworden. Vielleicht musste ich nur darauf warten, dass Du als erster dieses Wort gebrauchst: Ordnung. Es ist ein hässliches Wort für mich, aber da es gesagt ist, so soll es auch bestehen und seine Rechte geltend machen, und sei es gegen mich. Ich mag nicht mehr feig sein, ich war es oft genug, zu oft nur. Du hast den Mut zur Unordnung nicht, so will ich wenigstens den Mut haben, mir einzugestehen, dass ich ein Unordnungsfaktor bin, und nicht viel weiter. Ich bin gewiss nicht der einzige, so einfach sind die Dinge nicht, aber damit kann ich mich nicht abgeben, es liegt ausserhalb des Bereiches, in dem ich mich noch bewegen kann.

Ich hatte mir gewünscht, wenigstens die geringe Zeit, die uns zur Verfügung stand, leben zu dürfen, aber das hast Du nicht gewollt, und die Schuld ist auf meiner Seite: ich hätte nicht wünschen dürfen, obwohl es ja, menschlich gesehen, gar nicht so viel war, was ich gewünscht habe – ein bisschen Leben, nichts sonst – was ist das schon – nichts ist es und alles –

es kommt bloss auf den Standpunkt an, den man einnimmt, bei seiner Betrachtung. Der meine ist zu dieser Zeit ziemlich schlecht gewählt, das musst Du mir zu Gute halten, wenn meine Worte leer und hart sind. (Sie sollten es nicht sein, ich rede ihnen zu, aber auch sie sind Rebellen.)
Ich habe Dir oft gesagt, dass Du nur kommen sollst, wenn Du es kannst, wenn Du es willst und wenn es wahr ist – und ich habe es immer gemeint, wenn ich es sagte; dass meine Wünsche gegenteiliger Natur sind, hat nichts zu bedeuten, es sind eben Wünsche, und man muss sie als solche behandeln. Ich habe es oft gesagt, vor einer Woche zum letzten Mal, und jetzt sage ich es noch einmal, für spätere Zeiten: meiner Wünsche wegen musst Du nicht kommen, ich werde schon noch schlafen lernen, und Deine Hände zögern ja und zweifeln.
Ich kann immer noch gehen, wenn ich auch nein gesagt habe, kann zurückgehen in die einfachen Dimensionen der Freiheit, aus denen ich gekommen bin. Die einfachen und lügnerischen Dimensionen der Freiheit, die mir verhasst geworden sind. Es gibt viele Arten, Leben und Durst zu löschen, dies ist eine.
Vielleicht auch (und dies ist eine der geringen Hoffnungen, die ich noch habe), vielleicht kann ich diese Freiheit auf diese Weise Dir zusprechen, da Du sie doch liebst, und kennst, und leben kannst bei ihr, die mir zu schwer geworden ist. (Es ist wohl nicht die gleiche, von der wir reden. Oder aber wir sind nur ihre ungleichen Kinder, und sie immerzu die gleiche, in ihrer Tyrannenherrschaft.)
Zu schwer ist sie mir geworden, das muss es sein. Denn was immer ich auch tue, was immer ich auch sage, jetzt, immer ist es ihr zuwider. Ich gestehe mir ein, dass ich sie nicht gefördert habe, durch die Ausschliesslichkeit, die hier bei mir ausgebrochen ist, für Dich, und mit der Du wohl kaum gerechnet hast, zu Beginn. Und so musst Du Unordnung nennen, was früher Freiheit hiess, und ich kann mir selbst nicht verhehlen, dass ich es vielleicht hätte hindern können, wenn

ich nicht in diesen elenden Schwächezustand geraten wäre, aus dem herauszukommen ich mich aber jetzt bemühe, weil ich ja sehen muss, dass Schwäche nichts ist als eine schwere erdrükkende Last, die man auf die Schultern anderer ablädt. Siehst Du, und das will und kann ich nicht, will nicht abwälzen auf Dich, was ich selbst nicht tragen kann, dazu habe ich kein Recht und kein Gewissen. Aber sag selbst, kann ich denn noch wirklich wollen, dass Du zu mir kommst, wenn ich sehen muss, dass es so mit mir gekommen ist? Dass ich ein Gewicht und eine Klage geworden bin, und ein Stückchen lebendige Welt hätte sein sollen und können?
Bitte glaube nicht, dass ich versuche, Deinetwegen Opfer zu bringen, weil ich Dir vorschlage, mich selbst endgültig aus dem Bereich herauszunehmen, der mich leben gemacht hat und sich, für mich, als der einzig Wahrhafte erwiesen hat und auch für Dich nicht einer der schlechtesten gewesen zu sein schien, trotz allem. Ich wünsche wohl, dass Du es gut hast, wünsche es mehr als alles andere, aber es wäre unwahr, nicht zugeben zu wollen, dass ich zur Resignation schlecht ausgestattet bin. Ich weiss jetzt nur, dass es so, wie es ist, nicht gut ist, dass es mir nicht hilft und Dir auch nicht (niemand weint über den andern), weiss, dass hier eine offene Tür war (wenn auch eine Falltür), weiss aber auch, dass ich eine schlechte Türhüterin war, und darum, der Genauigkeit wegen, schreibe ich das alles auf. Obwohl es dem Absägen des letzten Astes gleichkommt, auf dem zu sitzen noch ein Weilchen möglich schien.
Ich bin ja so enttäuscht von mir selbst. So lange Zeit hindurch habe ich gemeint, ich könnte Dir ein bisschen von Nutzen sein, wenn Du es schwer hast, aber ich kann es nicht mehr fühlen. So weit fort scheinst Du zu sein, so unerreichbar, so eingesperrt in Deine eigenen Sorgen. Vielleicht kommt dieser Brief auch zu spät, vielleicht bist Du selbst schon gegangen, und ich muss es Dir gar nicht mehr erst vorschlagen.
Vielleicht aber wirst Du mir antworten; die einzige Antwort

aber, die nicht eine neuerliche Sackgasse darstellen würde, wirst Du mir nicht geben können: »nein, es ist alles falsch gesehen, es sind Hirngespinste, Denk- und Herzfehler, die geheilt werden könnten«. Die Welt geht unaufhörlich in Trümmer, und wir sind ihre armseligen, blinden Spiegel. Es gibt Augenblicke, wo man es deutlicher weiss, andere, wo man imstand ist, sich irgendeinen Trost zu erfinden, – oder etwas zu schreiben, dann geht es wieder für eine Weile –, oder etwas Bestehendes für Trost zu halten: etwas war, etwas ist gewesen, etwas ist, es ging uns beide an, es war gut, es war Trost, und nicht immer bitter. Jetzt weiss ich keinen, und kann die Zertrümmerung gut wahrnehmen, überall, und nun auch hier.

NPC D 90. 1. 1405/2: masch. Brief (4 Bl.), Kuvert fehlt. Undatiert, ohne Anrede, nicht unterschrieben. Es handelt sich im folgenden um einige Briefe, die den Konflikt zwischen PC und mir widerspiegeln, einen Konflikt, der im Juni 1961, nachdem das Treffen PCs mit Chiva und dem sehr bekannten französischen Schriftsteller und Ethnologen Michel Leiris am 30. 5. 1961 seinen aufs äußerste gereizten Argwohn auch mir gegenüber erweckt hatte, seinen Tiefpunkt erreichte. (Leiris' Schriften erschienen gleichzeitig im Luchterhand-Verlag, bei dem auch Claire Goll publizierte; siehe hierzu S. 87.) Diese Briefe dürften noch diskret an die berufliche Adresse in der ENS, Rue d'Ulm, gesandt worden sein, aber ungefähr zu der Zeit, als PC eine Beziehung zwischen mir und seiner Frau herzustellen versuchte. In seinem Notizkalender hat PC das von ihm arrangierte Treffen mit GCL am 21. 6. 1961 eingetragen (»Brigitta bei uns«) – es handelt sich vermutlich um die Einladung zum Mittagessen, von der ich berichtet habe (siehe S. 104). War es seine Reaktion auf diesen Brief, oder war der Brief meine Antwort auf seine Geste? Dies festzustellen würde die Klärung der ungewissen Datierung erleichtern.

Ordnung] *Der Hinweis auf dieses von PC gebrauchte Wort bestärkt mich in der Annahme, daß die etwa gleichzeitigen Ereignisse zusammenfallen.*

schlafen lernen [...] deine Hände] *Ob es sich hier um eine Anspielung auf Vers 16-31 in* Matière de Bretagne *handelt, kann ich heute nicht mehr nachvollziehen. (Siehe KG 102.)*

mich [...] aus dem Bereich herauszunehmen] *In diesem Brief wird auch zum ersten Mal, noch sehr zögernd, die Möglichkeit einer Trennung ins Auge gefaßt, oder zumindest eine Änderung in der Natur des Verhältnisses.*

14.1 Beilage: Paris, Juni 1961

Paul, ich bitte Dich, mir zu erklären, woher es kommt, daß Du so mit mir umgehn magst – ich kann es nicht begreifen. Nicht nur, daß Du mich kränkst, und quälst, und keinen Weg findest, es mir vergessen zu helfen – Du fährst auch noch fort, mich hinzuhalten, mich von einem Tag zum andern zu vertrösten, mit Versprechungen, die Du nicht einhältst. Es scheint, als ob es für mich genug sein sollte, immer nur warten zu dürfen, und sonst nichts.
Ich bin jetzt in einem viel zu elenden und krankhaften Zustand, um Dich sehen zu können, aber bitte, schreibe mir, und sei es eine für mich bittere Wahrheit, die Du mir zu sagen hast. Es ist ja eigentlich sogar verwunderlich, daß es Dir nicht von selbst einfällt, mir zu schreiben, wenn Du mich so lange warten lassen mußt. Ich bitte Dich jetzt sehr dringend darum. Es gibt Augenblicke, wo es nicht mehr genügt, zu sagen, sei nicht bös, und, nein ich bin's nicht – auch mein Leben ist eine Wirklichkeit, auch meins, und es ist nicht mehr zu ändern, daß es Dir zugefallen ist, es ist so, Du weißt es, magst Du auch versuchen, Dir (und mir) das Gegenteil davon einzureden. Es muß aber nicht sein, dies liegt in Deinen Händen, daß Du mir immer diese endlosen Leiden zumutest, die Du mir zwar nicht mehr wegnehmen kannst, dafür ist es zu spät geworden, aber die Du nicht auch noch vermehren mußt. Oder sind Deine Gefühle wirklich von so wechselhafter und unbeständiger Natur, daß es Dir sogar zuviel ist, mir zu schreiben, wenn anderes Dich fernhält? Ich kann es nicht glauben, kann's immer noch nicht, aber wo ich noch Kraft hernehmen soll, so allein aus mir, das weiß ich nicht mehr. B.

NPC D 90. 1. 1405/4: hs. Brief (4 Bl.), Kuvert fehlt, undatiert, jedoch, wie im vorhergehenden Brief Nr. 14 selbst hervorgehoben, zwei Wochen vor dem obigen Brief verfaßt. Dieses vorwurfsvolle Schreiben, im nach-

hinein als übertrieben beurteilt, könnte, dem Inhalt nach, auf Anfang Juni zu datieren sein, als er mich mit Vorwürfen überhäufte und dann wieder warten ließ. Was die mich betreffenden Eintragungen in seinem Notizkalender vom Sonntag, dem 4. 6. 1961 (14 Uhr), und Freitag, dem 9. 6. (nach 20 Uhr), bedeuten, noch unter der Abkürzung »B. E.«, ist unklar: Meinten sie beabsichtigte Besuche, die er letzten Endes verschoben hat, oder betrafen sie Gespräche mit seiner Frau über mich, um die Begegnung am 21. 6. vorzubereiten? Neben den fünf mich betreffenden Eintragungen im Notizkalender zeigt dieser auch viele übersprungene Daten und Leerstellen. Ich selbst habe vergessen, in welcher Form die Einladung an mich ergangen ist, vielleicht telefonisch.

15 Brigitta Eisenreich an Paul Celan, Paris, den 24. 6. 1961 (?)

Samstag

Und trotzdem glaube ich, dass in dieser Verdunkelung heute etwas war, das sich geirrt hat mit uns, grausam geirrt. Es gibt besseres Licht als dieses, ich bin [fast] – ganz ruhig geworden und kann es wieder gut sehen. Wenn ich nur wüsste, dass Du es auch sehen kannst. Es ist etwas so Massloses in mir, aus dem her mir diese Enttäuschungen kommen, die so wuchern über mir und in die ich Dich dann hineinverwickele. Warum soll ich es nicht sagen, obwohl es zum Schämen ist, – aber Du scheinst ja doch im Glauben weggegangen zu sein, dass das »Nein« ein wirkliches Nein war, auf Dich bezogen und Dir zuleide – warum soll ich es nicht sagen, wenn ich mich dessen auch schäme, dass ich nichts war als enttäuscht, masslos enttäuscht über meine körperliche Beschaffenheit, die sich der masslosen Freude, zu der ich fähig bin, nun auch in den Weg stellt, zusammen mit den anderen äusseren Hindernissen, die sich ohnehin schon so häufen? Wäre es ein »Nein«, eins aus meinen »Regungen« heraus, ich wüsste es auch zu verteidigen, dessen bin ich gewiss, und dessen solltest eigentlich auch Du gewiss sein – heute aber war ich so wehrlos, weil Du von einem so ganz falschen Punkt ausgingst und ihn auch nicht mehr verlassen konntest, wie eingehakt auf einer fernen,

unerreichbaren Ebene. Und so blies es sich auf in mir, dieses Masslose, als wäre es weiss Gott was, und brach aus an Dir, weil nur Du es auflösen kannst, aber Du konntest es nicht begreifen und willst es vielleicht auch nicht, und das ist Dein gutes Recht. Vielleicht ist auch ein Gutes dabei: mit dieser Masslosigkeit, die mir noch nie so widerfahren ist, weiss ich jetzt besser Bescheid, und auch sonst. Aber hinzufügen muss ich noch, dass Du, wenn Du mir nicht zubilligst, mit mir selbst unzufrieden zu sein, auch nicht Worte wie »Nicht-verantworten-Können« gebrauchen darfst, es ist dasselbe.
Es wäre gut, wenn du schon früher kommen könntest, ehe diese lange Zeit herum ist, das Gras einer ganzen Woche, aber ich wage nicht, Dich darum zu bitten, das musst Du tun, wie es Dir gefällt. Für mich wäre es schön, wenn Du es für Dich tun könntest.
Und wenn Geschehenes auch geschehen ist, seit jeher geschehen und bestehend, so ist auch das seit jeher bestehende Unbestehende, das Wartende da – wenn das nicht wahr ist, dann stimmt auch das andere nicht.

NPC D 90. 1. 1405/5: masch. Brief (4 Bl.), ohne Anrede und nicht unterschrieben, Kuvert fehlt, undatiert. Der 24. 6. 1961, also nach *dem Treffen mit GCL am 21. 6., erscheint als Datum möglich, weil ich auf die Zusammenkunft ja nur zögernd und auf PCs Bitten hin eingegangen war. Diesem Brief zufolge wäre ein Besuch bei mir in einer Woche vorgesehen gewesen, was mit dem Datum und den Worten des nächsten Briefes übereinstimmt.*
fast] *Handschriftlich von mir eingefügtes Wort.*

16 Brigitta Eisenreich an Paul Celan, Paris, 30. 6. 1961

Freitag

Lieber Paul,
bitte, wenn Du kommst, so klopfe auf eine bestimmte Weise, damit ich ganz sicher bin, daß Du es bist – z. B. 3 mal hintereinander, und dann einmal kurz, und dann noch einmal dreimal. Es hat sich nämlich heut vormittag ein Mann hier herumgetrieben, lang, auf dem Gang, und hat nach dem Zimmer 14 gesucht, das es nicht gibt. (Er hatte mich gesehn auf dem Gang, und war mir gefolgt, um zu sehn, wo ich hineinging). Heute nachmittag ist er wieder dagewesen, sagt mir die Concierge, sie hat ihn dabei überrascht, wie er an meine Tür klopfte. Sie fragte ihn, wen er suche, und er drauf – »elle n'est pas là« und, »das geht Sie nichts an«. Des weiteren soll er die Keller inspiziert haben – der kennt sich jetzt gut aus in diesem Haus – Daher diese Bitte.
Hoffentlich geht es Dir besser als mir, denn mir geht es nicht allzugut, seit Du mich angerufen hast. Ich wollte anrufen, weil ich in solcher Unruhe bin, aber dann hab ich mich wieder nicht getraut, weil Du so gar nicht gewiß warst, ob ich es tun sollte, – aus Angst wieder etwas Falsches zu tun oder zu sagen. Aber ich bemüh mich einzusehn (wie denn auch nicht), daß Du mich jetzt nicht sehn kannst, obwohl alle Hoffnung dadurch wieder zunichte geworden ist. Wenn Du mir nur ein paar Zeilen schreiben könntest, wie gut das wär! Denn am Ende kannst Du am Dienstag auch nicht kommen und ich tappe im Dunkeln herum und hab nichts als Sorge.

Deine Brigitta

»Wenn du mir nur glauben könntest, daß die ›Zeugenschaft‹ weiterbesteht« – die war ja nie* in Frage gestellt. Und das Licht – es wartet auch, aufgehen zu dürfen – nie war ich so bereit dafür als jetzt. Aber tu, wie es Dir um's Herz ist, es ist, so oder so, ein Gebot für das meine.

*) fast nie, – nie als einmal, als Du sie zurückgewiesen hattest, damals, als sie reden wollte. Dieses einmal, vielleicht wiegt es schwer für Dich, aber weißt Du, auch dafür ist es nie zu spät, glaub mir, Paul, bitte, von Herzen bitt ich Dich.

NPC D 90. 1. 1405/10: hs. Brief (2 Bl., Tinte) an: »Monsieur / Paul Celan / 78, rue de Longchamp / Paris 16ᵉ«, Paris, 1 (?). 7. 1961. Der Brief selbst ist durch die Antwort PCs vom 3. 7. 1961 auf Freitag, den 30. 6. 1961, zu datieren. Signiert »Deine Brigitta«, ist es der erste an die Privatadresse übersandte Brief: Dies zeigt an, daß ich von seinem Entschluß, das Lektorat an der ENS aufzugeben, wußte, weist aber auch auf PCs Versuch hin, eine Verbindung zwischen mir und GCL in aller Offenheit herzustellen; gleichzeitig spricht der Brief von meinem Gefühl der Unsicherheit in dieser neuen Konstellation – von der »Angst wieder etwas Falsches zu tun oder zu sagen«.
klopfe auf eine bestimmte Weise] *Die von den anderen Wohnungen völlig unabhängigen Zimmer im obersten Stockwerk waren im Sommer ein häufiges Ziel für Einbrecher und sonstige Spitzbuben.*
›Zeugenschaft‹ [...] nie* in Frage gestellt [...] *fast nie] *Dies dürfte auf die von mir verfaßte, aber von PC nicht verwendete »Richtigstellung« zu seiner Unterstützung anspielen, siehe Dok. 6 und 6.1.*

17 Paul Celan an Brigitta Eisenreich, Paris, 3. 7. 1961

Montag, den 3. Juli 61.

Liebe Brigitta,
heute morgen kam Dein Brief von Freitag – ich habe Dich im Büro angerufen und dort bitten lassen, Du möchtest anrufen.
Ich hoffe, daß es Dir gut geht und niemand mehr Dich belästigt.
Ruf bitte an, sobald Du diese Zeilen hast.
Alles Gute!
Paul

NPC D 90.1.762/1: Ds. eines hs. Briefes (2 Bl., ungewöhnlich große Schriftzüge), siehe Abb. 20. Die Eintragung vom Montag, dem 3. 7. 1961, in PCs Notizkalender (NPC D 90. 1. 3261a), »13 h Brigitta (r[ue]. [de]

Longchamp)«, kann sich keineswegs auf einen Besuch von mir in seiner Wohnung beziehen, sondern eher den Empfang und die vorliegende Beantwortung meines Briefes vom 30. 6. bedeuten; siehe Dok. 16.

18 Paul Celan an Brigitta Eisenreich, Paris, 5. 7. 1961

5. 7. 61.

Meine liebe Brigitta,
ich bin in Sorge um Dich, in großer Sorge – in noch größerer als nach diesem letzten Brief, als in allen diesen letzten Wochen.
Von Herzen hoffe ich, daß es Dir besser, daß es Dir gut geht.
Von Herzen bitte ich Dich, mir zu verzeihen, wenn ich Dir auf irgendeine Weise wehgetan habe: ich habe – Gott weiß – das Gegenteil zu erreichen versucht. Versucht, das Helle in Dir und um Dich zu wahren.
Du weißt es, Du weißt es ja.
Ruf bitte noch einmal an.
Von Herzen Dein Paul

NPC D 90.1.762/2: Ds. eines hs. Briefes (2 Bl.), siehe Abb. 21. Zwischen den beiden Briefen vom 3. und 5. 7. 1961 muß ein Besuch bei mir stattgefunden haben, der PC beunruhigt hat, wie man der Eintragung in PCs Notizkalender (siehe Kommentar zu Dok. 17) vom Dienstag, dem 4. 7. 1961, entnehmen kann: »20 $^{h\,30}$, Brigitta, rue Wilhem«.
Das Helle] *Das Wort gehört zum von PC häufig gebrauchten Vokabular in dieser Zeitspanne, kann aber auch als Echo meiner Rede von »Licht« und »Verdunkelung« aufgefaßt werden; siehe Dok. 15 und 16, auch S. 96f. und 103.*
Ruf bitte noch einmal an] *Siehe Dok. 16, zweiter Absatz, welcher frühere Telefongespräche, aber auch mein Zögern, wiederholt anzurufen, betrifft. All diese Telefongespräche sind mir nicht erinnerlich.*

19 Brigitta Eisenreich an Gisèle, Paul und Eric Celan, Paris, 8. 7. 1961

Chère Gisèle, cher Paul, cher Eric,
je vous ai accompagné un peu en cours de route et je continue de le faire – cette lettre voyagera en même temps que vous, seulement par d'autres routes, et j'imagine qu'elle n'arrivera pas beaucoup plus tard que vous-mêmes.
J'ai bien peu de temps pour écrire, c'est affreux ces jours-ci, ceci – pour vous envoyer mes pensées affectueuses,

Brigitta

Liebe Gisèle, lieber Paul, lieber Eric,
ich habe Euch auf Eurem Weg ein bißchen begleitet, und ich tue es weiter – dieser Brief reist gleichzeitig mit Euch, aber auf anderen Wegen, und ich stelle mir vor, daß er nicht viel später als Ihr selbst ankommt.
Ich habe nur wenig Zeit um zu schreiben, es ist ganz arg dieser Tage; dies nur um Euch meine ganz herzlichen Gedanken zuzuwenden / Brigitta

NPC D 90. 1. 1405/11: hs. Brief an: »Monsieur et Madame / Paul Celan / Kermorvan Trébabu / Finistère«, Paris, 8. 7. 1961, von »B. Eisenreich, 2 Rue Wilhem / Paris 16e«. Die Zeittafel in PC/GCL vermerkt den Aufenthalt der Familie Celan in der Bretagne von »Anfang Juli bis 5. September«; ihre Abreise, wenn man meinen Brief damit vergleichen will, hätte also am 8. 7. erfolgen müssen, und zwar mit dem Auto. Seinem Notizkalender zufolge hat PC die Führerscheinprüfung am 7. 7. 1961 nachmittags abgelegt. Seine Anwesenheit in Trébabu am 10. 7. ist durch die Datierung des Gedichts »Die hellen Steine« belegt. Bei den damaligen Straßenverhältnissen und mit einem kleinen Auto wäre es unmöglich gewesen, die lange Strecke bis zur äußersten Spitze des Festlands an einem einzigen Tag zu bewältigen. Im Notizkalender fehlt hingegen ein Hinweis auf die vermutlich noch auf den 7. 7., den Vorabend der Abreise, anzuberaumende gemeinsame Autofahrt in Paris und auf den anschließend auf der Place de la Contrescarpe verbrachten Abend; siehe S. 104. Ich hatte das Gefühl, auf PCs Versuch, zwischen seiner Frau und mir eine Art schwesterlicher Verbindung einzuleiten, nicht genügend eingegangen zu sein, und wollte mit diesem Billet meinen guten Willen zeigen. Die zwölf Gedichte, die ich PC in den folgenden Tagen nach Tré-

babu anstelle von Briefen zusandte, behalten allerdings den Ton der Klage, wenn nicht Anklage bei; *siehe S. 133 f.*

ganz arg] *Bezieht sich auf den Arbeitsdruck, dem ich im Rahmen meiner beruflichen Aufgaben in jedem Sommer wegen der termingerechten Fertigstellung eines umfangreichen mehrsprachigen Manuskripts – der von der Unesco finanzierten Internationalen Bibliographie der Sozial- und Kulturanthropologie – zur Drucklegung ausgesetzt war.*

20 Brigitta Eisenreich an Paul Celan, Paris, 22. 7. 1961

HERZÄUGIG, wir,
herzohrig, wir,
wir Mund-, wir
Lippenlosen.

Sahen uns an,
hörten uns zu,
holten das Wort
nicht hervor,

schwiegen das
Schweigen zu End, –
einen Herzschlag
zu lang –

liessen der Zeit
ihre Stunde, das
Licht seinem Tag,
der nicht kam –

herzohrig, du,
herzäugig, ich, –
wer, sag mir,

wer

hat das wartende
Wunder vertan?

NPC D 90. 1. 2719: Gedichttyposkript ohne Begleitbrief mit drei anderen Gedichttyposkripten versandt an: »Monsieur / Paul Celan / Kermorvan / Trébabu / Finistère«, Paris, 19. 7. 1961, Tréboul, 20. 7. 1961. Als Beispiel, aus einer Serie von zwölf Gedichten, die ich, wie die erhaltenen Briefumschläge zeigen, PC zwischen dem 10. 7. und dem 11. 8. 1961 meist einzeln nach Trébabu zugesandt habe; siehe auch S. 71 und besonders 134, wo der Inhalt der anderen elf Gedichte stichwortartig zusammengefaßt ist.

21 Brigitta Eisenreich an Paul Celan, Paris, 23. 10. 1961 (Datum des Poststempels)

Mein lieber Paul,
es tut mir von Herzen leid, daß soviel Verwirrung, soviel Häßlichkeit zwischen uns getreten ist am Ende, obwohl es auch anders hätte sein können, hätten mir die Kräfte nur gereicht. Ich bitte Dich mir zu verzeihen, wenn ich Dich gekränkt, wenn ich Dir auch Unrecht getan habe. Ich will auch nicht sagen, wie Du, in Deinem letzten Brief, alles getan zu haben, um das Helle zu bewahren; es trifft nicht zu, nicht für Dich, nicht für mich, beschönigen wir doch das Dunkle in uns nicht – es wird nicht heller davon. Ohne diese Ungenauigkeit hätte es sich vielleicht auch noch anders wenden können, zum Besseren, für uns. Es hat mir damals sehr weh getan.
Ich weiß, daß Du es sehr schwer hast, ich hab es nicht vergessen, und ich wußte es aus mir selber, ohne daß es mir abgefordert sein mußte, und daß ich auch noch mein Teil hinzugefügt hab, das liegt mir schwer auf dem Herzen. Es gutzumachen, geht wohl nicht mehr an, liegt außerhalb des Möglichen – aber sagen will ich Dir noch, wie sehr es mich bekümmert. Es war

ein böser Sommer. Jetzt lebe ich so dahin, eben und gleichmäßig, man könnte sagen, gut.
Ich wünsche Dir alles Gute, für jetzt und immer, von Herzen alles Gute –
Immer noch, und trotz allem, weil es nicht anders sein kann,
Deine Brigitta.

Auch Gisèle bitte ich um Verzeihung, wenn ich ihr, indem ich Dich kränkte, Kummer gemacht haben sollte.

NPC D 90. 1. 1405/12: hs. Brief (3 Bl.) an: »Monsieur / Paul Celan / 78 rue de Longchamp / Paris 16ᵉ«, Paris, 23. 10. 1961. Dieser Abschiedsbrief, der unbeantwortet geblieben ist, ist nach meiner Rückkehr aus Österreich, wo ich den September und Anfang Oktober zugebracht hatte, verfaßt worden.
Das Helle] *Siehe Dok. 18 und S. 96 f. und 103.*

22 Brigitta Eisenreich an Paul Celan, Paris, 1962

Paul, es war doch gut neulich, Dir plötzlich wieder gegenüberzustehen. Seither – ach seither. Den Anfang weißt Du – mein letzter Brief.
Kann ich Dich sehen, irgendwo, und irgendwann? Ist es Dir möglich? Ich bitte Dich herzlich. Ich weiß, ich zähle zu den Leuten, die immer alles mit Verspätung erleben, als wie im Spiegel, wenn dieselben Dinge für einen andern schon lang vorbei sind, dann sind sie erst für mich ganz da. Jetzt waren es die Tage, die häßlichen, zerquälten, die vom Vorjahr.
Doch ist es besser jetzt mit mir, ich weiß jetzt wieder, daß das Böse, die Sünde kommt, wenn man nur bei sich selber ist, im Ich-Gefängnis. Die Weil und Deshalb alle, die sind auch nur eine Art, vor der Gewißheit auszuweichen. Laß mich nicht drinnen, laß mich auch nicht länger glauben, daß das Unbegreifliche, das Entzweiende, begreiflich, das Dauernde, hinter den Enttäuschungen, vergänglich sei.

Du hast mir nicht adieu sagen wollen. Ich habe Zutrauen gefaßt dazu, – nimm es nicht zurück, laß es, ich bitte Dich, gelten.

B.

NPC D 90. 1. 1405/7: hs. Brief (2 Bl.), Kuvert fehlt. Undatiert, vermutlich 1962: der Brief spielt an den Konflikt im »Vorjahr«, also 1961, an. Nach einer Pause leitete er die Wiederaufnahme der Beziehung im Jahr 1962 ein.

Dir plötzlich wieder gegenüberzustehen] *Das zufällige Aufeinandertreffen fand, soweit ich mich erinnere, in der Nationalbibliothek statt.*

Mein letzter Brief] *Höchstwahrscheinlich der vom 23. 10. 1961, Dok. 21.*

Ich-Gefängnis] *Siehe die Erläuterungen dazu S. 151.*

23 Brigitta Eisenreich an Paul Celan, Undatierter Traum

Es ist ein riesiges Haus, das ich bewohne, nicht, weil ich dort daheim wäre, ich bin sozusagen dort geduldet. Die anderen Bewohner kenne ich wohl, doch weiss ich sie nicht zu identifizieren. Das Haus ist geräumig und mit wertvollen Möbeln alten Stils eingerichtet. Die Treppen sind breit, dicke Teppiche bedecken sie, die vorherrschenden Farben sind das mattglänzende Braun der Möbel und das warme Rot der Teppiche. Mein Zimmer liegt im dritten Stock, mein Bett steht in der linken Ecke gegenüber der Tür, die in das Vorhaus und zur Treppe führt, in einem grossen Schrank ist mein Koffer, in dem sich alle meine Habseligkeiten befinden, eingeschlossen. Rechterhand ist eine andere Türe, weiss gestrichen. Plötzlich entdecke ich, dass weisslich-grauer Qualm durch die Fugen dieser Tür dringt. Schnell mache ich sie auf, und sehe, dass ein Brand im anderen Trakt des Hauses ausgebrochen ist und nur mehr durch den nicht sehr langen, von oben und von der Seite her erhellten Gang von dem Teil des Hauses, das ich bewohne, getrennt ist, und dass er auch diesen in kürzester Zeit erreichen würde. Ich beginne zu rufen, Feuer, Feuer, niemand hört mich, ich schliesse die Tür wieder, ich laufe hinunter, um es bekanntzumachen, um aufzufordern, zu retten, was zu retten ist. Alle, die ich anspreche, begegnen mir mit der grössten Gleichgültigkeit, es ist nicht einmal zu erkennen, ob sie es schon wissen, sie antworten mit einem ausweichenden Achselzucken. Ich stürze wieder in mein Zimmer, um selbst herauszutragen, was ich nur tragen kann, was soll ich nur zuerst nehmen? Unter diesen Überlegungen fällt mir ein, dass man wenigstens den Hausherrn, der im übrigen der Anlass meines Aufenthalts in diesem Hause ist, benachrichtigen sollte. Ich laufe wieder hinunter, er ist nicht da, jedermann weiss, dass er, obwohl mit irgendeiner der Hausbewohnerinnen verbunden, die Stunde mit einer anderen zu verbringen im Begriff ist. Auch das scheint niemanden zu bekümmern. Ich laufe wieder in mein Zimmer hinauf, dort steht der Hausherr, vor einem anderen Bett, das zuvor nicht da war und das sich rechterhand der Eingangstür befindet, nicht längs der Wand, sondern nur mit dem Kopfende dieselbe berührend. Anschliessend daran ist die Tür, hinter der das Feuer wütet. Neben ihm steht eine mir unbekannte Frau, er spricht mit ihr, scheint in irgendeine persönliche Auseinandersetzung mit ihr verwickelt zu sein. Das Feuer kümmert ihn nicht, auch mein Eintreten bleibt unbeachtet. Ich will endlich meinen Koffer aus dem Schrank ziehen, in diesem Augenblick springt die Tür auf, und Flammen schiessen ins Zimmer. Erst als ich sage, man sollte wenigstens versuchen, die Tür zuzuhalten, geht eine der Frauen, die sich mittlerweile in dem Zimmer versammelt haben, hin, und schlägt leicht mit der flachen Hand auf das dünne Holz, ohne sich wegen drohender Verletzungen zu beunruhigen. Die Tür geht übrigens wieder leicht ins Schloss, aber sie ist nun völlig durchleuchtet. Alle Menschen, die sich um mich befinden, scheinen von ihrem völligen Gefeitsein überzeugt zu sein. Oder es mag auch sein, dass sie eingesehen haben, dass nichts zu tun sei, als abzuwarten, was nicht mehr zu ändern ist. An Rettung seiner selbst, oder an die Rettung irgend eines Gegenstandes, der ihnen teuer sein könnte, denkt keiner. Diese Umstände zwingen mich, auch zu bleiben.

NPC D 90. 1. 2722: Ts. Anonym, ohne Titel. Ein genaues Datum ist nicht feststellbar. In der Mappe mit meinen Briefen und Gedichten im Nachlaß PC eingelegt. Es handelt sich um einen der beiden Träume, deren Niederschrift ich PC übergeben habe (siehe auch Dok. 3). Meine Autorschaft wird bestätigt durch einen handschriftlich eingefügten Satzteil (»benachrichtigen sollte«).

24 Brigitta Eisenreich, »Stundenspur«: Ausgewählte Gedichte (1957-1958)

24.1

BITTGANG

Verschworne, der Schatten und ich.
zum Bittgang vereint. Wir wissen:

Zur Zeit der schwarzen Trauben
hält der Regen Rat
mit braunem Laub.
Mönchswort, lichtscheu, geknebelt,
erstickt.

Der Lichtschacht,
er bricht aus den Zimmern im Dunstkreis,
Drusen im Finster-Gefälle,
ich hadre ums Fenster mit mir.

Verschworen, der Schatten und ich.
Fundstelle, Totpunkt, ins Nichts
lehnt sich der leere,
der Blick.

24.2

BILDNIS

Wenn die Nebel da sind,
kann ich atmen,
und das Nesselhemd,
mit der Eisen-Fibel
ist mein Kleid.

Ockerfarbnes, aus den Händen,
und das Holz vor Schrecken
bleich.

Wenn die Wolken kommen,
lebt, vertorft, der Himmel,
und der schwarze Vogel
tut mir nichts zuleid.

Wasser dort, zu Füssen,
Augentrost, und grau.
Blut im Schuh. Die Schiffe
kreuzen über meinem
Leib.

24.3

WORTE

Das runde, sagbare
Wunder unsres Munds,
rollt, losgelöst von uns,
durch viele Hände,
überhängende Zweige
am Sprachbaum.

Der Fruchtknoten schwillt, wie Geduld,
die Narbe hat Zeit.

Leeren Leibes kauern wir,
Steingut, gestempelt,
möglicher Vielfalt Gefäss,
auf den Tennen.
Windbruch sammelten wir.
Zur Welt gebracht, Sprache?
Blattwerk, schlafbewegt.

24.4
SOTTES CHANSONS
[...]

Etwas erinnert sich.
Hier. Erinnert sich, durch-
schneidet die Iris, zertrümmert
den Bruderschlaf, krümmt sich entlang
an Verschorftem,
heia,
und frei:

Schwertblume, mennigrot,
Mitwisserin, Zeit.

24.5
WER SCHLIEFE DENN, schliefen sie nicht, bei den Dolmen?
Unentziffert die Keilschrift, die Herbstzeitlosen, der
Heidegeruch, der mit den Wildvögeln zieht, der Wintermais
Und seine Bitternis ... ihr langsamen Hände,
im Uhrzeigersinn.

24.6
GEDULD, die Steinaxt der Höhlen und der
Felsendächer.
Eisen haben wir nicht erfunden,
es kam von oben, es traf uns, Stehende beim

vergrabenen Wortschatz, nicht,
uns, die Rentiere
im Gebiet der Flechten und der Fanggehege,
erschlug es nicht.
Zum Stein gewandt, wir, und der Faustkeil. Zu Grus.
Im Herzen bestehend, der Andern, der Wandervölker:
Ein Messinggedanke. Der abwärtsgerichtete
Pfeil. Die Lorbeerblattspitze.
Die Eiszeit, die treibt.
Und keiner, der uns hilft, eh es Nacht wird,
solang die Tranlampe brennt, den großen Stein
zur Sonne, über das Meer,
über den Rücken der Wale zu wälzen.

24.7
EISSTOSS, und wieder das
Zugehauchte.
Trübe Medien, und dennoch: das
Streulicht.
Systolen, die schmerzen, aber auch
Weisses,
tropfend wie Wachs, um den Lichtknecht bemühtes,
furchtbarer Glanz auf der Riesenbeere der
Nacht und
dem Horn mit dem schweren Atem von
Bein.

24.8
GABE: der Stein, als
Schwellenschutz vergraben.
Der ungebetenste der Gäste
stand, hoch und herrisch, in der
Tür.
Gab er den Stein, so gebt ihm
den geringen Schatten eurer

Abendlampe,
vergleichbar jener dunklen Stelle
auf dem Vogelleib, die sich
im Flügelansatz, ohne Zorn,
verbirgt.

24.9

UNS ALLEN

Bodenlos Leeres geht durch unsere Münder.
Der Stern, der grosse, herrliche, will nicht mehr
leuchten.
Die Dunkelheit wird immer in uns sein.
Klaffende Wunden, die wir geschlagen,
Schwären der Zeit, entzündet und unverheilt:
wir gaben das eigene Aug nicht,
wir gaben die Hände und unser glänzendes
Haar nicht her.
Wir sprachen von Leben und lebten und lachten
beim Grabstein für immer verlorener
Lebenszeit.
Nun will der letzte Stern, für uns, die
Zwitterwesen, mit der Erinnerung an Mord
im Arm und mit dem falschen Wort vom
Himmel, das auf den Lippen sass, kein
Stern mehr sein.
Die Zunge, die gewusst hat, weiss nicht mehr.
Die Nacht. Die Leere. Der Hunger
und kein Kleid.
Boshafte Kinder, mit der Schleuder und
dem Stein, verderben wir, weil keiner uns
verklagt, verderben wir, wenn er, den wir zu Tod
geschwiegen,
weint.

24.1-24.4
PBE: Ts. (4 Bl.). Wie die anderen Gedichte des Manuskripts »Stundenspur« PC übergeben, aber in seinem Nachlaß nicht mehr vorhanden und höchstwahrscheinlich von ihm selbst ausgeschieden. Bei »Sottes chansons« handelt es sich um einen Auszug aus einem sehr langen Gedicht. Zu »Drusen« in 24.1 siehe PCs Kommentar, S. 68; »Nesselhemd« in 24.2, »Windbruch« in 24.3 und »heia« in 24.4. weisen auf Äquivalenzen in PCs Wortschatz hin.

24.5-24.9
PBE: Ds. (5 Bl.) und NPC D 90. 1. 2719: Ts.(5 Bl.). Drei dieser Gedichte (ohne Faltung) gehören zu einer Serie, die sich in einer von GCL beschrifteten Mappe befindet, insgesamt 18 Gedichte enthaltend: »BRIGITTA EISENREICH (Poèmes)«. Zwei andere (mit Kreuzfaltung), »Eisstoss« und »Uns allen« (24.7 und 24.9), gehören zu einer anderen Serie von vier Gedichten, die in einer gesonderten Mappe aufbewahrt sind. Die Gedichte 24.5 und 24.6 sind als Beispiele angeführt für die Verwendung von ur- und vorgeschichtlichen Bezeichnungen (»Dolmen«, »Faustkeil«, »Lorbeerblattspitze« usw.) und, in 24.8, sogar von einem Brauchtumsbegriff (»Schwellenschutz«); zum »Lichtknecht« in 24.7 siehe S. 68f.

25 Brigitta Eisenreich, Gedichte aus den Jahren 1959-1961: Auswahl

25.1

HERBSTHÖLLE: hier. Weithin glühen
die brandigen Wunden der Wälder –
der Vergänglichkeitshuf
trabte,
trabte vorbei, und traf.

Immer vorbei, vorbei an der Rauschbeere
und an sanftem Haarmoos, ehe es
Zeit war, sich einmal zu bücken –
(sah ich denn wirklich unsere Schatten,
heut nacht, so nah beieinander?) –
immer das rasende Spiel der Räder

mit dem Entfernten –
so schnell rollen sie, daß der Weg schrie
und schrie.

Und rauchgrau, oben, hochoben,
die Nebel, wie Fahnen,
wie Fahnen,
gebläht und getrieben,
hoch oben, wie Fahnen, allein.

25.2
DER GEIER. Oben. Kreiste.
Stieß nicht zu. (Ich sah ihn.
Ich verschenkte noch, geschwind, mein Haar).

Da säumten Schritte. Kam
der Schatten. Fiel auf mich.
(Das schwarze Band. Ich sah's.
Ich sah die Riesenschlange, wehrt mich nicht.)

Am Wegrand, abseits, in den Finsternissen,
verweilt sich ein Gespenst,
das dunkle Leben – unsres war's –
es blüht nicht mehr,
die Sanften, die Hyänen, gehn
und kommen.

Die Erde ruht. Die grauen Fichten
starren. Kein Grün. Kein Schnee.
Den blauen Pilz stieß es, ein Liebeslied,
durchs Moos zum Licht, und sein Gelächter,
durch die Wälder, unter rostigen Stämmen
treibend, brandet an die Welt.

Der Geier. Stieß der Geier zu?
Ebbe und Flut war in den Feldern. Und die
Widersee. Das Gras, im Brachland, schwieg.

So schlaft denn, Halme. Schritte,
laßt den Schatten schlafen. (Er spann sich
einen Traum, so leicht wie Schneegeflecht,
aus meinem lichten Haar.)
Ein grüner Hauch lag über feuchten
Wiesen. In braunen Wolken
stak der weiße Kinderzahn.

Sommer 1959

25.3
BLINDENSCHRIFT, taub, wenn das Eis unsrer
Stimmen erklingt: im Hohlen, im Leeren. In Schründen,
himmeltief. Nur das
Nachtschattenaug, das der grau-grüne Star zerkaut,
horcht dorthin. Das vergessene
Raunen im Tiefengestein des Vorbei ist immer noch
mehr als das Nichts.

(Drunter, noch
tiefer, das Aug, und ein zweites, geblendetes, starres.
Weiß spricht zu Weiß – das Königsgespräch unter
Blinden hebt an –
Aschenfall, himmelwärts,
Steinschlag, empor, zum Zenith,
stürzende Stimmen, nach oben, ins
gähnende All –
Welt, wie warst du von Spiegeln betrogen!)

Augen, die Augen, sie sprechen es nach, sie
folgen den Stimmen, den Steinen.
Sternödigkeit ist nun immer um sie. Die

Niemandshand aber, groß über
ihnen, die sehn sie, und lesen darin, als
wär sie beschrieben und leicht zu entziffern, wie
taubes Gestein.

25.1.-25.3
NPC D 90. 1. 2719: Ts. (3 Bl., Halbfaltung), wie auch die Serie 24.5-24.9 aus einem Ensemble von 48 zwischen 1958 und 1961 entstandenen und von PC aufbewahrten Gedichten stammend. Die drei hier wiedergegebenen Gedichte sind in einer von GCL beschrifteten Mappe zusammen mit zehn anderen aufbewahrt: »BRIGITTA EISENREICH (Poèmes)«. Sie stammen aus einer Serie, die in meinen eigenen Papieren nicht mehr vorhanden ist, aber mir auf diese Weise wieder in Erinnerung gerufen und zugänglich gemacht wurde; siehe auch S. 84-86 und das Gedicht aus dem Jahr 1961, Dok. 20.

26 Brigitta Eisenreich, Übersetzungsversuche, 1958-1961

26.1
William Shakespeare: Sonett XCIV

Jene, die wissen, wehzutun, und tun's mit Vorbehalt,
die es nicht tun, das Ding, das ihnen tief zu eigen,
die, andre rührend, selbst wie Steine sind, ~~und~~ kalt,
~~ganz ungerührt~~ und langsam, wenn Versuchungen sich zeigen;

die ~~wahrlich,~~ werden jeden Himmels Gnaden erben,
und sie verwalten gut den Reichtum, den Natur verleiht;
ihr eigenes Gesicht besitzen sie, sind seine Herren,
die Andern aber – Diener ihrer Tadellosigkeit.

Des Sommers Blume ist dem Sommer ~~gut und~~ süss,
obwohl sie nur so hinlebt, ~~nur für sich,~~ und ~~so~~ vergeht;
wenn Fäulnis aber, das Gemeine, diese Blume küsst,
dann steht das Unkraut auf ~~vor ihr~~, und stolzer steht's:

Was allzu süss war, das versäuert, mehr als das;
Verfaulte Lilien riechen schlechter als gemeines Gras.

26.2
Ossip Mandelstamm

Verschwistert – das Schwere und Zarte – zu Gleichem
gestaltet.
Honigkraut und Wespen, zur fruchtschweren Rose geschlagen.
Der Mensch muss sterben, der heisse Sand erkaltet
und die Abendsonne wird auf schwarzen Bahren getragen.

Ach, die schweren Waben und die zarten Netze,
den Stein zu heben ist leichter, als deinen Namen zu sagen!
Und was mir verbleibt, als einzige Sorge, als letzte,
goldene Sorge: wie die Bürde der Zeit ertragen.

Ich trinke, gleich dunklem Wasser, die irre gewordene Luft.
Die Zeit – vom Pfluge zerfurcht, die Rose, zu Boden gefochten.
Im langsamen Wirbel die Schweren, die Zarten, der Rosen Duft,
ihr Schweres, ihr Zartes, zu Kränzen, doppelt verflochten!

26.3
Fëdor I. Tjutčev: Wahnsinn (1830)

Dort, wo die Erde, ganz verbrannt von heisser Lohe,
sich mit dem Himmelsbogen eint – wie Rauch,
dort schlägt der unbesorgte, frohe, *schlug*
der Wahnsinn seine Elendswohnstatt auf.

Umglüht von Strahlen, die, als wärs ein Grab,
sich in den Sanden, flammend heiss, verscharren,
sucht er den Himmel, sucht die Wolken ab,
mit seinen Augen, die wie Glasfluss starren. *So gläsern*

Da, plötzlich, lauscht er, stürzt zu Boden hin,
sein *(scharfes)* Ohr erhorcht, was die geborstene Erde spricht –
und irgendetwas ist, das er voll Gier vernimmt –
wie von geheimer Freude glänzt ihm das Gesicht.

Er glaubt (meint)

Ihn dünkt, er hör(t)' den Wasserstrahl, sein Sieden,
die Flüsse, unterirdisch, die da strömen,
er hör(t)' ihr Singen, hör(t)' die Wiegenlieder,
und wie sie, aus der Erde brechend, dröhnen …

26.1
PBE: Ts. in den Papieren von mir aufgefunden, mit Spuren von Verbesserungsvorschlägen und Durchstreichungen von PCs Hand; siehe dazu S. 89f.

26.2
PBE: Ts.; eine Ds. wurde von PC in seiner Bibliothek aufbewahrt, eingelegt in den »Almanach neuer Dichtung« (erschienen 1916 unter dem Titel »Vom jüngsten Tag« bei K. Wolff in Leipzig). Mein Übersetzungsversuch ist parallel zu PCs Übertragungen entstanden, als Übung und nicht als mögliche Variante; siehe S. 99.

26.3
PBE: Aus einer Mappe mit insgesamt 41 Gedichtübertragungen, die PC gelesen hat und deren erste drei und einige andere von ihm durch einen Schrägstrich gekennzeichnet sind, als selektive Hervorhebung. Die von mir am Rand hs. angebrachten Änderungsvorschläge, hier oben kursiv gedruckt, dürften mündlich erfolgt sein. PCs Korrekturvorschläge sind kursiv und fett gedruckt: Das Wort »scharfes« in der dritten Strophe ist von PC in runde Klammern gesetzt, wie auch der Buchstabe »t« bei dem dreifach wiederholten Verb »hört« der vierten Strophe. Der Satzteil »Ihn dünkt« ist von ihm durch unterstreichende Pünktchen hervorgehoben. Die Umstände dieses Übersetzungsversuchs sind S. 99 dargelegt.

27 *Gisèle Celan-Lestrange, Auszüge aus dem unveröffentlichten Tagebuch 1958-1959*

27.1
20 juillet [1958].

Je sens que ton cœur se promène, que ton cœur est malheureux, que ton cœur est ailleurs. Sais-tu au moins que je le sais avec toi?

Ne me mens pas s'il te plaît même dans les petites choses s'il te plaît car alors à tout instant tu me plonges dans le doute et je n'ai pas la force de vivre dans le doute en ce qui concerne notre amour. Et tu sais bien que je ne peux te demander aide en cela. Tu veux que j'ai confiance – et je veux avoir confiance malgré tout.
[...]

20. Juli. / Ich spüre, daß dein Herz unterwegs ist, daß dein Herz unglücklich ist, daß dein Herz anderswo ist. Weißt du wenigstens, daß ich es mit dir weiß? / Bitte lüg mich nicht an, selbst in kleinen Dingen, bitte, denn dann machst du mich zweifeln, die ganze Zeit, und ich habe nicht die Kraft, im Zweifel über unsere Liebe zu leben. Und du weißt ja, daß ich in dieser Hinsicht keine Hilfe von dir erbitten kann. Du willst, daß ich Vertrauen habe – und ich will auch Vertrauen haben, trotz allem.

27.2
5 octobre 1958.

D'abord ce fut ce miraculeux manuscrit de Mandelstamm surgi on ne sait comment alors qu'il n'y en avait plus pour Ingeborg!! Puis ce manuscrit d'un inconnu arrivé vers le 15 juillet qui te faisait si peur, tant tu crains les manuscrits d'inconnus!! Maintenant c'est Bruno Ferrari! Le Petit Parc, 24, rue Rousselet, à Paris, dans le 7e. Ce que c'est? Rien – Quoi rien? – Rien, rien. Bruno Ferrari! Le petit Parc ...
Bravo! Je suis si triste – Que faire? – Rien.
[...]

5. Oktober 1958. / Zuerst war es dieses auf mirakulöse Weise wieder aufgetauchte Mandelstamm-Manuskript, niemand weiß wie, obwohl doch für Ingeborg keins mehr da war!! Dann dieses Manuskript eines Unbekannten; das gegen den 15. Juli ankam und dir solche Angst einjagte wie immer Manuskripte von Unbekannten!! Und jetzt kommt noch dieser Bruno Ferrari! Der Petit Parc, 24 rue Rousselet in Paris, im 7. Bezirk. Was soll das heißen? Nichts – Ja was denn, nichts? –

Nichts, nichts. Bruno Ferrari! Der petit Parc ... / Bravo! Ich bin so traurig – Was soll ich machen? – Nichts.

27.3
7 octobre [1958].

Lettre d'Ingeborg
Cela m'est facile de lui souhaiter du bien, du bon, ça ne me fait pas mal à moi – J'ai honte. Je n'ai pas cru toujours son bonheur là et alors je ne lui souhaitais pas si allègrement.
Je suis si mal.
Ne pas avoir une conception bourgeoise du mariage, accepter et comprendre que tu m'aimes même si tu t'intéresses à d'autres femmes – Max Frisch aussi le dit tout au long de son roman. Ils le disent tous, ils le savent tous, je serais donc la dernière à le comprendre, à vaincre ma jalousie et à garder confiance.
Bruno Ferrari, je trouve si dégoûtant ce nom mâle pour me tromper – Quel joli jeu! vraiment. J'aimerais presque la rencontrer dans la rue pour pouvoir la regarder bien en face – bruno ferrari! Ça ne passe pourtant pas inaperçu bruno ferrari – ça ne trompe personne –
Malgré tout je t'aime bien mon Paul chéri, je t'aime bien plus que tu ne me permets de te le montrer, bien plus que je n'ose te le dire. Malgré tous les bruno ferrari du monde. Ô mon chéri, mon chéri si malheureux, que je suis si incapable de rendre heureux, que je sais si mal aimer. Mon amour, mon seul amour. Fais ce que tu veux, fais ce que tu sens, vis, aime, vas où bon te semble, je t'aimerai toujours et ton fils aussi t'aimera toujours.
[...]

7. Oktober / Ein Brief von Ingeborg. / Es fällt mir leicht, ihr Gutes zu wünschen, das Allerbeste, das tut mir nicht einmal weh – Ich schäme mich. Ich habe nicht immer an ihr Glück da geglaubt, und ich

wünschte es ihr damals gar nicht so leichten Herzens. / Mir ist so miserabel zumut. / Ich sollte also keine bürgerliche Auffassung von der Ehe haben, akzeptieren und sogar begreifen, daß du mich liebst, auch wenn du dich für andere Frauen interessierst – Max Frisch sagt das auch fortwährend in seinem Roman. Alle sagen sie es, alle wissen es, nur ich, ich wäre also die letzte, es zu begreifen, meine Eifersucht zu überwinden und das Vertrauen nicht zu verlieren. / Bruno Ferrari, diesen Männernamen, um mich zu betrügen, finde ich so abscheulich – Was für ein Spiel! Wirklich. Fast möchte ich ihr auf der Straße begegnen, um ihr gerade ins Gesicht blicken zu können – bruno ferrari! Das ist doch allzu auffällig bruno ferrari – darauf fällt doch niemand herein – / Und doch, trotz allem, mein liebster Paul, hab ich dich lieb, viel mehr, als du mir erlaubst zu zeigen, viel mehr, als ich es dir zu sagen wage. Trotz aller bruno ferrari der Welt. O mein Liebster, mein unglücklicher Liebster, den ich außerstande bin glücklich zu machen, den ich nicht zu lieben weiß, wie ich sollte. Mein Liebster, mein einziger Liebster, mach, was du willst, mach, was du fühlst, lebe, liebe, geh, wohin du gehen willst, ich werde dich immer lieben, und dein Sohn wird dich auch immer lieben.

27.4
Fin janvier [1959].

[...]
Pourquoi me mens-tu? Si je savais vraiment que tu m'aimais? Mon orgueil, mon intransigeance sont grands! Je sais – Je ne m'estime pas trop – mais tout de même trop. Je voudrais être tout pour toi – Savoir qui je suis pour toi! Quand tu me mens, je doute de toi, puis j'en ai honte –
Je ne peux pas supporter le mensonge mais je mens à ma femme –

Ende Januar. / Warum belügst du mich? Wüßte ich nur, ob du mich wirklich liebst. Mein Stolz, meine Unnachsichtigkeit sind groß! Ich weiß – Ich bin nicht besonders selbstbewußt, aber doch zu sehr. Ich möchte dir gern alles sein – Wissen, wer ich für dich bin! Wenn du mich belügst, zweifle ich an dir, und dann schäme ich mich – / Lügen ist mir unerträglich, aber meine Frau belüge ich –

27.5
23 mars [1959].

Encore ces rêves!
Nous étions au théâtre, un immense théâtre, tout à fait en haut. Mercedes, Eric et moi, quelques rangs devant nous avec B. E. tu étais là, au milieu de la pièce, vous êtes partis tous les deux, alors j'ai entendu la pluie qui tombait très fort.
Je me suis levée parce que je savais que tu avais oublié quelque chose à ta place. En effet tu avais dû enlever un de tes souliers marron que je connais bien car sous ton fauteuil maintenant vide était un de tes souliers. Alors j'ai eu terriblement peur, je me suis précipitée vers la sortie, craignant je ne sais quoi de terrible. Tu étais encore devant le théâtre sous la pluie, donnant le bras à B. E. et tu n'avais qu'un soulier. Le pied nu en chaussette grise trouée me faisait si peur! Je sentais quelque chose de terrible venir sur toi, venir sur vous – Je me suis précipitée pour te donner ton soulier. Tu semblais étonné de mon visage bouleversé et tu remis ton soulier comme si de rien n'était.
Puis ceci –
Je t'avais dit: Je sais que tu me trompes avec B. E., toi: comment le sais-tu?, moi: c'était écrit sur la porte de la maison – Nous habitions une grande maison dans un jardin, maison mal meublée où les meubles étaient tellement bas et larges! Tu t'es mis en colère et tu m'as dit que oui tous les jours tu me trompais avec elle, et que même Eric le savait. D'ailleurs Eric n'était pas parti se promener avec Mercedes comme je le croyais mais qu'il était avec elle, toutes les après midis avec elle – Alors je suis sortie. La mer était tout près et sur un bateau minuscule j'ai vu B. E. qui mettait à Eric un manteau bleu ciel qu'elle lui avait acheté dans l'île. Les manches en étaient beaucoup trop courtes. Eric l'embrassait et riait. Il était très grand devait avoir au moins 10 ans –
Dans le bateau se débattait un gros poisson rouge qui meuglait comme une vache –

Eric est descendu le premier pour attacher le bateau à un gros rocher pointu – Ils marchèrent tous deux dans le sable. Les pieds d'Eric enfonçaient faisant dans le sable humide de grands trous qui se remplissaient aussitôt d'eau rouge, je savais que c'était du sang. Les mouettes criaient faisant cercle autour de lui et dès qu'il se fut éloigné les mouettes se précipitèrent pour boire le sang.
[...]

23. März. / Immerzu diese Träume! / Wir waren im Theater, einem riesiggroßen Theater, ganz oben. Mercedes, Eric und ich, einige Reihen vor uns warst du mit B. E. du warst da, mitten im Stück seid ihr alle beide weggegangen, daraufhin hörte ich den starken Regen. / Ich stand auf, weil ich wußte, daß du irgend etwas an deinem Platz vergessen hattest. Und in der Tat – du scheinst einen deiner braunen Schuhe, die ich gut kenne, ausgezogen zu haben, denn unter deinem nun leeren Sitz befand sich einer deiner Schuhe. Ich hatte daraufhin schreckliche Angst, ich stürzte zum Ausgang, irgend etwas Schreckliches befürchtend. Du warst noch vor dem Theater, im Regen, und gabst B. E. den Arm, und du hattest nur einen Schuh. Der nackte Fuß in seinem grauen zerlöcherten Socken machte mir solche Angst! / Ich fühlte, daß dir, daß euch, etwas Schreckliches bevorstand – ich stürzte hin, um dir deinen Schuh zu geben. Du schienst erstaunt, mein aufgeregtes Gesicht zu sehen, und du zogst den Schuh wieder an, so, als ob nichts wäre. / Und dann dies – / Ich hatte dir gesagt: ich weiß, daß du mich mit B. E. betrügst, darauf du: wieso weißt du das?, ich: es stand geschrieben auf der Türe zum Haus – Wir bewohnten ein geräumiges Haus in einem Garten mit unpassenden, ganz niedrigen und breiten Möbeln. Du wurdest zornig, und du sagtest, jawohl, alle Tage betrügest du mich mit ihr, sogar Eric wüßte es. Im übrigen war Eric nicht, wie ich glaubte, mit Mercedes spazierengegangen, sondern er war mit ihr, jeden Nachmittag mit ihr – Ich bin alsdann hinausgegangen. Das Meer war ganz nah und auf einem winzigen Schiffchen sah ich B. E., wie sie Eric einen himmelblauen Mantel anzog, den sie auf der Insel für ihn gekauft hatte. Die Ärmel waren viel zu kurz. Eric umarmte sie und lachte. Er war sehr groß, mußte wenigstens 10 Jahre alt sein – / In dem Schiff zappelte ein großer roter Fisch, der wie eine Kuh muhte – / Eric stieg als erster aus, um das Schiff an einem großen spitzen Stein anzubinden – sie gingen alle beide über den Sand. Erics Füße sanken ein, und während sie im feuchten Sand große Löcher machten, füllten sich diese sofort mit rotem Wasser, ich wußte, daß es Blut war. Die Möwen um-

kreisten ihn schreiend, und kaum hatte er sich entfernt, so stürzten sie sich auf die Löcher, um das Blut zu trinken.

Nachlaß GCL: Das Tagebuch ist überschrieben mit »Gisèle Celan, 78 rue de Longchamp, Paris 16e POI 3963«. Die beiden Träume, in denen ich namentlich vorkomme, sind auf den 23.3.1959 datiert, also auf ein Datum, welches unserer Bekanntschaft um mehr als zwei Jahre vorausliegt.

27.1.
Bitte lüg mich nicht an] *Es ist nicht unmöglich, daß sich dieser Verdacht auf das in der nächsten Notiz (siehe 27.2) erwähnte Manuskript eines »Unbekannten« bezieht, das am 15. Juli eingetroffen ist und einer Sendung von mir entsprechen könnte.*

27.2
Mandelstamm-Manuskript] *Siehe S. 74.*
Manuskript eines Unbekannten] *Zur Frage der möglichen Übersendung des Manuskripts meiner Gedichte (»Stundenspur«) siehe S. 74.*
Bruno Ferrari [...] bruno ferrari] *Siehe S. 75.*
Le Petit Parc, 24 rue Rousselet] *Was mit dem »kleinen Park« gemeint ist, weiß ich nicht; die Adresse im 7. Bezirk ist mir unbekannt; sie kann sich nicht auf den Poststempel auf dem verschollenen Kuvert eines Briefes von mir beziehen, da es in dieser Straße kein Postamt gibt.*

27.3
Ein Brief von Ingeborg] *Es handelt sich um Ingeborg Bachmanns Brief an PC vom 5.10.1958, in dem sie mitteilt, daß sie nach Zürich übersiedeln und dort mit Max Frisch zusammenleben will; siehe IB/PC 94.*

Max Frisch [...] son roman] *Es handelt sich vermutlich um den Roman* Stiller *(1954), der 1957 in Paris bei Grasset erschienen war:* Je ne suis pas Stiller, *traduit de l'allemand par Solange de Lalène.*

27.5
Mercedes] *Mercedes Rabelo war jahrelang als Hilfskraft im Haushalt Celan tätig und kümmerte sich auch um den Sohn Eric. Über die Trennung und den Tod von PC hinaus blieb sie jahrelang die treue Stütze des Hauses. Sie begleitete GCL noch in ihrer Krankheit und bis zu ihrem Tod im Dezember 1991.*

Abbildungen

1 Photographie von Paul Celan bei der Verleihung des Büchner-Preises am 20. Oktober 1960 (Photographie Pit Ludwig, Darmstadt).
2 Photographie Brigitta Eisenreich, Enns, um 1955 (Privatbesitz).
3 Paßbilder von Brigitta Eisenreich, vor 1951 und ungefähr 1953 (Privatbesitz).
4 Ansicht des Gebäudes 2, Rue Wilhem in Paris, 16. Bezirk, mit den Fenstern des Zimmers von Brigitta Eisenreich im obersten Stock unter dem Kuppeldach; im Hintergrund der Pont Mirabeau (Photographie Bertrand Badiou, Privatbesitz).
5 Aufnahme von Brigitta Eisenreich in ihrer Wohnung 2, Rue Wilhem, Paris, 16. Bezirk, um 1958 (Privatbesitz).
6 »Gedichte« von Britta Eisenreich, mit handschriftlichen Anmerkungen von Paul Celan, in: *Wort in der Zeit*, 2. Jg., Heft 7, 1956, S. 425-427.
7 Vorsatzblatt von: Martin Heidegger, *Holzwege* (Frankfurt am Main, Vittorio Klostermann, 1957), mit handschriftlicher Widmung (Privatbesitz).
8 Notizbuch von Brigitta Eisenreich, 1957, mit Erwähnung von »Schuttkahn« (Privatbesitz).
9 Die Seine, mit Teilansicht des »Schuttkahns«, von hoch oben, aus dem Zimmer von Brigitta Eisenreich aufgenommen (Privatbesitz).
10 Kryptogramm [drei Sternchen] in: Arthur Rimbaud, *Bateau ivre. Das trunkene Schiff.* Übertragen von Paul Celan (Wiesbaden, Insel, 1958, nicht paginiert, Privatbesitz).
11 Ossip Mandelstamm, *Gedichte.* Aus dem Russischen übertragen von Paul Celan (Frankfurt am Main, S. Fischer, 1959), Widmungssternchen gegenüber dem ersten Gedicht »Der hohle Laut«, S. 6 (Privatbesitz).
12 Brief Paul Celans an Herbert Eisenreich vom 17. 3. 1961, wiedergegeben nach der Durchschrift des Originals (DLA).
13 Photographie von Herbert Eisenreich (Stuttgart-Degerloch, Hugo Jehle, um 1955, (Privatbesitz).
14 Paul Celan, handschriftliche Eintragung des Gedichts »Erratisch«, noch ohne Titel, in den Taschenkalender für 1961 von Brigitta Eisenreich (Privatbesitz).
15 Paul Celan, »Radix, Matrix«, Gedichthandschrift mit Widmung an Brigitta Eisenreich vom 11. 5. 1961 (Privatbesitz).
16 Plattenumschlag *Chants populaires yiddish* (Privatbesitz).

17 Jüdischer Gedenkstein in Oberösterreich (Photographie Georg Mauhart, St. Florian bei Linz, durch Vermittlung von Frau Dr. Hermine Roth, geborene Mauhart, Offenburg, Privatbesitz).

18 Holzschnitt »Der Mensch und der Sephirot-Baum« von Hans Burgkmair, Augsburg 1516, auf einer der Titelseite gegenüberliegenden Seite des Buchs von M. D. Georg Langer, *Liebesmystik der Kabbala* (München-Planegg, 1956, Privatbesitz).

19 Paul Celan, »Mandorla«, für Brigitta Eisenreich im Juni 1961 verfertigtes Gedichttyposkript (Privatbesitz).

20 Brief von Paul Celan an Brigitta Eisenreich vom 3. 7. 1961 (Durchschrift, DLA).

21 Brief von Paul Celan an Brigitta Eisenreich vom 5. 7. 1961 (Durchschrift, DLA).

22 Brief von Brigitta Eisenreich an Gisèle, Paul und Eric Celan vom 8. 7. 1961 (DLA).

23 Kuppeln im Lesesaal der Nationalbibliothek (»Salle Labrouste«), Paris, Rue de Richelieu (Ansichtskarte).

Danksagung

Mein Dank gilt in erster Linie Paul Celans Sohn, Eric Celan, der dem Vorhaben, meine Erinnerungen zu veröffentlichen, von allem Anfang an, ganz im Geist seines Vaters entgegengekommen ist: vorurteilsfrei, offen, zur Wahrheit stehend. Als Rechteinhaber der Nachlässe hat er jedoch nicht nur die Wiedergabe von Briefen oder Stellen aus dem Notizkalender bzw. Tagebüchern Paul Celans genehmigt, sondern vor allem Auszüge aus dem noch unveröffentlichten Tagebuch seiner Mutter, Gisèle Celan-Lestrange, zum Druck freigegeben. In freundschaftlichen Gesprächen unterstützte er meine Bemühung, die Vergangenheit heraufzubeschwören.

Die sachkundig-kritische Lektüre des Textes und der Beilagen durch Barbara Wiedemann (Tübingen) hat vor allem dazu beigetragen, genaue Vergleiche meiner Angaben mit dem heutigen Wissensstand herzustellen oder diese zu überprüfen. Dank ihrer Nachforschungen im Deutschen Literaturarchiv Marbach konnten Zusammenhänge dokumentarisch belegt werden, die sonst nur bloße Annahmen geblieben wären.

Wolfgang Kaußen, als das immerzu wachsame Auge des Suhrkamp Verlages, hat das Buch als ganzes für die Veröffentlichung vorbereitet: ich bin ihm für seine kritische Aufmerksamkeit ganz besonders verpflichtet.

Im Verein mit dem Mitautor und Komplizen Bertrand Badiou, dem unermüdlichen Frager und Helfer, haben auch Sonia Garelli (Paris), Michael Kardamitsis (Athen und Berlin) und Sebastian Wilde (Berlin) durch ihre Lektüre und ihre Bemerkungen zum Gelingen beigetragen.

Manche Einzelheiten konnten in meinen Bericht dank der Mitteilungen von Ariane Deluz † (Lausanne–Paris) und vor allem ihres Vortrags bei den *Rencontres celaniennes* in der ENS im November 2007 Eingang finden und mit einigen Stellen aus Celans Tagebüchern verglichen werden.

Meiner Freundin Hermine Roth (Offenburg) verdanke ich ergänzende Zeugenaussagen zur Judenvernichtung in Oberösterreich bei Kriegsende. Ihr Neffe, Georg Mauhart (St. Florian), hat die Photographie eines Gedenksteins bereitgestellt, hier in den Abbildungen wiedergegeben. Auch ihm sei herzlicher Dank. In diesem Zusammenhang habe ich auch Hinweise auf die vorhandene Aufarbeitung des Geschehens durch Mitarbeiter des Oberösterreichischen Landesarchivs in Linz –

Cornelia Sulzbacher und Anna Koenig – sowie vom Museum Lauriacum in Enns – Reinhardt Harreither – erhalten und verwerten können. In Paris selbst empfing ich Informationen zur Gedenktafel eines im französischen Widerstand aktiven Österreichers durch François Tanniou (Paris, Verein »Les plaques commémoratives«).
Den Nachlaß meines Bruders, Herbert Eisenreich, hat Frau Christine Fritsch (Wien) durchgesehen und mir bereitwilligst die darin enthaltenen Spuren (Briefe und Widmungen) seiner Beziehung zu Paul Celan mitgeteilt.
Sehr verbunden bin ich auch dem Direktor des Deutschen Literaturarchivs in Marbach, Ulrich von Bülow, der mir auf liebenswürdigste Weise und mit Hilfe seiner Mitarbeiterin Silke Becker die Kopien meiner im Celan-Nachlaß aufbewahrten Briefe und Gedichte zur Verfügung gestellt hat, so daß diese längst verloren geglaubten Quellen auch mir selbst wieder zugänglich wurden.

Siglen

Sofern nicht anders vermerkt, werden die betreffenden Werke im Text, in den Anmerkungen und im Anhang (»Dokumente«) mit Seitenzahlen angegeben. Abgesehen von einigen jeweils angezeigten Ausnahmen sind alle Werke und Briefwechsel im Suhrkamp Verlag erschienen.

DLA	Deutsches Literaturarchiv Marbach.
EHESS	École des hautes études en sciences sociales (54 boulevard Raspail, Paris).
ENS	École normale supérieure (45 rue d'Ulm, Paris).
EPHE	École pratique des hautes études, VIe section, *siehe* EHESS.
FAZ	Frankfurter Allgemeine Zeitung.
FN	»Fremde Nähe«. Paul Celan als Übersetzer, hrsg. von Axel Gellhaus u. a., Marbach am Neckar 1997 (Marbacher Kataloge 50).
GA	Wiedemann, Barbara, Die Goll-Affäre. Dokumente zu einer ›Infamie‹, Frankfurt am Main, Suhrkamp Verlag, 2000.
GN	Paul Celan, Die Gedichte aus dem Nachlaß, hrsg. von Bertrand Badiou, Jean-Claude Rambach und Barbara Wiedemann, Frankfurt am Main 1997.
GCL	Gisèle Celan-Lestrange.
GW	Paul Celan, Gesammelte Werke in fünf Bänden, hrsg. von Beda Allemann und Stefan Reichert unter Mitwirkung von Rolf Bücher, Frankfurt am Main 1983 (+ Band).
HKA	Paul Celan, Historisch-kritische Ausgabe, hrsg. von der Bonner Arbeitsstelle für die Celan-Ausgabe, Frankfurt am Main 1990 ff. (+ Band).
IB/PC	»Herzzeit«. Ingeborg Bachmann – Paul Celan, Der Briefwechsel. Mit Briefwechseln zwischen Paul Celan und Max Frisch und zwischen Ingeborg Bachmann und Gisèle Celan-Lestrange, hrsg. und kommentiert von Bertrand Badiou, Hans Höller, Andrea Stoll und Barbara Wiedemann, Frankfurt am Main 2009.
KG	Paul Celan, Die Gedichte. Kommentierte Gesamtausgabe in einem Band, hrsg. und kommentiert von Barbara Wiedemann, Frankfurt am Main 2003.
MF	Max Frisch.
NGCL	Nachlaß Gisèle Celan-Lestrange (Eric Celan, Paris).
PBE	Privatarchiv bzw. Privatbesitz Brigitta Eisenreich.

PC	Paul Celan.
PC/FW	Paul Celan – Franz Wurm, Der Briefwechsel, hrsg. von Barbara Wiedemann in Verbindung mit Franz Wurm, Frankfurt am Main 1995.
PC/GCL	Paul Celan – Gisèle Celan-Lestrange, Correspondance (1951-1970). Avec un choix de lettres de Paul Celan à son fils Eric, hrsg. von Bertrand Badiou in Verbindung mit Eric Celan, [Paris] 2001, 2 Bde. Paul Celan – Gisèle Celan-Lestrange, Briefwechsel. Mit einer Auswahl von Briefen Paul Celans an seinen Sohn Eric, aus dem Französischen von Eugen Helmlé und Barbara Wiedemann, hrsg. von Bertrand Badiou in Verbindung mit Eric Celan, Frankfurt am Main 2001, 2 Bde. (+ Nummer des Briefes, gegebenenfalls mit der Nummer der Anmerkung in Band 2, oder Datum in der Zeittafel, ebenfalls in Band 2).
PC/IS	Paul Celan – Ilana Shmueli, Der Briefwechsel, hrsg. von Ilana Shmueli und Thomas Sparr, Frankfurt am Main 2004.
PC/RH	Paul Celan – Rudolf Hirsch, Briefwechsel, hrsg. von Joachim Seng, Frankfurt am Main 2004.
PhB	Paul Celan: La Bibliothèque philosophique – Die philosophische Bibliothek. Catalogue raisonné des annotations, hrsg. von Alexandra Richter, Patrik Alac und Bertrand Badiou, Paris, Éditions ENS [Ecole normale supérieure], rue d'Ulm, Unité de recherche Paul Celan, 2004.
PN	Paul Celan, ›Mikrolithen sinds, Steinchen‹. Die Prosa aus dem Nachlaß, Kritische Ausgabe, hrsg. von Barbara Wiedemann und Bertrand Badiou, Frankfurt am Main 2005 (angegeben werden auch die Nummern der Texte).
RUB	Christine Ivanović, »Kyrillisches, Freunde, auch das ...«. Die russische Bibliothek Paul Celans im Deutschen Literaturarchiv Marbach, Marbach am Neckar 1986 (angegeben werden auch die Nummern des Katalogs).
TCA/M	Paul Celan, Der Meridian. Endfassung – Entwürfe – Materialien, hrsg. von Bernhard Böschenstein und Heino Schmull, = Tübinger Ausgabe, Frankfurt am Main 1999 (angegeben werden auch die Nummern der Entwürfe).
TWA/PC	Theodor W. Adorno – Paul Celan, Briefwechsel 1960-1968, hrsg. von Joachim Seng, in: Frankfurter Adorno Blätter VIII, im Auftrag des Theodor W. Adorno Archivs hrsg. von Rolf Tiedemann, München 2003, S. 177-200.

Abkürzungen:

Abb.	Abbildung (+ Nummer im Bildteil).
Anm.	Anmerkung.
Bl.	Blatt bzw. Blätter.
Dok.	Dokument (+ Nummer).
Ds.	Durchschlag (Ts.) oder Durchschrift.
hs.	handschriftlich.
masch.	maschinenschriftlich.
Ts.	Typoskript.

Register

Die Ziffern verweisen auf die Seiten im Bericht; kursiv gedruckt indizieren sie die Seiten der Anmerkungen bzw. Dokumente sowie die in Klammern gesetzten Nummern der betreffenden Anmerkung und/oder des Dokuments. Die Nummern der Abbildungen, ebenfalls kursiv, werden ohne Seitenzahl angegeben.

Werkregister

Werke

Übertragungen

Personenregister